PERCHÉ L'EUROPA HA CAMBIATO IL MONDO.
Una storia economica

欧洲
经济史

从
大分流
到
三次工业革命

[意] 维拉·扎马尼（Vera Zamagni） 著

任彊 译

北京大学出版社
PEKING UNIVERSITY PRESS

图书在版编目（CIP）数据

欧洲经济史：从大分流到三次工业革命 /（意）维拉·扎马尼（Vera Zamagni）著；任疆译. —北京：北京大学出版社，2023.7
ISBN 978-7-301-33875-9

Ⅰ. ①欧… Ⅱ. ①维… ②任… Ⅲ. ①经济史–欧洲 Ⅳ. ①F150.9

中国国家版本馆CIP数据核字(2023)第060254号

Vera Zamagni
PERCHÉ L'EUROPA HA CAMBIATO IL MONDO Una storia economica
© 1999 by Società editrice il Mulino. Second edition 2015 Simplified characters Chinese edition published by arrangement with Eulama Lit. Ag.

本书中文简体字翻译版由 Eulama Lit. Ag. 授权北京大学出版社独家出版发行。

书 名	欧洲经济史：从大分流到三次工业革命 OUZHOU JINGJISHI：CONG DAFENLIU DAO SANCI GONGYE GEMING
著作责任者	〔意〕维拉·扎马尼（Vera Zamagni） 著 任疆 译
责任编辑	裴蕾
标准书号	ISBN 978-7-301-33875-9
出版发行	北京大学出版社
地 址	北京市海淀区成府路205号 100871
网 址	http://www.pup.cn
微信公众号	北京大学经管书苑（pupembook）
电子信箱	em@pup.cn
电 话	邮购部010-62752015 发行部010-62750672 编辑部010-62752926
印 刷 者	北京宏伟双华印刷有限公司
经 销 者	新华书店
	787毫米×1092毫米 16开本 19.25印张 339千字
	2023年7月第1版 2023年7月第1次印刷
定 价	78.00元

译者序

　　未来数十年，美国、中国和欧洲将是国际舞台上最重要的三股力量。中国的崛起，伴随着美国的相对衰落，将是21世纪人类历史上最重要的事件之一。近年来，美国不惜一切代价对中国进行全面遏制，从贸易、金融，一直延伸到最关键的科技领域，特别是在5G和人工智能等可能引发第四次工业革命的领域。之所以如此，是因为历史上每一次工业革命都会在生产率极大提升的同时，带来地区乃至全球权力的颠覆性变化：第一次工业革命中，英国获得了世界的主导权；第二次工业革命中，德国、美国崛起，在打破原有格局的过程中，引发了人类历史上两次最大规模的战争，结果以德国落败、美国和苏联成为世界超级大国而告终；第三次工业革命中，美国牢牢占据世界唯一超级大国的地位，同时中国、日本等亚洲国家也快速崛起，并在不断的竞争和冲突中，构建了当今世界的主要格局。可以说，1700年之后的欧洲乃至世界历史的发展与每一次工业革命都息息相关。

　　工业革命最早在欧洲爆发是必然的，也是偶然的。欧洲从未作为一个统一的国家而存在，即便是在罗马帝国最鼎盛的时代。欧洲各国之间存在着巨大差异，这成为欧洲政治无法统一、军事冲突不断的根源。欧洲各国之间为了获取资源和空间，彼此之间既有广泛的经济贸易交流，也经常爆发冲突和战争。正是在这样一种合作和竞争并存的开放的经济形态中，欧洲最重要的商人群体发展了起来。与中国封建社会传统的重农抑商政策不同，欧洲的商人阶层享有更高的社会地位和话语权，甚至在一些城市里扮演着自治政府的角色。在14世纪商业最为发达的意大利城市，商人享有的巨大自由带来了经

济制度和资金管理方面的重大创新，比如保险、银行、有限公司、双重记账、商法、证券公司、专利制度。这些制度能够给创新活动提供资金上的支持，还可以在创新出现后有效地保护创新。

英国是历史上第一个议会君主制国家。由于个体被赋予了自由的权利，因此个人的才能可以更好地用于生产，从而促进了提高劳动生产率的发明创新。人们能够自由地发挥个人的主观能动性，加上对创新的投入和保护的制度基础，成为工业革命爆发的前提条件。

正是在这样的基础上，当煤炭成为主要能源时，英国因拥有大量靠近市场的煤矿资源而占得先机。英国煤矿由于经常受矿坑积水的困扰，所以不得不采用蒸汽机进行抽水。后来詹姆斯·瓦特（James Watt）及其团队通过对蒸汽机不断进行改良，大大提升能源利用效率的同时，还发明了曲柄齿轮传动系统，为火车和蒸汽轮船的出现奠定了基础，最终引发了工业革命。面对工业革命后大大提升的生产力，如果不能把大量生产出来的产品销售出去，企业主就无法从中获得更多的利润，也就没有动力继续投资技术创新了。此时，大航海时代以来欧洲人从未知边界的探索中所获得的优势就凸显了出来。早在英国发生工业革命的一百多年前，西班牙、葡萄牙、荷兰便相继开发了海外的殖民地。它们将欧洲大陆所缺少的原材料源源不断运回国内的同时，也为国内的产品打开了新的市场。英国在工业革命后，随着国力的上升，建立了人类历史上最庞大的殖民帝国，并基于这些海外殖民地构建了全球贸易网络，攫取廉价原材料的同时，将本国生产的大量商品卖到世界各地，并从中获得惊人的回报。

在英国发生工业革命之后，欧洲其他国家也纷纷借鉴英国的模式，在基于各自不同资源禀赋的基础上，发展出了更多创新性的发明和制度。但是，英国却因为一系列的原因，逐渐失去了核心竞争力。德国统一后，德国的教育系统和产学研体系，以及金融和社会福利制度让德国成为第二次工业革命在欧洲的爆发地。与此同时，大洋彼岸的美国经历了南北战争，极大地解放了生产力；"西进运动"以大量印第安人离开故土为代价，让地广人稀、资源丰富的美国中西部地区迅速得到了开发；不同文化、不同种族的移民大量涌入美国，生产过程中需要彼此之间的配合，这促使美国的企业在组织和管理制度上进行变革，为资本密集型大企业的出现奠定了基础。美国作为一个整体，成为一个拥有统一货币、语言和外交政策的国家。一个新成立的国家无须花费很大代价去打破旧有的制度和利益格局，各种制度和法律都能最大限度地适应生产力的发展，这使美国成为另一个第二次工业革命的发源地。

世界上未被开发的土地所剩无几，欧洲从增量博弈进入存量博弈，最终演变为第一次世界大战。作为第二次工业革命中欧洲领头羊的德国在战争中遭到重创，不仅丧失了领土、海外殖民地被瓜分，而且《凡尔赛和约》（Treaty of Versailles）以严苛的条件限制了德国的军备发展，还规定了数额高昂的战争赔款。此外，第一次世界大战也让俄国沙皇的统治被推翻，随后苏联在斯大林的领导下重工业取得了跨越式发展。欧洲的战后重建让美国经历了 10 年的经济繁荣，可以说美国在一定程度上主导了当时的世界秩序。为了支付战争赔款，德国实行了极端的紧缩政策，导致经济崩溃，这不仅让德国成为大萧条在欧洲的发源地，而且将德国推向了政治极端主义，最终导致第二次世界大战的爆发。第二次世界大战的结果是作为战败国的德国被肢解，世界分裂为美国和苏联两大阵营，奠定了 20 世纪下半叶大部分时间里的全球格局。美国通过乔治·马歇尔（George Marshall）的"欧洲复兴计划"（European Recovery Program）与亲美的西欧国家阵营深度捆绑，欧洲各国不得不完全按照美国的战略规则行事。在此之后，美国的美元战略、军事体系、互联网系统，都成功嵌入了欧洲社会生活的各个层面。

但是，美国和欧洲从来就不是一个整体；相反，欧洲各国始终希望谋求在国际上与美国同等的地位，而不是一直作为美国的附庸。尽管任何一个欧洲国家的体量都太小，但是作为一个整体，欧洲可以在全球拥有足够的影响力。这也是第二次世界大战后欧洲各国不断通过各种跨国组织和机构持续推动欧洲经济、政治一体化的根本原因。自欧洲经济共同体（European Economic Community，EEC）成立后，西欧不断缩小与美国在生产和贸易上的差距，特别是苏联解体之后，德国实现了统一，欧洲统一进程进一步加速。欧盟的成立将统一货币、共同安全外交事务和警务司法合作纳入，实现了欧盟内部人员、商品和资本的安全和自由流动，欧洲人正一步步朝着摆脱美国控制和对美国的依赖的方向上努力。显然，在这一过程中，美国也不会坐视不管，其在贸易、货币等各方面向欧盟不断施压，特别是在代表最先进生产力的核心科技领域。科技是美国主导全球的基石，对于能够威胁到美国利益的跨国公司，美国不惜一切代价对其进行遏制打压，像法国的阿尔斯通（ALSTOM）公司就是在这种情况下被美国瓜分吞并的。

2022 年的俄乌冲突，将欧洲推向了十字路口。欧盟在战略决策上再一次被美国"绑架"：不仅向乌克兰提供了大量军事援助，而且对俄罗斯发起了全面制裁。如此一来，欧洲失去了俄罗斯廉价的能源供给，能源价格飙涨；同时伴随美联储的持续加息，加速了欧洲资本回流美国，造成了欧元大幅贬值，进一步推高了能源价格，导致欧洲各国承受了巨大压力。战争让企业生产成本高企，居民生活成本大幅增加，而且随着战争的持续，难民问题、核威慑升级问题让欧盟国家陷入了更深的分歧，导致了欧洲内部的撕裂。如何走出当下困境，欧洲恐怕只能依靠中国，这或许也是德国总理奥拉夫·朔尔茨（Olaf Scholz）从最初"与中国脱钩"向"脱钩是完全错误的道路"的态度转变的根本原因。尽管我们短期内无法将欧洲变成中国的盟友，但至少双方在最根本的利益诉求上都需要彼此的支持与认同。那么，什么才是欧洲的最根本的利益诉求？未来的欧洲将会朝着怎样的方向发展？过去三百多年的欧洲经济史或许可以给我们许多有益的启发，而这也是这本书对于当下的我们最重要的价值。

任　疆

2022 年 12 月于北京

前　言

每个人天生都有义务去追求自己的幸福，由这些人组成的政治实体也必须尽其所能去促进共同的繁荣，而不侵犯公民个体的权利。这种带有合适而神圣约定的义务通过共同的社会契约从公民实体回馈给每个家庭和每个人……我们可以[在自然和社会的两项义务上]加入第三项义务，即自我价值。真正的价值是美德之女……这是永恒的真理，因为永远不变的是：在一个人的内心深处，他最大价值所在的地方，有一份他对身边人的爱，而这份爱是美德之子。

安东尼奥·吉诺维西（Antonio Genovesi）

《商业和公民经济管理》

（*Lezioni di commercio o sia d'economia civile*，1765 年）

我的这本书最初是在 2015 年以意大利语出版的，主要考虑到一直以来缺少一部从长远视角讲述现代经济增长的简明教科书。市面上有许多大部头的教科书，它们会以更专业的方式解读，但是没有一本书试图用有限的篇幅，总结几个世纪以来推动经济发展的基本要素，从而适合更广泛的人群阅读。

本书主要围绕三次工业革命所带来的启示。前两章探讨了 18 世纪英国发生第一次工业革命的先决条件，即中世纪自治城邦的兴盛，还有 16、17 世纪地理探索所带来的冲击。这两章对于理解欧洲与世界其他地区出现"大分流"

X　（Great Divergence）①的意义非常重要，近年来有关"大分流"的文献不断增加。第3章探讨了英国经验的主要特征，而第4—8章则分别讲述了第一次工业革命在欧洲大陆和日本的传播、第二次工业革命在美国的诞生、19世纪国际经济的兴起，以及始于19世纪下半叶的有关英国衰落的文献综述。

　　经济发展无法避免战争冲突或政策失误，因此第9—12章讨论了两次世界大战和1929年危机对世界经济的影响，其中一章专门论述了苏联的诞生以及另外一种经济发展模式。第13—17章集中讨论了从20世纪中叶到21世纪初所发生的重大事件，包括第二次工业革命在美国以外地区的传播、欧洲各国在欧盟框架内的重组、第三次工业革命和全球化进程的影响、苏联模式的失败和亚洲的崛起，以及第二次全球性危机的爆发。

　　面对如此海量的材料，为了能够以简单明了的方式呈现，我只好给读者推荐其他文献，以便读者可以获取更多的细节。我优先选择了概念性和解释性的材料，并将它们按照一个宽泛的时间顺序框架组织起来，从而帮助学生和读者形成自己的思考：经济发展和社会进步是如何实现的；不同时代背景下为什么有些群体比其他群体更为进步；制度扮演了怎样的角色；某些解决方案的成本和收益；还有阻碍进步的势力。

　　在这本书中隐含了一个观点：欧洲文化之所以能孕育出工业革命，是因为这种文化在崇尚人类自由的同时宣扬了正义与博爱，并通过平等立法、共同治理的政府和支持那些需要帮助的人限制了权力的滥用。只有在一个自由、赋予人民权力的环境中，竞争才能打败寻租和垄断。书中所讲述的三次工业革命所带来的创新都源于这种文化，这些创新使早期欧洲的许多国家，以及美国和日本成为世界上最富有的国家。时至今日，像苏联这样的国家已经失

XI　败了，并且正在极其艰难地尝试接纳"欧洲式"的文化，而像中国和印度这样的国家还没有完成它们的转型。但是，正如我在后记中所叙述的，未来可能会带给我们一些惊喜。

---

① "大分流"是芝加哥大学历史系教授彭慕兰（Kenneth Pomeranz）提出的一个历史名词，指西方世界在19世纪克服了增长极限而超越中国、印度等东方国家的历史时期。——译者注

　　欧洲一部分国家所表现出的严守独立、民族自决和通过征服来获取世界霸权的特征让欧洲付出了代价，最终导致领导权旁落美国。在美国的早期历史中，各州之间已建立起联邦，从而可以避免重大的军事对抗（内战除外）。与此同时，美国还利用单一货币和外交政策，使国内市场迅速发展壮大。自第二次世界大战以来，欧洲经济一体化应被视为欧洲对其所犯下的错误的补救，这些错误导致了太多的冲突。但是，尽管欧洲经济一体化对于欧洲本身和整个世界都有利，但直到今天它仍然没能彻底解决欧洲的分裂，陷入困境的共同货币和缺乏共同外交政策便说明了这一点。

　　本书是我长期从事经济史教学的成果，我曾在意大利的多所大学，以及约翰斯·霍普金斯大学位于欧洲的高级国际研究学院（博洛尼亚，意大利）和狄金森学院（博洛尼亚）为来自世界各地的学生讲授经济史。艾萨克·牛顿（Isaac Newton）曾经说过，对一个学者而言，重要的是学习而不是教书。因此，我要感谢我所有的学生，从他们身上我学到了很多。我还要感谢我的经济学家丈夫斯特凡诺·扎马尼（Stefano Zamagni），感谢他这么多年与我进行激烈的学术讨论，还有他出色的烹饪水平，这两件事让我每天的生活都非常愉快。我将此书献给我的孙子、孙女们：爱丽丝（Alice）、马特奥（Matteo）、费德里科（Federico）和玛格丽塔（Margherita），我希望他们能让这个世界变得更加幸福和美好。

维拉·扎马尼

（Vera Zamagni）

目 录

第 1 章

前现代社会发达的
农业和商业文明

 1.1 **世界经济发展和制度长期扮演的角色**

如果你想充分了解工业革命在人类生活上打下的深刻烙印，则必须转向一种从经济学的视角回溯人类文明进程的长期研究。数万年以来，人类生活在一个以狩猎、捕鱼和采集为基础的经济体系之中。这是一种不断迁徙的游牧生活，永久定居是不可能的，因为大自然所提供的资源很快就会被耗尽。洞穴是最常见的避难所，其次是可以快速建造的帐篷。人们出生时的预期寿命在 20—25 岁，并且由于恶劣的生活条件，人口很难实现增长（见表 1.1）。

表 1.1　人口

人口单位：100 万人

国家或地区	1000年	1500年	1600年	1700年	1820年	1870年	1911年	1952年	2008年	2008年指数（1500年=1）
西欧	26	57	74	81	169	233	335	399	520	9
美国	1	2	1.5	1	10	40	94	183	303	151
日本	7.5	15.5	18.5	27	31	34	50	87	127	8
中国	60	103	160	138	381	358	428	569	1327	13
印度	75	110	135	165	209	253	303	372	1125	10
拉丁美洲	—	—	—	—	22	40	78	175	575	—
墨西哥	4.5	7.5	2.5	4	6.5	9	15	30	110	15

人口单位：100 万人（续表）

国家或地区	1000 年	1500 年	1600 年	1700 年	1820 年	1870 年	1911 年	1952 年	2008 年	2008 年指数（1500 年 =1）
巴西	1	1	1	1	4.5	10	22	55	192	192
苏联	7	17	21	27	55	89	156	186	287	17
俄罗斯	—	—	—	—	—	—	—	—	142	—

数据来源：安格斯·麦迪森（Angus Maddison）原始数据库由格罗宁根大学（www.ggdc.net/maddison）提供（后文在表源中简称"Maddison database"）。

人们生活在零散的小聚落中，社会组织非常简单。在许多地方，这种毫无疑问可以被定义为原始的情形，仅仅显示出微弱的演变迹象。只有少量的手工艺品制造，特别是纺织品制造被发展起来。由于严酷的气候，当人们无法裸露身体时，经常会使用兽皮遮盖住自己，这也是温暖的地方最适宜人类社会发展的原因。流浪文明既不能实现积累，人们也无法扎根，最多只能以口头的方式传播人类的传统。

在一些地方，特别是亚洲、欧洲、美洲和北非等气候较为温和的地区，大约在公元前 9000 年逐渐发展出农牧文明。人们耕种土地、饲养动物，从最初的季节性迁徙发展到后来的定居，这便是人类最早的永久性住所。公元前 7000 年左右，在巴勒斯坦的杰里科和中东地区发现了最早的村落遗址。再后来，中美洲、南亚和中国出现了定居点的迹象。奇波拉（Cipolla）所定义的"农业革命"从这些地方蔓延到欧洲和东方的许多地区。农牧文明展现出非凡的积累能力。城市和帝国蓬勃发展，人口增长，文化在耕种技术改良的物质层面和精神层面进行传播。文字出现了——尽管并非所有的地方都出现——同时人们还产生了对知识的热爱，知识可以通过文字更容易地传播。著名的图书馆也出现了（见图 1.1）。由于人类控制环境的能力有限（例如自然灾害或因城市过度拥挤暴发的流行病），还有定居后可以维持强大军队所带来的冲突倾向的加剧，人们的预期寿命与原始社会相差无几。然而，原始文明和农牧文明无论是从人口增长还是从进化能力上都毫无可比性。在原始文明不知能否活下去的地方，农牧文明很快就对新的环境产生了兴趣，正如尤利西斯（Ulysses）的经历所表明的那样：尽管新环境充满风险，前路也总是无法预知的。

在诸多可怕的倒退、停滞和诸如古希腊、古罗马、阿拉伯、印度、中国、印加和阿兹特克等令人向往的文明到来之前，在知识积累所带来的进步将农牧文明转变为工业文明之前，数千年的时光流逝。在经历了大约 9000 年的农牧文明之后，在

图 1.1　亚历山大图书馆

公元 16 世纪至 18 世纪，欧洲发生了从农牧文明向工业文明的转变。这个新的工业文明迄今只存在了短短三个世纪，在这三个世纪中，人类的预期寿命增加了两倍，世界总人口数超过了 70 亿，城市化正在迅速扩张；然而，最重要的是我们的工作和生活方式发生了改变，正如我们将在本书中看到的那样。我们很容易发现，这样一个相对年轻的工业文明，出乎意料地拥有了比先前的文明在更短时间内实现彻底变革的能力。正是由于这种变革能力，向工业文明的转变被形容为一场"革命"。这当然不是指它发生的时间跨度，因为它要比政治革命慢得多；在政治革命中，"革命"代表一种既彻底又迅速的政权更迭。在经济学中，所有"革命性"变革都是在长期中完成的，尽管自近代以来工业革命已加快了脚步。

正是因为这种将关注点更多放在地理和历史视角上的长期方法，我们才可以解释为什么诸如工业革命这样的事件发生在欧洲，而不是世界上其他许多农牧文明中。为了解决这个问题，我们从那些通常被认为经济和社会都很先进的文明所具备的基本要素来展开讨论。在学者们看来，下面的这些因素十分重要：气候、地理区位、自然资源、哲学和宗教的世界观、建立了适宜制度的社会组织。研究表明，在充满活力的社会中，前三个因素十分重要。事实上，人们已经注意到，最具活力的文明位于气候温和、河渠纵横的地方，河道便利了交通、灌溉和社区生活，但也有许多这样的地方直到近代才得以

开发。学者们已经确定，在世界上有许多自然资源丰富的地方，因为当地人没能抓住已有资源提供的机会或有效利用这些资源，直到外来的移民来到后，这些地方才被开发。北美地区是最典型的例子，直到 16 世纪这里居住的人口还十分分散，仅仅达到半游牧的文明水平。欧洲移民在 16 世纪抵达这里后，开始开发这片广袤的地区，这些移民在他们带来的社会文化环境的基础上，为这片土地带来了前所未有的活力。

因此，哲学和宗教的世界观，以及它们所带来的各种社会组织，还有后来的各种政治和经济制度，在决定不同社会的进步程度中发挥了真正的战略性作用。如今，不仅历史学家，其他不同学科的学者，如人类学家、社会学家和经济学家，也采用了这种研究不同文明的制度分析方法。在这一领域，处于最前沿的是美国经济史学家道格拉斯·诺思（Douglass North），他凭借对经济制度的历史分析获得了 1993 年的诺贝尔经济学奖。他在其 2005 年出版的书中指出：

> 本研究的核心关注对象，以及改善经济状况的关键，是人类为了控制他们的环境所进行的审慎的努力。因此，这里优先考虑制度的变迁，以及随之而来的对各年龄段人口和知识存量变化的激励作用。[1]

在阐述了"制度结构……是由正式规则、非正式的约束[2]，以及它们的实施特征所组成的"之后[3]，诺思坚持认为，产生制度及其经济决策的文化远远超出了工具理性[4]—— 一种手段 – 目的的逻辑，通常被所谓的主流经济学家用在他们的模型中。用诺思的话说：

> 信念及其演变方式是本书理论问题的核心。除极少数重要的经济学家如

---

① North, *Understanding the Process of Economic Change*, 1.

② 行为规范、惯例和自我限定的行事准则。——译者注

③ North, *Understanding the Process of Economic Change*, 6.

④ 工具理性为社会学家马克斯·韦伯（Max Weber）提出的概念，与价值理性相对，又被称为效率理性、功用理性、目的理性、技术理性、科学理性，指通过实践的途径确认工具或者手段的有用性，为达到事物的最大功效以及实现人的某种功利目的而服务。——译者注

弗里德里希·哈耶克（Friedrich Hayek）外，大多数经济学家都忽视了思想观念在决策中的作用。理性假设在帮助经济学家解决……微观理论中的有限范围内的问题时表现十分出色，但在处理研究的核心问题上却显得有些不足。的确，对理性假设不加批判的接受对于社会科学家面对的大多数的重大问题都是毁灭性的，也是未来前进道路上的一个重要障碍。[①]

要理解有关制度的话语和决定制度的文化如何远远超出工具理性的基本原则，就必须引入路径依赖（Path Dependence）的概念。这一概念由保罗·大卫（Paul David）提出，他认为许多有关技术和制度结构的解释都源于特定的历史进程，而不是普遍有效的理性经济法则[②]。在这一系列的事件中，其中有一部分是随机的，但最终所有开始时的可能选项都会关闭，并将选择限定为能够结晶的构造。大部分不发达国家显然符合这一点，只有历史的惯性和故步自封于传统才可以解释为什么其他国家都发展了而偏偏这个国家没有。在发展中国家也同样如此，哪怕出现了被证明是可行的有利的制度创新，它们仍然因循守旧于早期发展的特定形式，因此衰落随之而来。

当我们拥有了这些解释工具，便可以尝试比较晚期的主要农业文明。文化、信仰和制度，这些因素决定了这些文明在 16—18 世纪的不同经济命运。

1.2 发达农业经济体的制度比较

传统上而言，制度分析仅适用于起源于欧洲的西方世界，用来解释为什

---

① North, *Understanding the Process of Economic Change,* 5. 有关此方面更加一般性的讨论，可以参考 Furubotn & Richter, *Institutions and Economic Theory*。

② David, "Clio and the Economics of QWERTY". QWERTY 是大卫（David）的一个很著名的例子。QWERTY 是早期打字机键盘的前六个字母，这样排列是因为打字机连动杆的机械问题。随着新技术的出现，连动杆的机械问题被解决了，但由于人们已经熟悉了字母的排序，键盘并没有发生改变，即使后来这种顺序被证明是效率低下的。近年来，大卫对他长期以来的工作进行了总结，提议经济学家应更关注动态事件。这暗示着一个"历史性的"时间，而不是局限于空间的时间，在一个时间点上，人们可以有各种可能，参见 David, "Path Dependence"。

么英国是第一个工业化的国家——我们将在第 3 章讨论这一主题；还有为什么后来美国取代了英国的领导地位——我们将在不同章节广泛讨论这一主题，这其中的大部分出自诺思的著作。然而，近年来中国和印度的经济崛起催生了一部非常有趣的著作，该著作设定了一个更为全球化的目标，解释了为什么工业化最早发生在欧洲，而不是中国、印度或伊斯兰世界，甚至推测西方霸权有可能只是暂时的，因为它并非源于结构上的优势。[①] 本节将简单概述这一新著，但在此之前，我们需要简要地谈一下欧洲的定义。

众所周知，即使在罗马帝国时期，欧洲也从未作为一个统一的国家存在。罗马帝国曾扩展至包括北非和小亚细亚半岛，但对其北部和东部地区的控制有限。即便是衍生自古希腊和古罗马（其贡献了众多非严格意义上的拉丁文化）的欧洲文化矩阵，如基督教等，也并不仅仅来自被视为欧洲的地方。尽管如此，由于地理（西部的海洋既提供了保护，也带来了一定限制）、历史和宗教的原因，欧洲成为一个西、南、北三面环海的大陆。欧洲东部的边界不那么明显，东部边界更多取决于文化因素而非地理因素。在这片大陆上，各国之间的跨文化影响、军事冲突和经济交流十分密集和活跃，各国通过多种方式将它们的命运联系在一起。[②] 所以谈论"欧洲"是没有问题的，因为历史上所有组成欧洲的国家在政治、经济和文化、生活等方面都内在地联系在一起，即使这片大陆从未实现政治上的统一 ——直到今天这仍然是一个非常重要的话题。当然，欧洲与世界上所有其他大的地区一样，内部存在巨大的差异，我们将在后面的章节中看到。

表 1.2 对我们提出的制度比较进行了总结，其中只出现了三个国家或地区：欧洲、伊斯兰世界和中国。中美洲地区的农业文明（印加人、阿兹特克人和玛雅人）之所以没有被列入，是因为 16 世纪前，中美洲地区相对独立，人口的识字率较低，同时商业发展较慢。此后，中美洲地区处于欧洲人的控

---

① Goody, *The Eurasian Miracle*.

② 如前所述，诺思在这方面写道："将荷兰和英格兰视为隔绝于来自欧洲其他国家的刺激因素的成功故事……也就错过了解释的重要部分。意大利城邦、葡萄牙和日耳曼国家都落后于荷兰和英格兰；但是前三者却对欧洲进步做出了显著贡献。银行业、艺术的发展，还有航海和印刷业的改进只是前者为欧洲进步做出明显贡献的一部分。"（North, *Understanding*, 138.）

制之下，发展相对滞后，因此没有能力去反抗。所以，它并不具备与欧洲在引发工业化的先决条件上进行比较的条件。印度被排除在外的原因不太一样。公元前 3000 年，印度拥有一个复杂的农业文明，以各种方式与中国和欧洲建立了联系。在此后几个世纪的时间里，我们认为印度也存在一些相当成功的复杂商业活动。正如阿马蒂亚·森（Amartya Sen）的解释：印度的智识和宗教生活在许多方面都是独创的，因为它有一些世俗国家①的成分和亚洲其他地区所缺少的多元化，这些构成了印度 20 世纪民主进程的基础。② 但是，印度却无法在政治或军事上捍卫其文化传统和经济。首先，印度无法抵挡穆斯林的征服，穆斯林建立的莫卧儿帝国延续了数百年。17 世纪，随着东印度公司（见第 2 章）的入侵，印度又改由英国统治。③ 因此，就引发工业革命的可能性而言，印度并不适合与其他文明进行比较，因为它缺乏其他国家或地区的制度先决条件，其中制度主要指政治制度。

表 1.2　发达农业文明经济发展的战略因素比较

战略因素	中国（6—16 世纪）	伊斯兰世界（8—16 世纪）	欧洲（11—16 世纪）
政府类型	极权政府；统一帝国；上层官僚体制；下层商人	神权政府；奥斯曼帝国之前的政治分裂；不稳定的边界；商人没有政治权力；运作欠佳的商业组织（家族企业，承担无限责任）	商人自治的城邦国家；政治分裂；西部边界可以提供有限的保护；拥有一个广阔的内海；运作良好的商业组织（非家族企业，承担有限责任）
秩序	稳定；只有国防军队	在奥斯曼帝国之前不稳定；征服战争	以保卫自治为目的的战争为主，也有征服战争
公平	耕地的权利受到保护，但通常皇帝可以独断专行	精英集团的意愿	非个人的，基于法典和人身保护法；产权保护

① 世俗国家指对于宗教事务持中立态度的国家，不对任何一种宗教习俗持赞成或反对的态度，也即没有类似国教的宗教。——译者注

② Sen, *The Argumentative Indian*.

③ Barbard D.Metcalf & Thomas R. Metcalf, *A Concise History of Modern India*. 作者强调了 17 世纪印度蓬勃发展的经济，及其并没有一个与之相伴的能够应对新挑战的国家组织。自相矛盾的是，恰恰是它蓬勃发展的商业，促使印度人与英国人达成协议，那时英国人主导了国际贸易，并最终通过其强大的贸易公司统治了印度。

（续表）

战略因素	中国（6—16 世纪）	伊斯兰世界（8—16 世纪）	欧洲（11—16 世纪）
税收	税负轻，但经常无法预测（没收）	税负轻	税负一直在增加，但"无代表，不纳税"；发展了公共债务，具有强大的财政能力
公共品	少量（例如水坝、长城）	很少	数量不断增加：基础设施、教育、医疗、商业、经济机构和福利（济贫法）

让我们来总结一下表 1.2。这里所描述的三个文明很早便有了文字、制造（这一概念最初的意思是手工制品，也包括借助机械设备生产产品）和商业，以及由此引发的城市生活，尽管农业还是最普遍的活动。它们虽然基于不同的宗教和哲学，但对人类理性这样的伦理美德（虽然理解上大相径庭），以及文化、艺术传播有着共同的信念。在这些特征的基础上，它们有能力取得重要的技术和科学进步，并开展商业活动。事实上，近年来的研究表明，直到 11 世纪末，中国和阿拉伯世界要比欧洲更加发达，它们有能力维持大量的人口也证实了这一点。然而，它们却在大量欧洲中心论的文章中被视为停滞不前的国家，不论是亚当·斯密（Adam Smith），还是后来的马克斯·韦伯都坚持这样的观点。它们拥有复杂的军事系统、繁荣的商业活动以及成熟的纺织品和陶瓷生产技术，但数百年来它们所展现的是一种不一样的保持发展的能力。

为了理解"大分流"——这一贴切的表述援引自彭慕兰——的原因，表 1.2 比较了三种社会的几个基本维度。① 第一个维度是政府的类型：自由主义或极权主义。在 6—16 世纪的中国，极权政府占统治地位，政府如家长一般保护其子民，却不让他们拥有发表意见的权力。就伊斯兰世界来说，政府服从于宗教戒律，所有的法律都依照这些宗教戒律而制定。显然，并不是所有的极权政府都是贪婪且反对经济发展的。相反，许多极权政府都在寻求促进发展的方法，主要是为了通过官僚体制让当权者致富、武装军队，以及获得国际

---

① Pomeranz, *The Great Divergence*.

上的权力地位。但是，由上层制定的法律从来没有像那些由经济参与者设计的法律一样有利于个体的经济活动。在城市中最先出现了商业精英自治或参与治理，然后又在国家中出现。除此之外，在代议制政府的社会中个人享有的自由无法与极权政府的社会中所允许的自由相提并论。第 2 章和第 3 章将提供有关这些观点的大量证据。正如诺思（还有许多其他人）所说：

（欧洲）大范围的政治和经济秩序缺失，创造了有利于经济增长和最基本的人类自由的重要环境。在这个竞争的、去中心化的环境中，人们可以追求多种选择……故事的关键在于多样的选择带来了更多的可能（相比单一的统一政策），在某种程度上带来了经济的增长。①

尽管如此，极权政府还建立了压榨性制度（extractive institutions），相比参与性的政府或某种程度上的民主政府，这种制度对包容性制度（inclusive institutions）的危害更大。Acemoglu 和 Robinson（2001）研究的核心就是比较压榨性制度和包容性制度。② 他们将压榨性制度定义为通过攫取租金——主要是税收和金融，利用经济剩余让少数人变得富裕。包容性制度让绝大多数人拥有平等的机会参与经济活动。根据 Acemoglu 和 Robinson 的观点，压榨性制度带来的发展随着时间的推移不可避免地会受到限制，而包容性制度带来的发展则是可以持续和积累的。无论是从技术、组织，还是从军事的角度来看，由建立小国所引发的欧洲特有的政治分裂，最终促使各国政府去探索增加财富的最佳方式。③

第二个维度是秩序，由第一个维度直接产生。大国拥有许多内部资源，它们的关注点在于维持现状，更倾向于孤立主义和自卫；而小国总希望变得更大，因而会发动征服战争。从这个角度来看，欧洲的分裂比中国的大一统给经济增长带来了更大的激励，而这是以欧洲自中世纪至 20 世纪的长期战争

① North, *Understanding*, 137–138.

② Acemoglu & Robinson, *Why Nations Fail*.

③ Rosenthal & Wong, *Before and Beyond Divergence*.

状态为代价的。我们将在第 2 章讨论"地理大发现"时代的地理探索，这也同样是政治分裂和欧洲小国为了增加财富相互竞争的结果，它们国内的资源都极其有限。①

伊斯兰世界处于不断的征服战争中，相比而言更像欧洲而非中国，因为在奥斯曼帝国之前，伊斯兰世界内部长期处于分裂状态。伊斯兰世界的地理位置也并不优越。一方面，它的西部和北部与欧洲接壤；另一方面，在东部它与印度和亚洲各民族相遇。最终，16 世纪的奥斯曼土耳其人在前朝的废墟上建立了一个伊斯兰帝国。然而，奥斯曼帝国不久便陷入了困难时期，主要因为它的经济来源枯竭（经由地中海和红海的贸易绝大部分被大西洋航线和发现的新大陆取代）。此外，它的地理位置阻碍了伊斯兰世界参与地理探索，意大利城邦也遭受着同样的命运。

第三个维度——（法律意义上的）公正——当与政府体制连同起来看时，便极其重要。如果政府是极权政府，那么公正将是专制武断的；而如果是代议制政府，还有后来的民主政府，那么它至少在原则上是"对所有人平等的"，并且它不会带来特权。罗马帝国的法律传统（人身保护令，即如果没有能够证明有罪的证据，任何人都不会被起诉）从这个意义上来讲是非常有益的，后来的欧洲传承了这一传统。

围绕最后两个维度，我们来看一下国家扮演的角色，这一主题将在第 4 章中进行讨论。欧洲的税收更高，也更有效。这些税收起初是为达到军事目的而设立的，也被用来增加私人不便提供的商品和服务（即公共品）的供给，最终人们认识到税收对发展具有战略意义。税收是一种整体性的公共行为，并没有取代个体活动。即使在欧洲，最民主的代议制政府也会向其公民征收很多的税，从而更好地保护他们，并为他们的活动提供更有力的军事支持。正是由于欧洲国家的税负较高，最终人们对税收的使用进行限制，独立战争前的美国有一句著名的话："无代表，不纳税"②。这也是为什么越来越多的人

---

① Parthasarathi, *Why Europe Grew Rich and Asia Did Not*. 作者认为由于小国资源稀缺，欧洲的发展是经济压力下的意外结果。

② 有关这一点，参见 Findlay & O'Rourke, *Power and Plenty*, 350。

以越来越广泛的形式参与到国家事务的决策当中，因为这些国家事务的决策权不再专属于最高统治者。随着时间的推移，这些参与带来了真正的政治民主。

从表 1.2 中的三个文明之间的对比可以看出，欧洲为个体自由提供了更好的保障，主要通过现有的政治制度实现，这些制度不仅对个体给予尊重，而且也为理解个体经济活动的重要性并对其进行支持做好了准备。这是通过众多的文化机构实现的：知识分子不仅可以公开表达他们不同的观点，而且还可以把这些观点传授给他们的学生，这些学生可以从一所大学转到另一所大学来获取批判性的知识。正是思想和企业的自由，奠定了经济持续进步和经济实体多元化的基础，众多的经济实体带来了竞争，这是持续改进资源利用方式的最强大的动力。

我们可以得出结论，欧洲懂得如何营造一个有利于技术和制度创新的环境，因为它有更大的自由度和法律确定性，而这些为与投资相关的经济核算奠定了更加坚实的基础。[1] 此外，政府在军事、政治和经济层面（公共品）为个体经济提供了更大的辅助性支持。欧洲的哲学和宗教基础被证明在营造和保护政治、文化和经济活力上具有战略意义。[2] 它们可以被归纳为以下四个基础：

第一个基础是人类拥有独特和绝对价值的定义。按照基督教的说法，人类是依照上帝的样子创造的，由肉身和灵魂，或物质和精神两个方面构成。自由和公正源于这种个人的中心地位。这一原则强调得越多，极权主义和奴隶制就越容易被摒弃，特权和歧视也越容易被消除。最终就可以宣称人人平等——不论男女、老幼、贫穷或富有、健康或疾病、强大或弱小——对政治（代议制政府以及后来的民主政府）和经济（个人经济活动的自由）产生了重要影响。[3] 从圣本笃开始（祈祷并工作，Ora et labora），工作被重新定义为自由人而非奴隶的行为。本笃会和西多会的修道院最先将这种新的工作理念付

---

① 参见 Mokyr, *The Lever of Riches*; Rosenberg & Birdzell, *How the West Grew Rich* 的详尽研究。

② 在最新的经济研究文献中，人们越来越认识到文化是影响经济发展成败的决定性因素。参见 Lopez-Claros & Perotti, *Does Culture Matter for Growth?* 和 Mitterauer, *Why Europe?*

③ 有关这个主题参见 Bruni & Zamagni, *Civil Economy*。

诸实践，自由和理性的人在实践中更容易提高生产率。所有用机器代替或补充人力的早期论述都出自修士们的笔下。

第二个基础是在第一个基础之上产生的。如果每个人都是依照上帝的形象被创造的，那么人与人之间的基本关系就是一种横向关系。团结、信任和商业联系并不限于宗族，而是可以普遍展开的。由此引发了选举、宗族约束和客观的（在某种意义上涉及你并不知道的人）的制度的出现，这些制度需要可以实施正式制裁（法院）和维持公信力（公证体系，详见第 2 章）的机构。方济各会阐述了"公共利益"的概念，经销商和生产者的行为最终都被视为为了当地社区的繁荣的行为，个人致富仅仅是一种合理的结果。[1]欧洲商人"开拓性"的思想便源于这个基础；这种思想驱使他们采取任何合理的方式冲破限制，拓展业务。[2]民营经济产生了，它主要服务于城市，让城市中的每个人可以通过努力、合法工作和公平交易，在满足城市需要的劳动分工和共同责任中找到自己的角色。[3]

第三个基础是精神上的提升。由于具备了推理能力，随之而来的是科学的诞生（科学革命）、学问的普及（大学、扫盲学校和印刷术），还有人类对自然的控制〔"人类创造"（homo faber）[4]，导致了技术的出现〕。文艺复兴时期的人文主义者、伟大的科学家和艺术家演绎了这一过程，最初在意大利，然后是整个欧洲。[5]这一时期出现的对知识的系统整理、寻找证据的实验方法，还有可比较的批判性分析，使科学成果不断积累，从此之后再也没有停止过。正如牛顿所说，"如果说我看得比别人更远些，那是因为我站在巨人的肩膀上"。[6]

最后，第四个基础即权力分立。权力分立对于防止权力过度集中，并为监察与制衡体系的发展留出空间至关重要。在第一个阶段，权力分立意味着

---

① Todeschini, *Franciscan Wealth*; S.Zamagni, *Mercato*.

② 所有过去有关方济各会修士理论阐释的研究的原始资料总结参见 Zamagni & Porta, *Economia*.

③ Grief, "The Birth of Impersonal Exchange".

④ "人类创造"是一个由来已久的概念，可以追溯到 2000 多年前的古罗马，指人类能够通过对工具的运用掌控自己的命运。——译者注

⑤ Garin, *L'uomo del Rinascimento*.

⑥ 牛顿实际上借鉴了可以追溯到中世纪的神学家传统，参见 Casini, *Newton e la Coscienza Europea*。

区分公民权利和宗教权力。如果没有抵制和严重冲突，这种区分在欧洲是无法实现的。在第二个阶段，权力分立意味着将社会通过"公司"或行会（guilds）这样的中间实体组织起来，它们享有广泛的自治权。在第三个阶段，权力分立演变为立法、司法和行政权力的分离，但这种组织形式在极权国家中并不存在。①

这些便是欧洲社会的特征，在反对和倒退的氛围里，出现了普遍的不排斥任何一方的经济活动，甚至在工业革命前就给欧洲带来了优势。②例如，近来研究中存在广泛争议的问题是 14 世纪爆发的瘟疫——黑死病，所造成的影响；我们可以将这一事件定义为全球性的，它蔓延至整个欧亚大陆。数以千万计的人口死亡导致了各地工资的上涨，但是在接下来的几个世纪里，工资只有在欧洲的一些国家保持了增长。在其他地方，工资上涨是一个相对短暂的事件，后来变得无迹可寻。③这些经济进程引发了工业革命，我们将在第 3 章进行探讨。但在此之前，我们将在第 2 章重点关注制度和经济实践，它们促进了欧洲优势的诞生。这些制度和实践最早产生于意大利城邦中，在"地理大发现"引发的国际贸易出现之前形成。

表 1.3 显示了欧洲在公元 1000 年前后相对其他国家的落后状态，还有它在工业革命前不断发展的优势。我们需要注意表中的一些结论。在本书中，我们主要采用 GDP（Gross Domestic Product，国内生产总值）这个当前被大众普遍接受的指标来比较经济发展。它描述了特定年份、地理区域（通常是一个国家，也可能是一个地区，正如我们将看到的那样）所生产的产品和服务，为了进行比较，我们用人均值进行了标准化。虽然作为基本指标它存在各种缺陷，但我们还没有找到一个更好的用来代表经济发展程度的指标；如

_16_

---

① 约翰·洛克（John Locke, 1632—1704）确立了权力分立的正式地位，孟德斯鸠（Montesquieu, 1689—1755）让它成为一个真正的理论；见 Felice, *Oppressione e Libertà: Filosofia e Anatomia del Dispotismo nel Pensiero di Montesquieu*。

② 有关欧洲独特性的更多细节，参见 Goldstone, *Why Europe?*

③ Findlay & O'Rourke, *Power and Plenty*.

今它经常与其他指标一起被引用，用来进行更加深入的分析。[1]GDP 自 20 世纪开始被普遍采用，但幸好有安格斯·麦迪森（Angus Maddison）这位在荷兰格罗宁根工作多年的伟大的英国学者，才有了如今汇集了许多历史学家有关过去几个世纪的统计数据的数据库，而不仅仅是过去一个世纪的。在可以得到真实数据前的几个世纪里，我们只有对 GDP 的估算，但这些数据是建立在一个可靠、统一的基础上的。本书的量化数据基础就来自该数据库。

表 1.3　人均国内生产总值

以 1990 年美元计算

国家或地区	1000年（美元）	1500年（美元）	1600年（美元）	1700年（美元）	1820年（美元）	1870年（美元）	1911年（美元）	1952年（美元）	2003年（美元）	指数（美国=100）	2003年（1500年=1）
西欧	425	772	889	987	1110	1960	3457	4719	16,821	58	22
美国	400	400	400	527	1257	2445	5301	10,316	29,037	100	73
日本	425	500	520	570	669	737	1387	2336	21,218	73	42
印度	450	550	550	550	533	533	673	629	2160	7	4
拉丁美洲	—	—	—	—	691	742	1618	2588	5786	20	—
墨西哥	400	425	454	568	759	674	1732	2504	7137	25	17
巴西	—	400	428	459	646	713	811	1752	5563	19	14
俄罗斯（苏联）	400	499	552	610	688	943	1488	2937	5397	19	11
									6323	22	
奥斯曼帝国及其之前的国家	600	660	—	770	740	825	1213				

注：麦迪森的估算数据以 1990 年美元价值为基准。以其他货币表示的价值并没有按照汇率转换为美元，因为众所周知，汇率是不稳定的，可能无法准确反映相对的价格结构。为了对国民账户的规模进行国际比较，购买力平价的汇率制度被提出，该制度基于各个国家按照当前价格计算的具有代表性的一篮子商品和服务的价值计算汇率。联合国最早提出了这种方法，后来被欧盟采用，现如今又被历史学家们所使用。因此，麦迪森的估算数据是按购买力平价计算的。

数据来源：Maddison database；有关奥斯曼帝国，引自 Bolt & van Zanden, *The First Update to the Maddison Project*。

---

[1] 有关 GDP 的一个非常有趣的讨论，参见 Lepenies, *The Power of a Single Number : A Political History of GDP*。（此书中译版名为《GDP 简史：论 GDP 对世界政治经济格局的影响》。——译者注）

第 2 章

从意大利城邦到大航海时代

 欧洲公民身份的新体系

　　众所周知，自 12 世纪以来，欧洲出现的城市相比伊斯兰世界、印度和中国的城市具有不同的特征。商人在世界各地的城市中扮演着重要的经济角色，这些城市中混杂着大部分从事非农业生产的人，例如制造业、服务业从业者和政府人员。但是，欧洲也有一些城市要么享有完全的政治独立（如意大利、荷兰、瑞士或汉萨同盟①），要么拥有广泛的自治权。这就是为什么许多欧洲城市，特别是意大利的城市的旗帜中都带有拉丁词"自由"（libertas）。在城市里，商人们扮演着自治政府的政治角色，而这在欧洲之外是闻所未闻的。②我们将详细探讨它们的运作方式，以及促使欧洲城市，特别是意大利城市成为创新中心的制度内涵和随之而来的财富积累（如表 1.3 所示）及技术与组织的变化。

---

① 汉萨同盟为 12—13 世纪中欧的神圣罗马帝国与条顿骑士团诸城市之间形成的商业、政治联盟，以德意志北部城市为主。——译者注

② Mielants, *Origins of Capitalism* 坚持这一观点。欧洲城市不仅给予商人自由，还从内、外两方面积极支持他们的商业活动。对内而言，立法支持商业活动，并且允许商人们管理邻近的乡村；对外而言，城市则提供外交和军事上的支持。"（在亚洲）支持加快资本积累政策的独立城市制度并未建立起来……大多数城市并没有实施类似西欧城市的殖民战略的计划。"（第 147 页）

城市的经济体系依托于两大支柱：手工业行会和商人商会。手工业者通常不会生产存货，而是接收来自商人的订单，这些商人有时也提供原材料。从事买卖的商人（他们经常将原材料和成品存放在他们的仓库里）和拥有工具的手工业者之间形成了密切的联系。制造业生产很快便受益于重要的技术创新。从 13 世纪开始，水力被用于驱动众多行业的机械装置，如生铁加工、伐木、造纸和纺纱。有些创新是在伊斯兰世界或中国已经存在的，欧洲人或是引入，或是对这些创新加以彻底改造。中世纪欧洲取得技术突破的两个最重要的领域是航海和钟表制造。

磁罗盘的广泛使用、航海图的创建和三角表的编制使得航海可以运用工具和数学，并与船尾舵一起，让海上航行变得更加精确和可行，哪怕是在天气条件并不怎么有利的情况下。这些创新在中国早已为人所知。而机械钟的发明带来了不可估量的影响。传统上，人们一直使用沙漏和日晷来测量时间，自 13 世纪，欧洲开始探索机械驱动的方式。人们有关最早的机械钟建造地点的看法并不一致：最有可能的地方是意大利北部，但德国同样声称自己才是最早建造了机械钟的地方。事实上，到了 14 世纪，机械钟迅速在整个欧洲传播开来，最具代表性的机械钟不仅可以自动标示小时和分钟，还可以标示年、月、日，甚至行星的轨道，往往还有声音和单脚旋转的天使、圣母玛利亚及其他角色，它们在预先设定好的时间出现或消失。机械钟的出现确立了西方世界"机械驱动"的思维方式，成为其财富的基础。机械钟是欧洲特有的发明，在同时期的其他地方并不为人所知。

在意大利中北部和荷兰南部〔佛兰德斯（Flanders）和布拉班特（Brabant）〕等欧洲发达地区的城市中，制造能力得以发展。作为连接欧洲、北非和近东的天然桥梁，意大利享有地理区位上的优势。荷兰则位于连接北海与大西洋沿岸的法国、西班牙道路的中心。意大利商人是开拓贸易新路线最多的人。一份 1127 年的文件提到了当地领主在集市上向"伦巴第人"（Lombards，生活在意大利中北部）推销商品。最早的集市出现在 12 世纪的意大利北部，然后扩散到欧洲许多其他地方，如香槟、普罗旺斯、法兰克福，以及苏格兰和爱尔兰。

佛兰德人（佛兰德斯的居民）大量涌入德国，德国本地的商人也很快变得活跃起来，也有佛兰德人来到了意大利。13 世纪上半叶，随着一座跨越深谷、修建在悬崖峭壁上的被称为"魔鬼桥"（Devil's Bridge）的桥梁建成，圣哥达山口（Gotthard Pass）开通，其成为货物运送的重要通道，从而使瑞士加入了商业活动。正是由于参与了欧洲贸易，才有了瑞士各州的政治自治。穿越阿尔卑斯山的其他通道也相继开通。然而，当 13 世纪快要结束时，意大利人还是绕过伊比利亚半岛和法国，定期往来于地中海和北海之间运送货物。陆运和海运公司成立了，还出现了传递信息的信使服务。

为了排挤佛兰德人并且不让其他竞争对手进入，意大利人——尤其是威尼斯人、比萨人和热那亚人——在地中海南部和东部打造了令人瞩目的贸易路线，其中一部分沿着原来十字军东征时的路线。威尼斯成为"通往东方的门户"，不仅因为它在地中海东部的广大地区建立了殖民地，而且还因为它资助了对黑海，以及克里米亚、印度、中国和中亚地区的远征。威尼斯的商人群体在埃及、叙利亚、突尼斯、保加利亚、罗马尼亚、古希腊、塞浦路斯、克里米亚，以及特拉布宗、君士坦丁堡、塞萨洛尼基、法马古斯塔、尼科西亚，还有中国、印度和中亚定居下来[1]。除传统的陆上贸易路线如丝绸之路外，还开通了海上路线前往印度和中国。威尼斯商人离开阿拉伯半岛，航行穿过红海，在亚丁湾进入印度洋；他们在印度南部或斯里兰卡停留，然后沿着印度尼西亚的岛屿航行，最终到达中国南方的广州。欧洲人很快便开始专门从事对外贸易，因为他们的城市规模太小，无法提供足够大的市场。

这些商人享有的巨大自由也带来了经济制度、合约和资金管理方面的重大创新。其中一些是对伊斯兰世界已有做法的接纳，但随着它们在欧洲的普遍推广和不断完善，二者很快就不再具有可比性。以下是其中最重要的创新：

★ 康孟达契约（Commenda，在威尼斯被称为 Collegantia）。12 世纪，主要在沿海城市中发展出的一种资本组合形式，允许那些不愿直接供职于公司的人向公司提供资金，预付部分必要资本，并获得足够的报酬作为回报。这

_20_

---

① 有关这一点的总体概述，参见 Cardini & Montesano, *Storia Medioevale*。

是从与家族无关的人那里筹集资金的最初实践。承担相应责任的商业代理人可以使用这些资金，他们承诺高回报，但任何时候都只承担出资范围内的风险（有限责任）。这导致了17世纪股份公司的成立，[①] 但在推广这种做法之前必须引入许多额外的规则。

★ 保险。保险的最初实践发生在12世纪邻海的威尼斯共和国，旨在化解在海上运输货物的船东们的高风险。保险极大地降低了他们的经营风险。

★ 银行。银行一词源于伦巴第语"banka"或"bench"，意思是一块铺着布的木板，这是集市和城镇广场上进行金融交易的地方。中世纪的借贷行为十分普遍，城市里的银行与商人们的活动密不可分，以至于时常会出现"商人银行家"（merchant-bankers），直到后来二者才分开。银行业务的开展——例如信用证或汇票——并不像过去那样，并不以所有者获得固定收益为目标，而是借助信贷流动为广大地区的商业活动提供融资。[②]

这些生产和商业信贷除了让商人变得富有，也让城市变得富足，因为增加了就业，并为所有人提供了更好的生活条件。这就是为什么天主教会，特别是之前谈到的方济各会的教义逐渐放弃谴责信贷的原因，因为以生产为目的的信贷在道德上是可以接受的。新的投资信贷形式与传统的信贷之间并没有明显的区别，例如向统治家族提供战争贷款，这可能会导致银行发生严重危机，甚至破产。相反，消费信贷是由拥有捐赠资本的特殊机构实现的，即"虔诚基金"（monti di pietà）[③]，它们以适度的利率出借资金，这也是"小额信贷"的最初形式。[④] 最后出现了公共银行，其专门以"国债"的形式为国家筹集资金，用来支持战争、应对饥荒或公共卫生危机，并建造公共基础设施。这最终限制了一直被教会谴责的高利贷或类似高利贷的信贷种类，金融的目的和实践发生了根本性变化。

---

① Felloni, *Profilo di Storia Economica dell'Europa dal Medioevo all'età Contemporanea*, 127–130.

② Malanima, *Economia Preindustriale*, 451.

③ 字面意思是"虔诚基金"，是典当行的起源。"虔诚基金"被作为慈善组织运作，其中 Monti（原文为 mount）指由富人捐赠的资本基金，会以低利率借给那些有需要的人，借贷是出于借款人的利益而不是贷款人的利益。

④ Muzzarelli, *Il Denaro e la Salvezza*.

★ 双重记账。这是一种通过在分类账簿中写下所有支出和收入来进行记账的方式，以便可以进行比较，并准确了解业务的开展情况。这种方法同样为伊斯兰世界所知。1202 年，比萨的莱昂纳多·斐波那契（Leonardo Fibonacci）开始采用这种方法，后来欧洲商人们对其加以完善。①

★ 商法（ius mercatorum 或 lex mercatoria）。商业的扩张增加了经济主体之间的争端。为了解决这些争端，原本拥有各项规章制度的商业行会，施行了一套规范的制度体系，该制度体系同样也对不属于行会的第三方具有约束力，并由此建立了由商人法官（merchant-judges）负责执行的司法权。因此，商法是由商人阶层直接制定的国际通行的商法；所有人都受其约束，这体现了商人在城市中享有的特殊地位。②

随着合约数量的不断增加，记录合约的必要性导致了一种新职业——公证人的出现。这一角色之前就已存在，并拥有多种职责，但主要是为私人服务。从 12 世纪开始，公证人有了公认的身份，出席合法交易并作为其合法性的担保人，体现了公法的价值。在 13 世纪中叶的博洛尼亚，大约有 400 名公证人从业者；在比萨，有 1183 名公证人。在 13 世纪，公证活动成为"法律顾问协会"（Guild of Juris consults）的一部分，并被列为法学院的科目，特别是在博洛尼亚和帕多瓦。

表 2.1　人均国内生产总值

以 1990 年的美元计算，单位：美元

国家或地区	1300 年	1400 年	1500 年	1570 年	1650 年	1700 年	1750 年	1820 年	1850 年
英格兰 / 英国	742	1099	1058	1111	925	1515	1695	2074	2774[†]
荷兰	876	1195	1454	1432	2691	2105	2355	1874	2355
意大利中北部	1620	1751	1533	1459	1398	1476	1533	1511	1481

① Felloni, *Profilo di Storia Economica*, 116. 后来法拉·卢卡·帕乔利（Fra Luca Pacioli）在其 1494 年的一篇论文中建立了复式记账法的理论。

② Galgano, *Lex Mercatoria*.

以 1990 年的美元计算，单位：美元（续表）

国家或地区	1300年	1400年	1500年	1570年	1650年	1700年	1750年	1820年	1850年
西班牙	864	819	846	910	687	814	783	—	1079
德国	—	—	1146	—	948	939	1050	1077*	1428
法国	—	—	727*	—	860*	910*	—	1135	1597

备注：* 来自 Maddison database，见表 1.1；† 为 1849 年的数据，因为 1850 年该序列加入了爱尔兰，从而拉低了平均收入水平。

数据来源：Bolt & van Zanden, *The First Update to the Maddison Project*.

意大利城市中聚集了大量的创新活动，引发了经济的高度繁荣，如表 2.1 所示。1300 年，意大利中北部城市的人均国内生产总值已经是荷兰和西班牙等欧洲最繁荣地区的两倍左右，而英格兰则远远落后。一个世纪之后，意大利城市的人均国内生产总值仍稳居第一，但荷兰和英格兰正迎头赶上。16 世纪，意大利开始衰落，尽管其收入水平只有荷兰才能达到。17 世纪，荷兰超过了其他所有国家，并一直保持领先直到 19 世纪初。到那时，英国的工业革命已经成熟，但此后的荷兰依旧富裕。意大利的财富水平在 18 世纪才被英国超越，而欧洲其他地区一直落后于意大利，直到 19 世纪中叶。其中的西班牙，只在 16 世纪时有过短暂、少许的改善记载。

意大利城市开创的制度创新一直在继续，甚至当它们遭遇危机时也同样如此，但显然这些都是对已有做法的改进。[①] 其中主要包括：

★ 证券交易所，作为商业和金融交易的场所。第一家证券交易所于 1531 年在安特卫普正式开业，但它只是对欧洲各个商业城市已有的业务进行了规范。

★ 邮政服务，在 15 世纪引入，当时的神圣罗马帝国皇帝马克西米利

---

① 阿夫纳·格雷夫（Avner Greif）在他 2006 年出版的著作结尾提到了这一点："中世纪晚期的制度发展对后来的制度产生了直接影响。现代企业公司源于公司的法律形式，其是中世纪的行会、市政、修道院和大学创立的。中世纪晚期的公司运作引发了专门的知识、法律和其他制度因素的发展，这些因素也体现在当前的实践中，如股票交易、有限责任、审计、学徒制和双重记账。欧洲商法、保险市场、专利制度、公共债务、商业协会和中央银行都是在中世纪制度的背景下发展起来的。"

安（Maximilian）一世将帝国的邮政服务交给了伦巴第的弗朗西斯科·塔索（Francesco Tasso）。

★ 专利制度，保护了新发明的商业开发。1624 年，英国首次推出了专利制度，期限为 14 年。

★ 商法典，在许多欧洲国家审理贸易案件的法庭中逐渐成形，直到后来随着商会的出现，在拿破仑时代正式被编纂为商法典。

制度基础的漫长准备有利于扩大市场并改善市场运行，同时也为更大规模的生产做好了准备。由机械动力（主要是水力）驱动的自动化系统促使战略性的发明出现，继而引发了欧洲工业革命。[1] 但是在此之前，我们应当了解地理大发现时代的地理探索所带来的长期影响。

2.2 大航海时代和商业公司

15 世纪、16 世纪的欧洲海洋探险引发了一场真正的空间革命，因为世界的边界变得可以界定和测量，结果导致机会的扩大和空间的压缩。世界正朝着一个有效的全球语境不断加速发展，经济、政治和文化的全球化进程拉开了序幕，并在此后继续深入。但是，地理新发现首先改变了欧洲原有的平衡。

意大利无缘对新发现的土地进行殖民活动，这并不是因为它缺乏富有经验的航海家（所有早期的探险家都是意大利人，但他们却由其他国家的政府和公司提供资助）或是因为意大利的港口全部位于地中海（当时人们都知道驶出地中海的路线，而且热那亚和威尼斯很早就建立起通往荷兰和佛兰德斯的海上航线），而是有两个根本原因：意大利作为邻海的共和国所获得的经济地位过于安逸（如表 2.1 所示），它们并没有改变的动力，而且意大利的城邦国家太小，如果没有长久稳定的联盟，就无法支持跨越大洋的大规模探险，

---

[1] Hicks, *A Theory of Economic History*. 约翰·希克斯（John Hicks）是诺贝尔经济学奖获得者，他将欧洲市场体系的出现作为研究的重心，发现了使其成为可能的制度和政治因素。

而它们也并不想建立这样的联盟。① 此外，意大利是慢慢失去它在地中海的商业地位的。这其中的一部分原因是伊斯兰世界的抵制，伊斯兰世界同样关注它们一直以来所保护的贸易路线，但还是与意大利人一起最终失去了这些贸易路线。

但是对葡萄牙而言，这却是一次难得的机会。葡萄牙的地理位置使其无法触及欧洲的主要交通线，它的历代国王都非常渴望找到一种解决办法，从而使葡萄牙摆脱边缘化的地理位置的限制。对于西班牙而言，在与阿拉伯人的长期战争中，它已经习惯了持续的战争状态，很难出现一个繁荣的经济国家组织。所以西班牙人决定让克里斯托弗·哥伦布（Christopher Columbus）去碰碰运气，当见到初步成效时，他们便投身于军事征服的殖民活动中。但是，最早的欧洲殖民国家并不是在去往西印度群岛的新航线和发现新大陆中受益最多的国家。荷兰从葡萄牙和西班牙手中接过了探索的接力棒，然后又传给了英格兰。葡萄牙之所以衰落，是因为在1578年并入了西班牙王国②，不再独立自主。荷兰的崛起主要归功于其对西班牙统治的强烈抵抗，最主要的原因是荷兰通过贸易积累了大量财富（见表2.1）。事实上，从殖民地获得的财富让西班牙人过分依赖谋取权力的军事行动，却没能充分改善本国的经济结构，反过来这也解释了为什么西班牙会过早衰落。英国的崛起是因为它对殖民地采取了截然不同的利用方式，我们将在第3章进行深入分析。

大航海时代除了深刻地改变了欧洲的权力平衡，也将当时与世隔绝的、后来被称为美洲的大陆带入人们的视线，同时还结束了亚洲的"半隔绝"状态。事实上，自古以来欧亚就有重要的贸易往来，但是交通运输始终无法满足贸易的需要，因此无法建立一种密切的联系。随着欧洲船只直接抵达印度洋，这种隔绝告一段落。其中一部分原因是欧洲对亚洲领土的征服，还有一

---

① 想要了解更多意大利衰落的内容，参见 Malanima, *L'economia italiana*。

② 1578年，马哈赞河之战葡萄牙国王塞巴斯蒂昂一世阵亡后，葡萄牙国内掀起一场争夺王位的战争，法国、英国、荷兰、西班牙等先后介入了这场战争。西班牙的阿尔瓦公爵与圣克鲁斯侯爵率领的部队分别在海陆战场击溃了葡萄牙抵抗势力与外国舰队，最终西班牙国王腓力二世夺得王位，从此葡萄牙本土与海外领地归属西班牙哈布斯堡王朝。——译者注

部分原因是中国帝国的衰落和日本帝国的复兴。

然而，在继续探讨大航海时代所造成的经济和政治影响之前，我们应当回答一个关键问题：为什么中国没有去探索和殖民世界？事实上，正如我们所见，虽然伊斯兰世界无法完成这一挑战，但我们并不认为中国也同样如此，中国与欧洲一样拥有广阔的海岸线。根据历史学家丹尼尔·赫德里克（Daniel Headrick）的观点，在 15 世纪有五大航海传统，而且毫无疑问，其中属中国最为先进。[1] 中国人建造了令人生畏的船只，其被称为"宝船"，它们采用了水密隔舱，有多个舰桥和三桅至十二桅的桅杆，能够装载上千人和上千吨货物。从 11 世纪开始，这些船只就使用了磁罗盘和船尾舵，成为当时世界上最先进的船只，可以轻松地穿越太平洋。有一段历史见证了中国在海军科技方面的实力。1405 年，中国皇帝[2] 决定派遣一支由 317 艘船只、37,000 人组成的舰队前往东南亚和印度洋，正使太监郑和担任总指挥。其中最大的"宝船"是哥伦布船队中最大的船只"圣玛丽亚"（Santa Maria）的近五倍长。中国的探险活动一直持续到 1423 年[3]，但后来的皇帝们认为没有必要继续朝这个方向发展。在最后一次航行之后，对外贸易急剧减少，"宝船"要么被破坏，要么停在那里烂掉，皇帝还颁布了禁令禁止建造新船。

为什么会出现这种情况？有学者认为这是因为中国内部运河的建设让沿海航行的需求变得不那么迫切，同时来自北方的新威胁使得国内的资源被投入长城的建设上。[4] 但无疑最重要的原因是帝国的体量使其更青睐于自给自足，并不希望因为境外的冒险而破坏这种稳定，同时中国的商人阶层缺乏政治权力[5]，他们无法反对皇帝所做的决定。毕竟，郑和的远征是皇帝想要的，而不是来自商人阶层的意志。

---

[1] Headrick, *Power over Peoples*.

[2] 即明成祖朱棣（1360—1424），明朝第三位皇帝，其在位 22 年（1402—1424），年号永乐。——译者注

[3] 永乐二十二年（1424），明成祖去世。明仁宗即位后，调整了其父亲的扩张政策。在即位诏书中，明仁宗宣布停止下西洋。——译者注

[4] Headrick, *Power over Peoples*.

[5] 有关这一话题，参见 Acemoglu& Robinson, *Why Nations Fail*; Hubbard & Kane, *Balance*。

　　欧洲有两种航海传统。第一种是地中海传统，由于那里的风力有限且往往无法预测，因此选择了自带桨手的帆船以备不时之需。桨划船（galley）的船板采用了平接（carvel）的建造方式，威尼斯和热那亚的水手就是靠这种船抵达了比利时和英格兰。但是这种船无法承受狂风巨浪，而且只能为桨手提供几天的补给。第二种是北欧传统，以柯克帆船（cocca）为代表。这种船高大坚固，船板采用了搭接（clinker）的建造方式（需要更多的木材），不需要桨手，载重量可以高达 300 吨，然而它们不太容易操纵。葡萄牙是第一个发明了适合远洋航行船只的欧洲国家，其称这种船为卡拉维尔帆船（caravels），兼有桨划船和柯克帆船的特征，不需要桨手，使用三角帆和四角横帆、单桅，拥有船艏楼、船艉楼和船尾舵。卡拉维尔帆船速度快、易于操纵，且可以长时间停留在大海上，但是它们不适合运载重型货物。到了 15 世纪末，出现了船体更深、更大的船只，被称为卡瑞克帆船（carrack，西班牙人称之为 nao）。卡拉维尔帆船和卡瑞克帆船都装备了可用于地理探险的磁罗盘。当 15 世纪葡萄牙环球航行和哥伦布穿越大西洋之后，欧洲人确信有能力直面远洋航行，并在新发现的土地上赢得了与当地原住民的小规模冲突，继而引发了一系列漫长的探索，最终使得世界上不再有未知的角落。后来，船只进一步改进，西班牙大帆船（galleon）成为最普遍的船型，之所以被称为"galleon"是因为它是由"galley"演化而来的（虽然没有桨手）。与卡瑞克帆船相比，西班牙大帆船更大，船首和船尾变得特别高，从而可以承担更多高的舰桥，而且它还有一套极其复杂的船帆系统。西班牙大帆船装备了大炮（甚至在非军用船只上也装备了大炮），并拥有 500 至 2000 吨的排水量，可以在海上停留数月。

　　有史以来第一次，欧洲人的已知世界不再停留在海格力斯之柱①、非洲沙漠中"藏着狮子的地方"（hic sunt leones），或是远在天边的异域中国，一个完整的世界是一个分布着许多海洋和分散陆地的地球。提出这个大开脑洞的

---

① 西方经典中，用来形容直布罗陀海峡两岸边耸立的海岬。通常认为，北面一柱是位于英属直布罗陀境内的直布罗陀巨岩，而南面一柱则在北非，但确切指哪座山峰没有一致的说法。——译者注

观点的那些人是欧洲最先进文明的产物，自然而然，他们首先想到的便是如何利用这些新的认知来获得财富：商业。首先，欧洲人开辟了新航线，用来进口已知的商品：来自东方的香料、丝绸、糖和其他产品。在此之前，这些商品穿越印度洋，经由伊斯兰国家特别是小亚细亚进入地中海。横跨地中海的贸易路线一度被意大利的城市所控制。开辟新航线后，不仅意大利城市的贸易量大幅下降，而且作为海路开通前货物必经之地的奥斯曼帝国也遭遇了贸易量和国家收入的下滑。奥斯曼帝国不知该如何应对，于是便走向了衰落。接着，欧洲人开启了新产品的贸易。他们在美洲发现了大量欧洲所没有的植物，还有一些虽然已知但却在欧洲难以种植的品种。据不完全统计，其中包括了玉米、牛油果、南瓜、土豆、西红柿、辣椒、香草、花生、可可、向日葵、菠萝、草莓、芒果、木瓜和烟草。

有关玉米的故事是其中最为有趣的故事之一。玉米是中美洲的主要作物，那里的人也用它来制作爆米花。玉米被引入欧洲后，在南欧成功实现了与小麦轮作，并在许多地方成为农民们的主食之一（玉米粥），也成为多种牲畜的主要饲料。原产自海地的马铃薯在欧洲被广泛推广，特别是在爱尔兰。阿兹特克人种植的可可，虽然无法移植到欧洲，但却成为欧洲人最喜欢的饮料之一，通常是为达官显贵所准备的。咖啡最早从非洲被带到了伊斯兰世界，然后从伊斯兰世界传入欧洲；同时沿着一条相反的路线从伊斯兰世界传入美洲，成为巴西的主要作物之一。甘蔗由西班牙人带到了中美洲进行种植，并由葡萄牙人带到了巴西。茶是一种源自中国的饮料，随着新的贸易路线的开辟，茶从亚洲的印度半岛传入欧洲。

最后，我们应该回想一下从美洲和非洲带回欧洲的大量金、银和其他贵金属。从 15 世纪末到 17 世纪初，整个欧洲经历了长期的价格上涨或通货膨胀，但最明显的是西班牙和葡萄牙这两个进口贵金属的国家，以及向西班牙和葡萄牙出售商品的国家（北欧国家，以及荷兰、意大利）。当时的评论家已经证实，正是贵金属的不断涌入（导致用其制造的货币大量增加，因此货币相对于其他商品贬值），才造成了通货膨胀。除了货币方面的原因，人口和贸易的强劲增长所引发的对食品、船只、武器和房屋的需求增加也造成了 16 世纪物

28

价的大幅上涨。

除了新老产品的贸易，在新航线上另一种贸易开始了：非洲奴隶贸易，这对于新大陆的发展至关重要。美洲原住民对欧洲人带去的病菌没有抵抗力，导致流行病蔓延，引发了美洲的人口灾难。种植园对于劳动力的需求① 导致了"三角贸易"的出现：从欧洲开始，首先在非洲中西部海岸稍作停留，用欧洲的产品交换非洲的奴隶；然后前往美洲，并在那里卖出奴隶，同时购买美洲的产品和贵金属；最后再将这些产品和贵金属运回欧洲出售。自从发现新大陆，黑人奴隶就开始被进口到美洲，但 16 世纪的奴隶贸易是时断时续的，据估计约有 266,000 个奴隶被运往美洲。17 世纪，奴隶的贸易量增长了五倍，但绝大多数的奴隶是在 18 世纪被运过去的，直到 19 世纪上半叶奴隶贸易才被禁止。

大型股份公司——源于上文谈到的康孟达契约的组织形式，在航海开发整个世界的过程中占据了巨大的商业优势。所有殖民国家都建立了贸易公司，在不同时期多达几十个。但是，荷兰和英国是将这种公司模式做得最成功的两个国家，它们都通过立法和派遣军舰来支持它们的公司。我们应当还记得，英国有限的资源（如表 2.1 所示）意味着长期以来其地理探索是掌握在私掠船（privateer）的手上的；这可以通过海盗船或海盗来证明，英国政府向他们颁发了"私掠许可证"（Letter of Marque）的官方授权，从而支持他们代表英国政府行事。其中便有理查德·霍金斯（Richard Hawkins）② 和他的两个堂兄弟弗朗西斯·德雷克（Francis Drake）、沃尔特·雷利（Walter Raleigh），他们在 16 世纪末至 17 世纪初十分活跃。从 1577 年至 1580 年，德雷克沿着麦哲伦的路线环游世界；1585 年，雷利在北美建立了第一个英国殖民地，并把它称为"弗吉尼亚"，以纪念英国女王伊丽莎白一世③，即童贞女王（Virgin Queen）。海

---

① 由于繁重的劳动和较低的报酬，遍布中美洲，以及巴西和美国南部各州的单一作物种植无法吸引欧洲的劳动力。

② 英国探险家、海盗、舰队司令，他是率英国舰队击败西班牙无敌舰队的约翰·霍金斯的儿子。——译者注

③ 伊丽莎白一世（1533—1603），1558—1603 年在位，是都铎王朝的第五位也是最后一位君主。她终生未婚，因此拥有"童贞女王"的称号。——译者注

盗船不顾西班牙和葡萄牙的垄断，积极参与武器走私，并向需要劳动力的美洲殖民地非法出售奴隶。此外，德雷克船队引发的破坏在 1588 年英国击败西班牙无敌舰队中起到了决定性的作用。

英国当时拥有官方背景的公司中有一家名为东印度公司（East India Company），其于 1600 年在伦敦成立。该公司垄断了好望角以东地区的商业，并于 17 世纪下半叶获得官方授权可以在所占领的领土上行使最高权力。[①]1647 年，东印度公司在印度已拥有 23 个分支机构，在赢得了与法国的长期斗争后，英国完全控制了印度这个庞大的国家。18 世纪，东印度公司将贸易范围扩展到中国沿海，后来控制了中国香港和新加坡。1784 年，英国议会颁布法令，将东印度公司置于英国政府的控制之下，以限制其自治并打击其代理人的腐败。1833 年，东印度公司的所有商业特权被废除；1857 年，公司被解散，英国政府承担了东印度公司在印度和亚洲地区的所有行政职能。

英国东印度公司的荷兰"双胞胎兄弟"——联合东印度公司（Vereenigde Oost Indie Compagnie，VOC）从 1602 年一直经营到 1799 年。在这段时间里，联合东印度公司从葡萄牙人手中夺取了好望角和印度洋的控制权，在锡兰、印度尼西亚、中国、日本，甚至新西兰建立了商业据点。荷兰人对其统治下的人民进行残酷剥削：征收重税，并在种植园中推行奴隶制。由于拿破仑军队的入侵，荷兰不再独立，此后联合东印度公司于 1800 年解散。

庞大的殖民帝国就是这样建立起来的：它们为欧洲国家建立帝国的野心找到了一种方法。原本这在欧洲的领土上是无法实现的，因为各国之间势均力敌。殖民帝国与那些东方帝国截然不同，因为殖民帝国里居住着不同种族和相距甚远的人们，他们之间存在着明显的差异。[②]葡萄牙是第一个建立殖民帝国的国家，采用了以建立商栈（trading posts）为基础的开发模式，最初这是葡萄牙独有的特征，但是当 1578 年葡萄牙与西班牙联合起来时，这一独创性便不复存在。西班牙人凭借军事手段征服了他们想要殖民的地方，那

---

① 参见 Erikson, *Between Monopoly and Free Trade*.
② 由于本书关注的是欧洲，所以我们并不打算对殖民政策对于殖民国家的经济影响展开讨论。

里居住着众多的原住民。西班牙政府在每一个殖民地都组建了政府，由总督和西班牙上层精英进行统治。他们雇用当地劳动力进行采矿，并将大部分贵金属出口到母国，而农业收入则被牢牢地攥在通常是西班牙人的种植园主手中。生活在殖民地的西班牙政治和经济精英十分富有，他们并不喜欢创业活动，因为他们不是商人。在西班牙国内，大量的进口产品也没有用于生产活动，而是用来支持战争和维系一种浮夸的生活方式。这种西班牙式的殖民主义解释了殖民地对母国经济的短暂冲击。

荷兰人的殖民方式与葡萄牙人的很相似，他们同样完全专注于贸易。但是由于荷兰长久以来的政治自治和文化进步，荷兰人取得了更大的成功。他们努力改进海军技术和组织体系，使得荷兰成为 17 世纪欧洲最富有的国家（见表 2.1）。这种商业上的成功可能是他们推迟工业化的根源所在。荷兰并不是完全没有制造业的，但是它所经受的来自英国方面的激烈竞争不能被低估。英国经济在 15 和 16 世纪经济增长不大。但是在此期间，它在政治和文化方面得到了加强，特别是在 16 世纪伊丽莎白一世的长期执政期间，英国逐步开始依赖于代议制政府，后者在 17 世纪制定了通过重商主义来加强国家生产力的支持政策。

总之，欧洲人所开创的国际贸易在改善交通运输、增加消费多元化、供给战略原料，以及将许多技术和制度创新转化为实际收益等方面发挥了重要作用，这些举措提高了那些最能将商业革命付诸实践的国家的收入。从 11 世纪到 17 世纪，在这段持续近 700 年的时间里，欧洲，特别是意大利的沿海城市，最早吸取了欧亚大陆其他更为发达地区的经验，然后实现了跨越式发展。由于英国迈出了决定性的一步，我们将在第 3 章中着重讨论它的发展。

英国：欧洲第一个工业化国家

 3.1 **一个例外的出现：英国的议会君主制和重商主义**

我们现在可以问自己，为什么自中世纪以来所有经历了社会、政治、经济和文化转型的欧洲国家中，英国是第一个爆发工业革命的地方。[①]一般来说，找到答案并不是特别难。在几个世纪的时间里，英国事实上整合了最多的有利于增长的条件，这些条件我们在前面的章节中已有概述。英国不仅气候温和、雨量充沛，而且所处的战略性区位使其可以加入地理探索，另外还逐步形成了最有利于创新和投资的文化和政治制度体系。幸运的是，英国还拥有大量适宜开采的浅层煤炭资源。但我们多半可以推断，即便没有这些能源储备，英国也可以找到其他的资源，棉纺织业便是如此：英国国内并不生产棉花，但可以通过进口来获取。[②]

从政治的角度来看，自 1215 年《大宪章》（Magna Carta）以来，英国国

[①] 大不列颠联合王国（英国）由三个长期独立的地区组成：英格兰、威尔士和苏格兰，这些地区都已实现了现代化。然而在研究中，英格兰经常被用来指代整体，我们在这里试图不遵循这个惯例。"联合王国"一词包括了爱尔兰：在 1921 年前为爱尔兰全境，自 1922 年（独立的爱尔兰共和国成立）起，只有阿尔斯特（北爱尔兰）。由于爱尔兰的经济发展与英国的经济发展十分不同，我们试图将其排除在外，尽管在某些表格中并不尽然。

[②] Clark, O'Rourke & Taylor, "Made in America?".

王的权力不断被削弱，在《大宪章》中包含了一系列限制君主对神职人员、贵族，甚至是普通民众控制权的条款。事实上并不是所有的英国国王都会照办，而且贵族和神职人员也在不断加强与后来新增的"下议院"之间的磋商，特别是有关公共财政方面的问题，因此国王和议会之间会有一场持久的拉锯战。17 世纪，在克伦威尔（Cromwell）的短暂共和时期二者爆发了激烈的冲突。① 在此之后，小规模的冲突持续不断，直到 1688 年的光荣革命，议会夺取了公共财政的直接控制权，建立了与国王私人债务分开的公共债务，并于 1694 年创办了英格兰银行。从那时起，虽然国王仍然是国家统一的象征，但其已不再统治这个国家。代议制政府逐渐发展壮大，最终英国发展成一个真正的民主国家。英国是欧洲历史上第一个，也是一直以来唯一的一个议会君主制国家。英国政府并不像城邦国家那样直接从商人那里采购，但却愿意听取和支持来自商界的诉求。由于英国是一个王国，因此它拥有比其他城邦国家更加雄厚的军事资源来抵挡外国势力，并借助海军的力量支持自己的商业活动，与此同时商业活动还从根本上得到了所谓"重商主义"的经济政策的支持。②

这些经济政策主要包括：禁止出口生羊毛以促进本土加工，允许专业手工业者移民以及机械出口。所有这些都是为了充分利用本国的生产能力。但其中最重要的是《航海法案》（Navigation Acts）。1651 年，由克伦威尔领导的共和党政府颁布了第一个《航海法案》，规定往返英国的贸易必须使用英国的船只，并且禁止使用外国的港口作为贸易停靠点。这样，英国便从荷兰手中夺取了海上贸易的主导权，同时也促进了国内造船业的发展。另一项促进英国制造业发展的重要法案是 1701 年颁布的所谓《印花布法案》（Calico Acts）和 1721 年的修正案。该法案针对的是从印度的棉布进口，从最开始的限制发

---

① 1630 年之后，查理一世试图在没有议会的情况下进行统治，并擅自征税；一场反对国王的武装叛乱爆发，查理一世被废，并最终被处决。

② 其他学者使用了"议会科尔贝主义"（Parliamentary Colbertism）这一表达方式，借鉴了路易十四时期法国财政大臣让－巴蒂斯特·科尔贝（Jean-Baptiste Colbert）的类似规定，但二者的效果并不相同；参见 Cameron & Neal, *A Concise Economic History of the World*。

展到后来的全面禁止，极大地刺激了建立在殖民地进口棉花基础上的本土棉纺织业的发展。棉纺织业是英国工业革命最重要的产业之一。

3.2 工业革命发生在英国的其他解释

从法律的角度来看，英国制定了所谓的"普通法"（Common Law，也称"判例法"），表现出对社会变化的高度适应。普通法基于由被审案件所确定的改变后的习惯进行立法和执法——这些案件成为后续判案的依据——而不是基于一个间隔很长时间才会发生变化的法律体系。[1] 普通法不断加强对私人利益的保护，使其免遭其他私人当事人和国家的侵犯。"圈地"（enclosures，将土地圈起来允许其私有化，并通过轮作的方式进行合理开发）最能说明在英国逐步发展的私有化是为了更有效利用资源，从而提高整个系统的生产率。[2]

与此同时，为了避免扩大产权后对那些无法利用它们的人[3]造成无法弥补的伤害，相互扶持的法规因天主教的社会教义而迅速增加，并在旧版《济贫法》（Poor Law）改革后被标准化。1601 年的《济贫法》（Poor Relief Act）向富人征收济贫税以便进行再分配，旨在为失业和残疾者提供补贴和工作场所；它的既定目标是最大限度地利用国家的劳动生产力，确保公共秩序不阻碍经济的有序发展，同时促进消费。近年来，阿夫纳·格雷夫和其他学者重新对《济贫法》的普遍和客观作用进行了评估，甚至将其与中国以家庭为基础的社会制度中相互扶持的部分进行了比较，中国的这种制度加强了经济活动中集体的作用。[4] 根据最新的论点，假设一个人因陷入贫困增加了危险倾向，社会保障网可以降低暴力犯罪的发生率，减少社会骚乱，支持国内消费，并为那些无法独立找到工作的人提供工作和学徒训练的机会。

---

[1] Hartwell, *The Industrial Revolution and Economic Growth*.

[2] Hudson, *The Industrial Revolution 1760–1830*.

[3] 即那些在圈地运动中失去土地的农民，他们中的许多人被迫背井离乡，沦为流浪汉。——译者注

[4] Grief & Iyigun, "Social Organization, Violence and Modern Growth".

英国积极投身于地理探险、国际贸易和改进海上运输；这些促使其成立专门从事特定路线的商业公司，并在全世界殖民，甚至超越了早期的殖民大国（葡萄牙、西班牙和荷兰）并击败了法国，因此积累了大量的资本。所谓的"商业银行"（commercial companies）在伦敦发展起来，正如它们的名字那样，这些"商业银行"为贸易和其他国际活动提供资金。[1] 随着英国国内商业事务的不断增多，不乏银行（所谓的"国家银行"）对这些活动提供资金支持，但许多人认为这些资金更多是作为营运资本，而长期资本大部分直接来自投资者。彭慕兰也指出，殖民地使英国可以将土地密集型的活动重新安排到其他地方，这些活动不仅包括种植，还包括采矿（煤炭除外）等其他活动，从而使英国国内专注于能够创造更多财富的活动。[2]

除此之外，我们必须考虑到英国经验主义哲学、亚当·斯密的政治经济学，还有借助于报纸、学术圈和社团的文化传播所带来的影响。乔尔·莫基尔（Joel Mokyr）甚至认为英国的启蒙运动对于开启和推进工业革命至关重要。[3] 尽管在18世纪下半叶，只有一半的英国人具备读写能力，但是我们还应注意到只有瑞典比英国拥有更高的识字率。早期工业革命的技术实际上并不需要特别高级的研究，而需要一种好奇的心态，以及在试错中获取经验的能力，还有最重要的是将个人才能用于生产目的（莫基尔称之为"有用的知识"）的巨大动力。

历史学家认为，另一个具有战略意义的因素是英国对西欧婚姻模式，即"核心家庭"（nuclear family）的广泛实践。根据最新的研究，黑死病[4]后核心家庭在英国的普及程度超过其他任何欧洲国家，与世界其他地方的传统大家

---

① 今天，"商业银行"一词是指提供长期风险资本的金融机构，因此，它已成为"投资银行"的代名词，"投资银行"是一个美国词汇，更多的是指与工业投资相关的长期金融机构，与英国的不同。

② 彭慕兰（在 *The Great Divergence* 中）坚持认为，中英之间的"大分流"恰恰取决于这种重新安置，这使得英国能够利用其境外的许多"鬼田"（ghost acres）。彭慕兰没有强调的是造成英国这一结果的漫长过程。

③ Mokyr, *The Enlightened Economy*.

④ 从1347年至1353年席卷整个欧洲的大瘟疫，夺走了2500万人的生命。——译者注

庭模式形成了鲜明对比。[①] 核心家庭结婚时间更晚，并且女性往往倾向于寻找家庭以外的工作，特别是在婚前。配偶之间的关系更加平等。女性会被问及是否同意结婚，并且她的嫁妆可以保证她有一定的自主权。核心家庭的孩子更少，可以通过教育使他们变得更加自主。由于这种家庭是脆弱的，所以它对外部纽带更加开放，于是与修道院、学院、商会、手工业行会、兄弟会、医院，还有后来的互助社区建立了联系。核心家庭成员通过完成自己的工作，提升个人的才能、健康和主观能动性，发展了"资产阶级"的优良美德，戴尔德丽·N. 麦克洛斯基（Deirdre N. McCloskey）认为这些对于解释经济发展和最终分析英国的工业革命非常重要。[②]

在试图解释为什么工业革命发生在英国的最新研究成果中，我们还应该提到 Allen（2009）、Kelly 等（2014）的研究。[③] Allen（2009）坚持认为，由黑死病引发的工资上涨推动了英国的创新，特别是节约劳动力的创新，从而可以维持高工资。Kelly 等（2014）则认为在英国很少有创新是以节约劳动力为目标的，荷兰的工资也很高，但是与工业革命没有任何联系，甚至高工资还可能是不利因素。[④] Kelly 等（2014）所强调的是英国的劳动生产率，这是工资上涨的根本原因，但它也可以解释为什么更高的工资不会导致更高的单位生产成本，从而确保了英国制造业的竞争力。他们将英国工人更高的生产率追溯到各种制度因素，其中包括学徒体系——最初由英国中世纪手工业行会建立，但在行会制度废止时被保留了下来；还有更好的食品供给（与圈地运动带来的农业改进有关），这使英国人得以变得更高大、更强壮和更长寿。

---

① Voigtländer & Voth, "How the West Invented Fertility Restriction".

② McCloskey, *Bourgeois Dignity*.

③ Allen, *The British Industrial Revolution in Global Perspective*; Kelly, Mokyr & Ó Gráda, "Precocious Albion".

④ 这就是为什么有人认为 16 世纪后欧洲市场上意大利城邦制造业利益的丧失是由于公会施加了过高的工资，那时的公会已经变得十分封闭，不再将外界的因素考虑在内。参见 Malanima, "When Did England Overtake Italy?"。在这篇文章中，作者认为在 18 世纪末之前，意大利的工资水平比英国的工资水平更高或至少二者处于同一水平。

3.3 工业革命的特征

像工业革命这样复杂和无法预料的事件不能用单一的因素来解释，而是要把许多互相关联的原因通过一种相互支持的方式联系在一起。显而易见，工业革命的准备过程相当漫长。这一过程始于英国对欧洲其他地方的许多制度的吸纳，并在引入之后对其加以改进，从而使英国能够充分利用自身的优势：紧临大西洋和北海岛屿的地理特征，以及拥有煤炭这一自然资源。在 17 世纪中叶至 19 世纪中叶的两个世纪之中，英国完成了全部的工业转型。[①] 各个工业部门均引入日益机械化的生产工艺，特别是在纺纱和织布行业。[②] 焦炭冶炼是炼铁方面的创新，1709 年由亚伯拉罕·达比（Abraham Darby）在科尔布鲁克代尔首次应用，通过不断改进，可以采用普德林法[③]生产生铁和后来的钢；焦炭使炼铁不再依赖于日益稀缺的木炭，并且可以生产出更为可靠、耐用的产品。

然而毫无疑问，蒸汽锅炉的发展才是划时代的创新，蒸汽锅炉在后来将近一个世纪的时间里日臻完善。1698 年，托马斯·塞维利（Thomas Savery）建造了第一台蒸汽泵，由于主要被用于采矿，因此其被取名为"矿工的朋友"。1782 年，詹姆斯·瓦特（James Watt）和马修·博尔顿（Matthew Boulton）成

[①] 如今许多学者并不同意将工业革命限制在 18 世纪下半叶，他们认为这是一个复杂的过程，涉及经济的所有部门，从农业和服务业开始，不间断地持续了两个世纪的时间。

[②] 意大利的丝织业诞生了第一台自动水力纺纱机，其中最著名的是博洛尼亚所产的纺纱机，它们可以同时操作数十个锭子，这便有了英国的棉纺机械化可能来自意大利的观点；参见 Poni, "Espansione e declino di una grande industria"。英国的棉纺织行业的主要发明如下：约翰·凯（John Kay）于 1733 年发明的飞梭，使得一个人就能完成原来需要由两个人配合才能完成的织布工作。1764 年，詹姆斯（James Hargreaves）发明了多轴纺织机——一台可以同时操作多个锭子的机器。1769 年，理查德·阿克莱特（Richard Arkwright）发明了水力纺纱机，后来又发明了蒸汽纺纱机。在此之后，纺纱有许多改进，例如 1785 年塞缪尔·克朗普顿（Samuel Crompton）发明的骡机，但是埃德蒙德·卡特莱特（Edmund Cartwright）于 1784 年发明的自动织布机直到 19 世纪 20 年代才真正开始运转。

[③] "Puddling Process"，又称搅炼法，是一种通过加热和持续搅拌，将生铁与氧化剂结合制成熟铁的冶炼方法，于 1784 年由亨利·科特（Henry Cort）发明。——译者注

功地生产出了他们的第一台蒸汽机（并对它进行了无数次改进）；①考虑到矿山严重的积水问题和现场充足的煤炭供给，这台蒸汽机也同样被应用于采矿。后来到了 1785 年，蒸汽机取代水力被应用于棉纺厂，然后又被应用在了钢铁工业和其他行业，最后在 1801 年被应用到交通运输业，当时采矿工程师理查德·特里维希克（Richard Trevithick）建造了第一台可以运转的火车头。同样地，火车头由技师乔治·斯蒂芬森（George Stephenson）在 1813 年首次应用于矿山；在 1825 年通车的第一条铁路"斯托克顿—达林顿"（Stockton–Darlington）线便连接了两座矿山。②

Wrigley（2010）非常有力地证明了蒸汽机的出现彻底改变了人类从地球获取价值的方式。③人类过去从地球表面获取生活所需的最基本的资源——食物、取暖和住房，后来借助机械动力，人类可以利用地下资源——煤炭、石油、天然气、铀，还有许多其他元素——使得土地可以专门用于种植食物和一些重要原料，例如棉花，使得这些食物和原料不再需要与其他商品特别是木材竞争空间。这便是人类从先进的有机经济（advanced organic economy，AOE）向矿物能源为基础的经济（mineral energy based economy，MEBE）的转变。

当人类从主要利用地表资源转变为集中利用地下资源，生产力有了前所未有的提高。与农业相比，地下资源储量非常庞大，而且不受土地面积和季节变化的影响。通过对机器设备的改进，我们可以加大对地下资源的开采，并且按照我们的意愿对其进行使用，从而实现生产率的快速提升。另外，如此丰富的能源促使人们不断提升机器的功率，乃至可以驱动庞大的工业综合体和基础设施来生产出大量前所未有的新产品。工业革命前，一些地方出现贫困是不可避免的，这是因为每年用于满足不同目的不得不交替使用的土壤资源有限。而在工业革命后，贫困成为一种社会责任，关乎产品的分配，而

---

① 詹姆斯·瓦特是格拉斯哥大学的一名实验室技术员，他起初被要求修复用来在一门自然科学课上做示范的许多蒸汽锅炉模型中的一个。

② "利物浦—曼彻斯特"（Liverpool–Manchester）铁路是第一条真正的普通运输铁路线，于 1830 年开通。

③ Wrigley, *Energy and the English Industrial Revolution*.

非绝对数量上的短缺。

相比而言，工业革命的能源中心论要比工业革命是科学和现代技术的产物这一观点更有意义。英国工业革命中所有的重要发明所需要的基本科学原理早在罗马帝国时代就已经存在。在罗马帝国时代，人们甚至已经了解了蒸汽锅炉，尽管它的实用价值还没有得到重视。蒸汽锅炉在当时仅仅被用于娱乐活动，就像中国古代的火药一样。不管怎样，即便是能源中心论也可以向前追溯到更为重要的原因，比如发现了在市场上可以以更低价格出售更多商品来获利的机会，如此一来人们便有动力去寻找更加强大的能源和自动化机械以便增加产量和控制成本。反过来，这些新的产品和工艺扩大了欧洲的市场，特别是英国的市场。通过这样一种方式，我们认识到这是一个自我强化和持续的过程。

自 Deane 和 Cole 1962 年发表对国民收入的定量评估后，人们从收入增加的角度对英国工业革命的结果进行了大量研究。[1] 据初步估计，很显然国民收入的变化是一个非常缓慢的过程，一直持续到 19 世纪中叶，通常人们认为在当时工业革命已经结束，英国经济已进入成熟阶段（荒谬的是，正如我们将在第 6 章中所见，从此之后英国的相对收入开始下降）。

表 3.1 列出了对英国人均国内生产总值的估计值，证实了英国渐进式发展的观点，特别是这种发展一直持续至 18 世纪下半叶。[2] 除定量估计无法避免的近似外，表 3.1 反映出英国的工业革命是一个持续和加速的过程，而不是像"革命"一词通常所暗示的爆发性的开始。[3] 表 3.2 比任何论证都更好地说明了这种发展的特殊性。1851 年，在伦敦的水晶宫举办了第一届大型国际科技博览会，吸引了数百万游客，英国无疑是当时世界上生产力最强的国家，被称为"世界工厂"。在欧洲，荷兰、比利时的发展水平与英国最为接近，但

---

[1] Deane & Cole, *British Economic Growth 1688–1959*.

[2] Broadberry 等在 *British Economic Growth 1270–1870* 中用高度详细和精确的定量分析证实了这一点，尽管与 Maddison database 的一连串数据存在差异。在本书中，出于可比性的原因，优先选择 Maddison database。

[3] 生活水平也在缓慢提升，甚至于存在一种"悲观"的观点，认为直到 19 世纪中叶前，英国工人的生活条件实际上是在下降的。有关整个辩论，参见 Hudson, *Industrial Revolution*。

表 3.2 中的所有国家都处在贫困线之上，其中也包括美国。亚洲国家和奥斯曼帝国显然被甩在了后面。英国的工业革命对整个世界的影响将在第 4 章和第 5 章中讨论。正如我们所见，采用英国模式制定工业化目标的地区或多或少成功地实现了现代化，与那些不愿或是没有能力仿效的地区之间产生了极大差异。

表 3.1　英国 1700—1850 年的人均国内生产总值　　　　*40*

年　份	以 1990 年美元衡量的人均 GDP（美元）	年增长率
1700	1513	
1750	1695	0.23
1775	1815	0.27
1800	2097	0.59
1820	2074	—
1830	2227	0.68
1840	2521	1.22
1849	2774	1.06
1700—1850		0.36

数据来源：Maddison database.

表 3.2　1850 年各国人均国内生产总值比较　　　　*41*

国家或地区	以 1990 年美元衡量的人均 GDP（美元）	指数（英国 =100）
英国 *	2774	100
比利时	1847	67
法国	1597	58
德国	1428	51
荷兰	2355	85
意大利中北部	1481	53
西班牙	1079	39
美国	1849	67
日本	681	25
中国	600	22

（续表）

国家或地区	以1990年美元衡量的人均GDP（美元）	指数（英国=100）
印度 †	533	19
奥斯曼帝国 †	825	30

注：* 表示1849年，† 表示1870年。

数据来源：Maddison database.

 3.4 英国工业革命的区域特点

　　史学界有一种普遍倾向，即将工业革命中的英国作为一个整体来对待，认为英国在转型的几十年中全国都积极参与其中。的确，发展几乎遍及英国的所有地区（除了北爱尔兰）。然而，西德尼·波拉德（Sidney Pollard）在1981年出版的一部权威著作中解释道：将"地区"（region）作为分析发展的单位更为恰当；"地区"指的是一个相对比较大的区域，经济活动围绕一个决定整体运转的中心相互联系。[1] 然而由于统计的原因，这样一个区域必须与一些地方行政单元有同样的范围（大都市、省、地区或联邦国家内的州）。在波拉德之后发展起来的区域史学证实了他的观点，即国家行政结构所划定的行政区域通常显示出更大的同质性，但遗憾的是并不总是如此，由此引发了人们对区域经济史的大量研究。[2]

　　波拉德坚持认为，经济活动的扩张、收缩，甚至停滞，用地区来解释更加符合现实，而一个国家的整体趋势则是不同地区所发生的事件综合起来的结果。许多国家的不同地区同时开始发展，但后来这些地区在保持发展方面却表现出不同的能力（结果导致了不同的命运）。有些国家呈现出严重的两极分化：一些地区得以发展，有时发生在不同的时间；而其他地区依旧落后。

---

[1] Pollard, *Peaceful Conquest*.

[2] 历史留下了大国内部的行政区域遗产，这些区域原本可以是自治的国家，它们并不像波拉德所希望的"地区"那样拥有更为同质的经济构成。这是欧盟今天依然存在的一个问题，它由200多个极其多样化的"地区"组成，其中一些比国家还大，另一些则比欧盟的大部分城市还小。

波拉德恰如其分地强调，在停滞的环境中那些有活力的地区被"掩盖"得越多，描述该国工业化进程及其后续特征的综合分析就越无效和不准确。区域分析之所以能够产生更具一般意义的结果，正是因为它对有活力的地区进行了比较，同时解释了为何其他地区停滞不前或在衰落。

如上所述，对于英国而言，它所有的地区几乎同时开始发展是偶然的，这令区域分析显得不太重要，但后来的历史证明，当一些地区开始衰退时，区域分析还是有用的。苏格兰在 1707 年前是一个独立的王国（尽管有时在同一位君主的统治下与英格兰实现了统一①），拥有重工业，特别是冶金、造船和化工产业，还有金融以及啤酒、威士忌和非棉纺织品的生产。所有这一切都得到了一批杰出的思想家的大力支持，他们组成了著名的苏格兰启蒙学派：大卫·休谟（David Hume）、亚当·斯密、亚当·弗格森（Adam Ferguson）和詹姆斯·赫顿（James Hutton）。威尔士和康沃尔专营采矿和金属加工；兰开夏和曼彻斯特的棉纺织业欣欣向荣；米德兰兹专营炼铁；东安格利亚专营毛纺织业；伦敦主要发展服务业、银行业、保险业、物流业、运输业、国际贸易和军工；许多其他港口也变得繁荣起来，其中包括布里斯托尔、利物浦（见图 3.1）和格拉斯哥。②

图 3.1　利物浦港口的繁荣景象

当时英国的繁荣必然得益于上述共同的文化和制度特征，但也因为它是一个岛屿。事实上，欧洲大陆的国家之间领土相邻，这使得分属不同国家的

---

① 1603 年，英格兰女王伊丽莎白一世驾崩，死前她将王位传给苏格兰国王詹姆斯六世，于是他继承了英格兰王位，成为詹姆斯一世，苏格兰和英格兰形成共主联邦。——译者注

② 欲获取进一步信息，参见 Hudson, *Regions and Industries*。

发达地区更容易建立起经济联系，而这对同一个国家的欠发达地区则会产生负面的竞争效应。英国自然资源的分布使得许多地区同时发展起来，尤其得益于内部交通，但只有到了工业革命后期，随着铁路的出现，国内交通才变得高效起来。我们应该还记得，英国经济曾在重商主义政策下运转，这些政策直到19世纪40年代才被废除，我们将在第8章再次进行讨论。最终，拿破仑战争进一步孤立了英国，却让欧洲大陆联系得更加紧密。因此，英国工业革命的效仿者不得不面对一个比英国竞争更加激烈的国际环境。①

---

① 英国在工业化阶段的相对孤立也解释了这个过程缓慢的原因，参见 O'Brien, "Deconstructing the British Industrial Revolution"; Horn, Rosenband & Smith, *Reconceptualizing the Industrial Revolution*。

第 4 章

英国模式：效仿和国家的作用

 效仿的原因

许多欧洲国家效仿英国的工业革命有三个原因。毫无疑问，第一个原因是它们拥有许多之前曾引发英国工业革命的要素，尽管正如我们所见，各国和各地区之间存在相当大的差异。第二个原因是在思想交流、人员和实物往来已十分成熟的空间中，信息可以快速传递。英国所发生的事向那些落后国家证明了发展确实可以实现（"示范效应"）。第三个原因是竞争精神，它总是激励着欧洲国家，甚至比它们的公民还要早地阻止它们相对于他国丧失权力（"权力平衡"效应）。如今，没有什么比工业革命更能颠覆性地打破权力平衡了。工业革命让英国的收入和财富比其他国家增长得更快，它们之间的差异以指数级速度扩大，人类有史以来第一次可以不需要通过战争便能够征服新的殖民地和新的领土。[①]

拿破仑战争、大陆封锁政策还有拿破仑复辟，都阻碍了欧洲大陆那些想要效仿英国的国家采取行动；但是效仿的过程还是开始了，当公共权力的自

---

① 需要注意的是，在农业文明中，各国之间的收入和财富差异取决于可耕种的土地面积以及能够从事耕种的人口比例，因为每人和每公顷的生产剩余普遍很低，并且增长缓慢。因此，人均收入的差距并不大，正是因为人们积累财富的能力有限。

发决定或民众起义迎来了普遍的和平，并解除了复辟政府极权主义的严酷统治时，这一效仿过程被进一步加快。本章将介绍效仿是如何实现的，这一主题吸引了许多学者的关注。长期以来，人们认为必须完全效仿英国的模式，但后来出现的重大差异，敦促学者们去寻找更为复杂的解释。①

4.2 无差异效仿理论

马克思认为，工业较发达的国家向工业不那么发达的国家所显示的，只是后者未来的景象。②许多人相信无差异效仿（imitation without variants），即认为任何一种效仿上的差异都会导致背离成功，并且对各国政府的评价标准是其是否有能力在国内重新创造出与英国类似的条件。当然，这一立场是基于英国模式的，去掉了"后发国家"在效仿过程中许多非必要的当地特征，这里所说的"后发国家"指的是那些欧洲大陆国家。

最著名也是最为重要的理论由华尔特·惠特曼·罗斯托（Walt Whitman Rostow）在 1960 年出版的著作中提出，该理论概括了从农业社会转型为工业社会所经历的五个阶段，这一过程适用于任何一个工业化国家。③

第一阶段：传统社会。转型前的出发点：由于土壤等自然资源的低产出、人口增长和自然灾害（如瘟疫和饥荒），经济体系陷入停滞。

第二阶段：经济起飞的先决条件。在某一个时点上——在这一点上罗斯托对触发机制的研究并不十分彻底——社会开始放弃传统并寻求变革。于是出现了企业家群体，他们将自己和别人的资本汇集到一起从事新的冒险活动，但在总体水平上并没有产生重大影响。

第三阶段：经济起飞。有活力的企业家群体大量涌现，从宏观经济的角度来看，不断有新的投资产生，系统也开始加速运转（经济起飞），从而开启

47

---

① O'Brien, "Do We Have a Typology for the Study of European Industrialization in the Nineteenth Century?".

② Marx, *Capital*.

③ Rostow, *The Stages of Economic Growth*.

了资本积累和生产率持续增长的过程，带来了生产和收入水平前所未有的增长。一般而言，经济体系的创新是不均匀的，首先会出现在某些重要行业，这会产生典型的部门之间发展的不平衡，只有随着时间的推移才能够将整个经济体系推向新技术的前沿。

第四阶段：走向成熟。整个系统一旦实现了现代化，由于投资机会的减少和新技术发明的放缓，便进入了低速增长的阶段。投资停滞、更多资源被用于消费，随后进入整个过程的最后阶段。

第五阶段：大众消费时代。我们应该强调的是，从经济起飞到走向成熟的这段时间里，消费是被抑制的，这样才能够满足整个经济体系现代化所需要的大量投资。[①] 只有当这个阶段结束之后，经济的积累速度才会降低，更多的购买力才会被用于消费。[②] 这激励了生产消费品的企业对生产标准化流程进行投资，从而降低成本并进一步扩大产品市场，这对于保持系统的增长率十分关键。

罗斯托的理论对于完善一些重要概念——例如经济起飞和大众消费时代，以及描述更为一般的构建工业化体系的步骤十分有用，但它无法解释从一个阶段应如何过渡到另一个阶段，以及是什么样的机制在恰当的时机导致真正的企业家精神产生。此外，它忽视了政府所扮演的角色以及各国之间的相互影响，或者说忽视了经济的国际维度。

4.3 差异化效仿的理论

我们受益于一位具有极强历史纵深感的学者，他对这一效仿过程有一个完全创新的观点：差异化效仿。亚历山大·格申克龙（Alexander Gerschenkron）拥有俄罗斯血统，其最重要的成果与罗斯托的理论成果在同一

[①] 我们在第 3 章中看到，有关英国生活水平的辩论突出强调了即使在第一个工业化的国家，生活水平的提升也非常缓慢。

[②] 参见 Morris, "How Fast and Why Did Early Capitalism Benefit the Majority?"。他用大量的例子说明，在增长惠及所有人之前至少需要 50 年。

时期出版。十月革命后，他移民奥地利，然后在纳粹入侵后来到美国，并成为哈佛大学的教授。他所掌握的欧洲语言和真实情况的第一手资料，使他强调欧洲各国之间的差异而非相似之处。最终他在这些差异的基础上，建立起对效仿过程的解释。格申克龙的理论并没有解释整个过程，而是重点关注了罗斯托理论中的两个阶段——第二和第三阶段，并且试图找到开启不同国家发展进程的机制，即便它们都是后发国家。①

格申克龙通过提出"相对落后"（relative backwardness）的概念开启了他的思考。他将欧洲各国与作为领先国家的英国进行比较，并以它们所不具备的先决条件的重要性和数量进行相应排序。②最接近英国的国家最有可能效仿英国，而且无须等待和进行重大调整。而一国与英国的社会条件差距越大就越难效仿英国，效仿就越有可能出现延迟；随着差距的不断扩大，后发国家的情况自然也变得更为不利。

然而，格申克龙看到了这些国家实现改进或适应的可能性，虽然它们不具备英国的初始先决条件，但可以利用替代要素。尽管可能需要采用不同的方式，但这些替代要素可以扮演与英国的先决条件同样的角色。根据格申克龙的观点，这就是欧洲大陆在效仿英国的过程中表现出差异的原因。由于并非所有国家都能够找到替代要素，因此也并不是所有国家都具备工业化的能力，而且只有当这些国家将替代要素最终付诸实践时，才能够在不同的时间里实现工业化。在接下来的两章中，当我们讨论各个国家的案例时，会重新提到格申克龙的理论及应用，还有基于这些理论的讨论结果。

对于相对落后这一基本概念，格申克龙还有另外一个重要观察：如果一

---

① Gerschenkron, *Economic Backwardness in Historical Perspective*. 对格申克龙理论的重新审视可以在 Sylla & Toniolo, *Patterns of Industrialization in Nineteenth-Century Europe* 中找到。

② 格申克龙没有正式确定他对先决条件的分析。其他人在此之后完成了这一工作，其中包括 Crafts, "Patterns of Development in Nineteenth-Century Europe", 36。后来的有趣尝试包括对作为落后原因的政治、文化和如气候和土壤条件等"客观"因素进行区分。参见 Tortella, "Patterns of Economic Retardation and Recovery in South-Western Europe in the Nineteenth and Twentieth Centuries" 和 Foreman Peck, "A Model of Later Nineteenth Century European Economic Development"。Leandro Prados de la Escosura 在 "Gerschenkron Revisited" 中通过经济计量评估确认了差异的重要性。

个国家成功利用替代要素实现了经济起飞，它的发展速度一定比先发国家更快，即所谓的后发优势。但是后发是否真的有优势？无论看上去多么荒谬，但效仿者确实不需要创造新的发明或通过复杂的工作来完善它们，而这些发明和改进都需要投入时间和资源。相反，效仿者可以吸收其他国家已经十分完善的技术，实现比先发国家更快的生产力"爆发式"增长，因为先发国家不可避免地会经历更为渐进的试错过程。如此一来，后发国家如果能够保持增长率优势足够长的时间，那么不仅可以实现经济起飞，而且还有可能赶上甚至超过先发国家。

经济学家们对"追赶"的最终结果已进行了大量研究[①]，他们试图总结出一个国家成功进行"追赶"的必要条件。[②] 因此，那些先发国家并非一直都能处于领先地位；正如我们将看到的，英国作为第一个工业化国家便是如此，在前工业时代的欧洲也同样是如此。意大利的城市在中世纪晚期和文艺复兴时期蓬勃发展，但后来却屈服于西班牙和葡萄牙短暂而猛烈的扩张，然后又在 17 世纪不断扩张的荷兰面前败下阵来，再后来又被发展势头极猛的英国所替代。由于竞争的驱动力，还有落后并不太多的国家的效仿能力，一国的领导地位不可能永久稳固。那些原本落后的国家可以尝试成为一个效仿者，而且它们拥有很大的成功机会。

格申克龙还注意到，再来的经济起飞由于技术发生了深刻变化，后发国家的主导产业与英国工业革命时的主导产业并不一样。这是一个重要的观点。但是格申克龙没有充分深入挖掘其内涵，因为他将所有精力都放在了经济起飞阶段和实现经济起飞的条件上，这便掩盖了后续的发展路径。实际上，随着时间的推移，这些路径表现出持久的差异；工业资本主义的多种形态表明它们竞争的不仅是产品价格、质量、种类和服务，还包括管理生产流程的不同制度。

格申克龙的概念揭示了效仿和创新之间的根本区别。效仿所需要的是关

50

---

① Abramovitz, "Catching up, Forging Ahead and Falling Behind"; Baumol, Nelson & Wolf, *Convergence and Productivity*.

② 在这些条件中，教育的普及和知识的传播似乎越来越受到重视；参见 Landes, "Does it Pay to be Late?"

注创业、教育和国际关系的良序社会，甚至连独裁政府都可以追求这样的目标（比如希特勒的德国、墨索里尼的意大利），而且有时经济增长率会非常惊人；创新所需要的是风险偏好和创新能力，目前这些要素在有效实现公民自由和参与公共事务管理的社会中都已存在。因此，从历史的视角来看，民主对于发展中国家并非遥不可及的，独裁政府也并非在推动经济增长方面更有效率。实际上，到目前为止，自由社会往往在经济发展中扮演着领导者的角色。在极权政府中只有几个国家开始了效仿，而且事实证明大多不可持续。我们将在下一章中看到，在多数情况下，效仿过程只有在极权政府被消灭后才可以充分实现。

格申克龙的理论工作让理解欧洲国家发展路线的差异成为一种有益的实践。许多学者一直在从事不同国家的案例研究，并不断对格申克龙的概括进行验证和改进，甚至到了否定只有一种工业革命模式——英国模式[1]的地步，或认为英国模式是一个无法效仿的例外。[2]我们将一些国家的案例研究推迟到下一章进行讨论，在这里我们先来看一下后续学者对格申克龙的概念的有趣的实证和补充。

正如第 3 章所讨论的那样，在对效仿英国工业革命的过程进行比较分析时，波拉德注意到采用地区维度比采用国家维度具有更强的逻辑上的一致性。[3]在同一本书中，波拉德提出了另一个重要的观点，使我们注意到可被定义为"干扰"的因素。格申克龙的分析则完全集中于一个国家的国内先决条件，还有其找到自身发展问题解决办法的能力。国际经济的大背景提供了强有力的刺激和可供效仿的技术储备；从整体来看，如果后发国家懂得如何为充分利用后发优势做好准备，这是一个没有限制的环境。波拉德提出了"共时性差异"（differential of contemporaneousness）[4]的概念，他强调一些国际影响性

---

① Cameron, "A New View of European Industrialization" 中提道："19 世纪不只有英国的一种工业化模式，而是几种……通常对于英国工业革命及其在欧洲大陆和其他地方的重复发生的描述歪曲了历史事实。它还掩盖了工业化独特的多样性。"（第 23 页）

② Crafts, "Patterns of Development in Nineteenth Century Europe".

③ Pollard, *Peaceful Conquest*.

④ 波拉德将"共时性差异"定义为，当同一个历史现象几乎同时影响到处于不同发展阶段的经济体时，会造成截然不同的结果。——译者注

事件干扰了个别国家的发展路线，有时这些国家会背离既定的方向，这意味着要充分理解各国发展路线的多样性，关注和分析国际经济发展变得十分重要。

波拉德以铁路为例进行说明。毫无疑问，在引起极大轰动的工业革命创新中，不论是在人们的想象中，还是在政府官员的关注中，英国的铁路都占据了最重要的位置。似乎没有国家可以离得开铁路，但是铁路给各国经济环境所带来的挑战不仅导致了不同的结果，甚至有时与各国的发展方向相矛盾。在英国，铁路不是发展的起因，而是发展成熟的结果——铁路出现时国家已经解决了募集资金和跨部门协同的问题（英国当时已经拥有足够规模的机械和冶金行业）。在比利时、法国、德国和美国，铁路是促进发展的强大触发器，国内金属加工业兴起，并建立了充足的融资渠道。就美国而言（正如我们将看到的，由于其拥有庞大规模的铁路网），它打造了大范围的管理体系，通过首次实现对劳动力的科学管理，美国变得强大且举世闻名。

对于像意大利这样最落后的国家，新政府在统一后启动的铁路建设项目被视为实现国家现代化的有力举措。铁路建设需要进口大量国外材料，但意大利却没能及时建立本国的金属加工业，其金属加工业直到最后才发展起来；意大利的铁路项目并没有取得商业上的巨大成功，最终给公共财政带来了负担。格申克龙是第一个思考意大利的统治者为什么在国家还没有准备好从铁路上获取全部经济收益时就要修建铁路的人。[1] 波拉德提出了一个非常有说服力的观点：典型的干扰因素，或确切来说是"共时性差异"。土耳其和其他更为落后的国家情况更糟，它们的铁路全部是购自国外的毫无用处的奢侈品，（在支付铁路费用时）使业已摇摇欲坠的公共财政最终崩溃。

波拉德有关"共时性差异"的概念也适用于其他干扰因素，特别是第一次世界大战，这一场战争极大地改变了许多欧洲国家的发展趋势（我们将在第 9 和第 10 章中看到）；此外还有 1929 年的经济危机，我们将在第 11 和第

---

[1] 格申克龙的观点是，意大利的铁路如果在工业化开始时的那个世纪末就已建好，则会带来更大的影响；Fenoaltea 从产业层面进行了进一步分析（参见"Le ferrovie e lo sviluppo industriale italiano 1861–1913"）。而 Zamagni 则从商业层面进行了深入分析（参见"Ferrovie e integrazione del mercato nazionale nell'Italia post–unitaria"）。

12 章中进行讨论。这一概念同样适用于国际贸易，它发生在处于不同发展阶段的国家之间。有关后一点，波拉德不加批判地接受了古典自由主义的观点，并将任何形式的贸易保护主义视为经济战的一部分，但是现实情况要复杂得多。我们把对这一问题的讨论放在第 8 章。

 **国家的作用**

自由主义影响下的史学总倾向于掩盖国家在发展中的作用。在格申克龙之后，国家在某些情况下被视为经济起飞的替代要素，我们会在后续章节中看到一些例子。否则，通常只有在国家办事不力时我们才会注意到它的存在，甚至达到了波拉德极端悖论的程度。这一悖论认为越是感受不到国家的存在，一国经济就越会有大的发展。即便快速浏览一下表 4.1 也足以说明，公共支出的重要性随着时间显著增加[①]，特别是 20 世纪由于福利制度的普遍推行（这一制度在 20 世纪 70 年代后趋于停止，甚至在一些国家福利水平还略有降低）。还有人指出，其他的干预措施——例如货币和汇率管制、贸易保护主义、补贴、救市、企业和银行的直接管理、反周期策略、社会和区域政策——也并不总是能够带来积极的影响，但它们已经逐步全面渗入公共政策当中以支持经济发展和就业。

表 4.1　1880—2011 年公共支出对国内生产总值的影响

单位：%

国家	1880 年	1913 年	1929 年	1938 年	1950 年	1960 年	1973 年	1982 年	1996 年	2011 年
英国	9.9	13.3	23.8	28.8	34.2	32.6	41.5	47.4	41.9	46.5
法国	11.2	8.9	12.0	23.2	27.6	34.6	38.8	50.7	54.5	55.9
德国	10.0	17.7	30.6	42.4	30.4	32.5	42.2	49.4	49.0	44.6
意大利	13.7	17.7	19.5	29.2	30.3	37.4	50.2	54.7	49.2	49.1
荷兰	—	8.2	11.2	21.7	26.8	33.7	45.5	63.7	49.9	47.0

[①] 即便是表中列出的两个非欧洲国家的国家增长受到了更强的遏制（原因将在第 6 章予以解释），其公共支出也仍在增长。

单位：%（续表）

国家	1880 年	1913 年	1929 年	1938 年	1950 年	1960 年	1973 年	1982 年	1996 年	2011 年
美国	—	8.0	10.1	19.8	21.4	27.6	31.1	37.6	33.3	39.7
日本	9.0	14.2	18.8	30.3	19.8	18.3	22.9	34.2	36.2	42.2

数据来源：Brosio & Marchese, *Il potere di spendere*，OECD（1986，2011）。

因此，国家的作用是不能被忽视的，正如我们在前几章中所见，在前工业时代，国家作为渐进资本主义的基本要素已被证明是极其重要的。下面对国家的分类可以作为讨论国家角色的有用基础：

最低限度型国家（minimal state）。如果没有最低限度的国家来确保国防、法律和秩序（或立法以确立市场规则，其最重要的目的是保护竞争；以及进行司法监管），并提供一些公共物品，[1]工业资本主义体系就无法有效运作。货币和管理货币的中央银行是人们普遍认可的公共物品。还有一种公共物品是邮政服务。[2]教育通常也被视为公共物品，但在某些国家还同时存在为数众多的私立教育。为了提供这些公共品，国家通过征税来确保公共支出。

混合经济型国家（mixed economy state）。除了上面提到的必不可少的作用，在混合经济中，国家还提供许多其他的公共物品（通常是福利和基础设施，包括公共住房），同时在许多领域进行辅助干预：被视为战略部门的公共企业，以及通过所谓的区域政策扶持贫困地区的发展。国家之所以需要这样做，是因为有外部性、有益品[3]或自然垄断[4]的"市场失灵"[5]，以及无法产生

---

[1] 公共物品是一种出于各种原因不符合私营部门的利益，因而其不会被生产，但却被认为是一种对增长具有重要意义的物品。

[2] 如今，邮政服务是否应被视为一种公共物品是一个有趣的问题。

[3] 有益品是指对消费者有益但由于消费者的无知而消费不足的物品，比如教育。——译者注

[4] 自然垄断被定义为这样一个生产部门，在这个部门中，由于技术或市场规模的原因，拥有一家以上的公司并不高效。典型的例子是铁路网或电网等网络。对自然垄断的公共管理避免了一些私人利用其垄断地位牟利。但是，公共管理并不是必然的解决方式；另一种方法是将其置于私人手中并规范整个行业（这种情况通常发生在美国）。我们还应该记住，技术会随着时间的推移而发生变化，原本属于自然垄断的行业在后来可能会以非常不同的方式进行重新配置，就像移动通信所表现的那样。

[5] Stiglitz, *The Economic Role of the State*.

足够数量或质量的企业家的不完全市场。因此，资本主义经济的一部分是由国家以垄断或竞争性企业的形式进行管理的，效率有所不同，结果也并不总是好的。[①]混合经济型国家可以实施更多或更少的计划方案来协调其干预措施，但是从来没有否定市场的有效性。

最高限度型国家（maximal state）。在这类国家中，国家承担了生产的全部责任。实际上，这是一种极端模式，它否定了资本主义的根基，消灭了市场和企业自由。之所以要回顾这种模式，是因为它曾经在苏联的中央计划经济中存在，但最终证明是失败的（我们将在第 10 章和第 16 章详细讨论）。

美国学者理查德·纳尔逊（Richard Nelson）认为西方发达国家最主流的历史模式是混合经济。[②]纳尔逊甚至说经济中的某些部门由政府机构可以进行更好的管理（国防、警察、教育、卫生、某些研究、空中交通管制、基础设施、环境控制等），正如其他部门可以更好地由民营经济中的非营利组织进行管理（文化、援助、非专业体育和志愿者工作），而只为所谓的"私人"企业留下了一小部分经济活动空间。[③]同样还有许多领域需要私人企业与公共机构进行合作（例如，在金融领域，作为公共机构的中央银行发挥着绝对重要的作用）。

然而，美国的混合经济更接近最低限度型国家的模式，相比美国而言，其他国家则更倾向于混合经济型国家，正如我们将在这本书中所看到的。[④]特别值得注意的是，欧洲比美国模式更进一步推行了福利制度，但其可持续性在当下备受质疑[⑤]。欧洲在不同时期还为一大批公共企业制定了各种产业政

---

① 请注意，反过来"政府失灵"——主要由于过度的官僚主义和腐败——可以鼓励国有企业的私有化。

② Nelson, "The Complex Economic Organization of Capitalist Economies".

③ 纳尔逊的观点不同于因市场失灵而赋予国家角色的观点："这不是一种'市场失灵'的观点，而是认为市场应该脱离某些类型的活动，因为这些活动在公共治理下以某种形式会经营得更好"（*Ibid,* 19）。

④ 有关完整的讨论，参见 Sheldrake & Webb, *State and Market*。

⑤ 有关美国和欧洲大陆模式，也即"莱茵模式"的比较，参见 Albert, *Capitalism Against Capitalism*。

策，首先是贸易保护主义①，然后是补贴，有时甚至是通过某种计划的方式，而这些企业后来大部分都已私有化（见第 7 章）。下面的章节将回顾各国的发展特点，之后我们便会明白国家之所以在美国和欧洲扮演如此不同角色的原因。

---

① 弗里德里希·李斯特（Friedrich List）是德国贸易保护主义理论家，他从乔治·华盛顿（George Washington）的国务卿亚历山大·汉密尔顿（Alexander Hamilton）和一位国家干预主义的倡导者那里获得灵感，将贸易保护主义作为工业化的一种手段。请注意，美国虽然在很大程度上限制了国家干预，但在第二次世界大战之前一直是贸易保护主义者。

第 5 章

欧洲的工业化

本章介绍了一些国家的案例研究，会继续以第 4 章中提出的概念为解释思路，但并不会彻底探讨欧洲的差异化。因此，论述并不会非常详细，仅仅介绍了最重要的发展，并将每个案例置于可以进行相互比较的背景之下。所讨论的阶段包括："漫长的 19 世纪"（the long nineteenth century）[1] 和 20 世纪的最初几年，直至第一次世界大战，这次大战是"共时性差异"的典型案例。战争严重扰乱了所有参战经济体的发展。那些没有直接参战的经济体也受到了波及，虽然影响程度较轻。尽管这些国家的发展处于不同阶段，但都必须对战争做出回应，于是造成了一系列"连锁"反应，作为第一次世界大战的结果（将在第 9 章中进行讨论），这些结果可以帮助我们更加方便地进行研究。因此，战争是一个分水岭。

我们首先来看三个主要的成功经济体，特别需要注意它们与英国模式的异同。[2] 然后，我们转向那些在第一次世界大战前由于各种原因无法完成工业

---

[1] 由艾瑞克·霍布斯鲍姆（Eric Hobsbawm）创造的一个术语，代表了从 1789 年法国大革命爆发到 1914 年第一次世界大战爆发之间的这段时期。（霍布斯鲍姆是享誉国际、备受推崇的左翼近代史大师。——译者注）

[2] 为简便起见，我们省略了其他成功小国的案例，这些国家也很有意思，例如瑞士（1913 年有 390 万人）、丹麦（有 300 万人）、荷兰（有 620 万人）和瑞典（有 560 万人），这些国家的人均收入水平在 1913 年都已超过了英国人均收入水平的 60%。

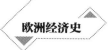
58　化进程的国家，它们在某些领域正在进行工业化。这些国家的现代化只是局部的，从而为战时和战后出现的严重失衡埋下了伏笔，但却没有阻碍（整个欧洲）19 世纪以来工业化的继续。[1] 表 5.1 至表 5.5 是各个国家案例研究的具体数据。前三个表格显示了从 1820 年到 2007 年的人均收入数据，以便我们从一个长期的视角对这些国家进行分析，而表 5.4 和表 5.5 则提供了有关 19 世纪工业化主题的一些有趣的定量数据。需要注意的是，表 5.2 中 1938 年及之前的数据以英国为基准，1938 年之后的数据以美国为基准，1938 年是美国取代英国成为世界第一大国的分水岭。

59

表 5.1　各国人均收入水平（以 1990 年的美元为基准）

国家或地区	1820 年	1850 年	1913 年	1938 年	1950 年	1973 年	1992 年	2007 年
英国	2074‡	2774‡	4921	6266	6939	12,025	16,133	25,002
奥地利	1218	1650	3465	3559	3706	11,235	17,409	24,235
比利时	—	1847	4220	4832	5462	12,170	17,615	23,701
法国	1135	1597	3485	4466	5186	12,824	17,880	22,202
德国	—	1428	3648	4994	3881	11,966	16,891	20,547
意大利	1511*	1505*	2305	2830	3172	10,414	16,634	19,842
西班牙	—	1079	2056	1790	2189	7661	—	17,849
俄罗斯**	—	—	1414	2150	2841	6059	5474	7493
日本	—	737†	1387	2449	1921	11,434	19,440	22,410
美国	1361	1849	5233	6126	9561	16,689	23,285	31,655

注：* 只包括北部和中部；** 属于苏联的区域；† 1870 年；‡ 不包括北爱尔兰。
数据来源：Maddison database.

---

[1] 这里同样为简便起见，我们省略了 1913 年以前只实现了部分现代化以及 1913 年人均收入水平低于英国 50% 的其他欧洲小国：挪威（1913 年有 240 万人）、芬兰（有 300 万人）、葡萄牙（有 600 万人）、希腊（有 540 万人）。彼时波兰还没有作为一个国家而存在：经历了拿破仑时代的各种事件之后，它被分为三个部分，分别被并入俄罗斯、德国和哈布斯堡帝国。

表 5.2　各国人均收入水平

英国 =100（1938 年及之前），美国 =100（1938 年之后）

国家或地区	1820 年	1850 年	1913 年	1938 年	1950 年	1973 年	1992 年	2007 年
英国	100	100	100	100	73	72	69	79
奥地利	59	59	70	57	39	67	75	77
比利时	—	67	86	77	57	73	—	75
法国	55	58	71	71	54	77	77	70
德国	—	51	74	80	41	72	—	65
意大利	73	54	47	45	33	62	71	63
西班牙	—	39	42	29	23	46	—	56
俄罗斯 *	—	—	29	34	30	36	—	—
日本	—	27	28	39	20	69	83	71
美国	66	67	106	98	100	100	100	100

注：* 包括苏联。

数据来源：Maddison database.

表 5.3　各国人均收入年增长率

国家或地区	1820—1850 年	1850—1913 年	1913—1938 年	1938—1950 年	1950—1973 年	1973—1992 年	1992—2007 年
英国	0.98	1.10	0.95	0.87	2.40	1.72	2.90
奥地利	1.00	1.20	0.08	0.28	4.70	2.35	2.15
比利时	—	1.35	0.56	0.87	3.50	2.25	1.90
法国	1.15	1.28	1.00	1.06	3.90	1.75	1.44
德国	—	1.58	1.25	−1.66	4.75	1.80	1.34
意大利	0.00	0.70	0.82	0.94	5.20	2.45	1.10
西班牙	—	1.07	−0.50	1.66	5.45	2.50	2.30
俄罗斯 *	—	—	1.55	2.31	3.35	−0.50	2.11
日本	—	1.46	2.30	−1.66	7.80	2.75	0.90
美国	1.05	1.70	0.58	3.71	2.45	1.81	2.10

注：* 包括苏联。

数据来源：Maddison database.

5.1 比利时

我们从比利时开始讲起，这个国家与英国有着最为相似的资源禀赋，拥有悠久的海洋传统——特别是安特卫普港、佛兰德斯前工业社会的商业和制造业，还有来自海外特别是英国的大量企业家移民。比利时是一个小国——1913年只有770万人——实际上它由两个地区组成：讲荷兰语的佛兰德斯和讲法语的瓦隆，二者共同的首都是布鲁塞尔。比利时经历了相当艰难的政治动荡，先是被西班牙人统治，然后是被哈布斯堡王朝统治，接着又被纳入法兰西帝国，后来在波旁王朝复辟后被并入荷兰。1830年，在一场几乎没有流血的革命后，比利时终于成为一个独立王国。然而，这一切并没有阻碍其工业发展采用英国模式，由此可见发展机制的地域性渊源是如此之深。比利时原本分属于不同的"国家"，但并没有采纳（这些国家）经济上的指令或激励；相反，在没有政治压迫的环境下，它可以继续独立地发展自身的经济。

首先建立起来的是羊毛纺织业，18世纪初于韦尔维耶①建立。采矿业紧随其后，特别是煤矿，一些企业家为其配备了蒸汽锅炉。在此之后，来自利兹②的机械师威廉·科克里尔（William Cockerill）发明了纺纱机，并在列日③附近建造了一家大型金属加工厂，它在1830年成为比利时最大的公司，并被其他企业所效仿。18世纪末，根特④周边建立了棉纺织业，1810年时有一万人被雇用；然后机械化生产被扩展至亚麻制品，亚麻制品在比利时原本是手工制造的。后来出现了制糖厂、玻璃厂、造船厂，然后是铁路和电车制造厂。化学工业也发展起来。欧内斯特·索尔维（Ernest Solvay）在1862年发明了一种极具创新性的碳酸钠生产工艺。他所创办的公司是比利时首批跨国公司之一，也是其中最重要的一家，直到今天仍在运营。

---

① 比利时东部小镇。——译者注
② 英国北部城市，是纺织服装业的中心。——译者注
③ 比利时东部城市。——译者注
④ 位于比利时西北部，是佛兰德斯地区的中心城市。——译者注

为了支持与配合这些密集的创业活动，银行被建立了起来，不久便表现得非常活跃。1822 年，在威廉一世国王的支持下，荷兰全国兴业总会（Société générale pour favoriser l'industrie nationale des Pays Bas）在布鲁塞尔成立。这是一家股份制公司，1830 年之后，被称为比利时总会（Société générale de Belgique）。比利时总会是一家特殊的投资银行，不仅拥有工业企业的股份，而且还直接创办公司，并且密切关注这些公司的收益。比利时总会给比利时提供了一个连英国都没有的独有的金融工具，一跃成为现代金融控股公司的祖先。模仿比利时总会，另一家类似银行也于 1835 年成立，即比利时银行（Banque de Belgique）。后者在不到 4 年的时间内建立或接管了 24 家工业企业，其中不乏颇具规模的企业。此外，在比利时独立后，新政府投资建设了大量铁路网，为金属加工和煤炭工业带来了更多的工作机会。到了 1840 年，比利时无疑是欧洲大陆工业化程度最高的国家，至少在第一次世界大战结束前，它都相对而言保持了这一地位（见表 5.1、表 5.2 和表 5.3）。[1]

5.2 法国

尽管比利时有一些独有的特征，但它的兴起仍是英国模式在欧洲大陆的延伸，然而法国的模式却不同于英国。当时所有对英国模式的偏离都被视为异类，也正是这些差异导致了人们对法国的发展持否定态度。长久以来，历史学家们认为法国的发展十分迟缓，部分是由于格申克龙当时没有马上对法国进行研究，而更关注德国、俄罗斯和意大利。[2] 直到 20 世纪 70 年代后期，O'Brien 和 Keyder（1978）的研究才改变了这种传统观念，并推动了许多其他重要研究，以至于法国如今位列成功实现工业化国家的行列，尽管它是自成一格的（sui generis）。[3]

---

① 有关后续的发展，参见 Van der Wee & Blomme, *An Economic Development of Belgium since 1870*。

② C. Kindleberger, *Economic Growth in France and Britain, 1851–1950*.

③ O' Brien & Keyder, *Economic Growth in Britain and France 1780–1914*. 参见 Grantham, "The French Cliometric Revolution" 以及 Dormois, *The French Economy in the Twentieth Century* 中的参考书目。

首先，也是最为重要的，这里有一个有趣的问题：为什么法国不是第一个实现工业化的国家？事实上，在18世纪，法国比英国拥有更多的人口；[1]而且还有自中世纪以来就已经统一的国内市场和发展良好的农业（尽管不像英国那么有活力，另外法国在地中海周边还存在贫困和制度落后的地区）；法国还有前工业社会制造业的优良传统，在18世纪也取得了重要的经济增长。事实上，有些人甚至认为法国拥有所有实现工业化的先决条件，如果不是领先英国也至少应与其同步。[2]

然而与英国相比，法国的文化普及程度更低，收入分配更加两极分化，贵族阶层更少以商业为导向，君主政体也更加极权主义。很少有人注意到，正是王室和资产阶级围绕谁有权开征新税产生的尖锐分歧，导致了法国大革命的爆发，而英国人早在一个世纪前就已经通过议会明确解决了这个问题。[3]法国大革命的极端冲突，以及后来拿破仑的上台，将法国拖入了长达25年（1790—1815）的战争泥潭；虽然刺激了某些特定行业的发展，但却让法国隔绝于英国的创新之外，同时扭曲了资源的配置。[4]

所有这些都解释了为什么法国不是第一个工业化的国家。从根本上来说，法国的制度条件显然不如英国那么有利；此外，法国不像英国拥有储量丰富、品位高的浅层煤矿。[5]波旁王朝复辟后，法国发现其落后于英国，并且失去了长久以来努力争夺的欧洲大陆霸权，在全球贸易中的地位也无法与英国相比。

---

[1] 1701年，英国有不到700万人口，而法国则有2000万人口；在18世纪末，英国和法国分别有1100万和2800万人口。在19世纪，英国经历了真正的人口爆炸，其人口在第一次世界大战爆发初期超过了法国（英国为4100万人，法国为4000万人），尽管英国一直在持续向外移民。

[2] Crafts, "Industrial Revolution in England and France". 作者在这篇文章中通过引入可能性因素的作用得出结论。另见 Price, *An Economic History of Modern France, 1730–1914* 中的描述。

[3] Wallerstein, *The Modern World System*, vol. III.

[4] 尽管如此，拿破仑时代见证了法国一些制度上的重要进步，其中包括废除了阻碍人们从农业中脱离出来的农奴制（1789），采用了公制制度（1790），废除行会（1791），取消国内关税和成立法国的中央银行——法国银行（1800），以及通过了《商法典》（1807）。

[5] 请注意，1913年法国生产了4100万吨煤，而英国则生产了2.9亿吨，德国生产了2.79亿吨，就连小小的比利时也生产了2300万吨，而美国更是生产了5.13亿吨。而在人均消费量上，法国为1.6吨，英国为4.2吨，德国为3.9吨，比利时为3.9吨，美国为5吨。意大利不生产煤炭，人均消费量更低，仅为0.3吨。

这或许让法国人更加依赖于土地，1851 年法国 64% 的人口在从事农业，而在英国这一比例只有 22%。19 世纪法国的人口增长缓慢，或许很大程度上归咎于农业家庭试图通过较少的子女来限制土地被瓜分。

但是法国的工业仍有发展，如果考虑了人口增长放缓的影响，以人均来计算的话也是蔚为可观的。正如表 5.1 至表 5.3 所示，尽管落后于英国，但法国的工业发展速度可以与其保持同步，另外法国的经济增长是周期性的，并没有可被视为经济快速起飞的特殊加速时期。[1] 里昂周边传统的丝绸业，还有法国领先的时尚产业仍然非常重要。[2] 法国的机械化棉纺工业也有所增长，19 世纪 40 年代消费了大约 6 万吨原棉。相比之下，英国同时期的原棉消费量是 24 万吨。法国的现代钢铁工业也建立了起来，其中勒克鲁佐（Le Creusot）综合体最为著名，其在路易十六的财政支持下于 1785 年开业。到了 1827 年，法国已经拥有 100 多家炼糖厂，并且推广了瓦斯照明，玻璃、陶瓷、纸张和橡胶工业也实现了现代化[3]。随后，铁路时代拉开了序幕（见表 5.4），紧随其后的是电气和汽车行业。法国作为欧洲汽车行业的领导者一直处于领先地位，拥有著名的汽车制造商潘哈德（Panhard，1885 年）、标致（Peugeot，1895 年）和雷诺（Renault，1898 年），直到后来这些公司才效仿美国转向大批量生产。第一次世界大战前的"美好时代"（belle époque）特别繁荣，那时法国的形象越来越多地展现在国际舞台上[4]（见表 5.5）。

---

[1] 第二次世界大战之后，当法国真正赶上英国时，后者已经明显衰落了，正如我们将在第 6 章中看到的那样。参见 Caron, *An Economic History of Modern France*。

[2] 1801 年，法国丝绸纺织工约瑟夫 – 玛丽·雅卡尔（Joseph-Marie Jacquard）发明了第一台可设计织布机。

[3] 请注意，这些行业中最重要的当属后来发展出化学工业的圣戈班（Saint Gobain）。它作为一家皇家制造商于 1665 年成立。让 – 巴普蒂斯特·柯尔贝尔（Jean-Baptiste Colbert）时任路易十四的财政部长，他最著名的便是出资兴建了许多制造工厂，并尝试进行国家干预，但并非总能带来有益的结果。

[4] Levy-Leboyer & Bourguignon, *L'économie française au XIX siècle*.

65

表 5.4　各国铁路运营里程比较

单位：千米

国家或地区	1870 年	1913 年
比利时	2897	4676
法国	15,544	40,770
德国	18,876	63,378
意大利	6429	18,873
英国	21,500	32,623
西班牙	5295	15,088
哈布斯堡帝国	6112	44,800
俄罗斯	10,731	70,156
美国	85,170	401,977
日本	0	10,570

数据来源：Mitchell, *European Historical Statistics*；*International Historical Statistics: Africa and Asia*；*International Historical Statistics: the Americas and Australasia*.

66

表 5.5　1911 年左右各国的生产指标比较

国家或地区	人口 （100 万人）	钢产量 （100 万吨）	发电量 （10 亿千瓦时）	硫酸产量 （1000 吨）
英国	41	7.8	3.0	1082[†]
法国[*]	39	4.7	2.1	900[†]
德国	65	17.6	8.8	1500
哈布斯堡帝国	65	2.6	1.0	350
意大利	35	0.9	2.2	596
俄罗斯	122[**]	4.9	2.0	275
美国	98	30.0	43.4	2500[‡]
日本	52	——	1.5	——

注：* 不包括阿尔萨斯和洛林；** 包括其亚洲部分的 1.65 亿人；† 1913 年；‡ 1914 年。
数据来源：同表 5.4。

64

法国的工业比英国更加多元。（工厂）遍布乡村（当时还不在巴黎周边），①通常规模较小，因为这些工厂大多时候是为那些购买力强的消费者生产高附加值的手工艺品；法国比英国更加专注于轻工业消费品的生产，资金来自业主自身利润的再投资。包括罗斯柴尔德银行② 在内的大巴黎银行（Haute banque parisienne）主要为国际贸易和投资提供资金。特别是公共债券，1850年占法国外国投资的 78%，1880 年占到了 52%。只有到了法兰西第二帝国时期，在拿破仑的推动下，法国才建立了新型金融机构。其中最著名的是法国兴业动产信贷银行（Société générale de credit mobilier），其由佩雷尔（Pereire）兄弟（曾是罗斯柴尔德家族的雇员）创办。动产信贷银行对工业企业提供了大量金融支持，这些企业对于后来的德国至关重要，但是在一个不同的经济环境下，这家银行并不成功。随后巴黎荷兰银行（Banque de Paris et des Pays Bas）于 1872 年成立，也被称为法国巴黎银行（Paribas）。其他的投资银行也相继成立，但是这些银行并没有对法国产业的融资发挥重要作用。

法国政府对经济的干预远远低于法国大革命之前的时期，仅限于支持基础设施建设（特别是铁路），同时还实施了一定程度的贸易保护政策（随后我们将重新回到这个主题来进行比较），并资助了一系列重要的先进技术和专业院校。其中第一家院校是成立于 1747 年的法国国立路桥学院（École des ponts et chaussées）。在法国大革命时期，国立高等矿业学院（École des Mines）于 1789 年成立，著名的巴黎综合理工学院（École polytechnique）于 1794 年成立，③ 法国国立工艺学院（Conservatoire des Arts et Métiers）和巴黎高等师范学院（Ecole Normale supérieure）于 1798 年成立。巴黎中央理工学院（École Centrale des Arts et Manufactures）于 1828 年成立。法国的殖民主义对其经济的影响远没有英国殖民主义对经济的影响那么大。有关殖民地对殖民国家在

---

① 法国的城市化进程远不如英国那么显著。这一方面是由于其农业的重要性；另一方面是因为法国的制造商不太需要集中在大都市。

② 罗斯柴尔德（Rothschild）家族始于 18 世纪下半叶法兰克福的德国犹太人梅耶·阿米尔·罗斯柴尔德（Meyer Amschel Rothschild）。他有五个儿子，其中四个儿子被派往当时最重要的欧洲市场开设分支机构：维也纳、巴黎、伦敦和那不勒斯，还有一个儿子留在法兰克福。

③ 该机构启发了欧洲大陆和美国的类似技术学校的建立。正如我们将要看到的那样，德国理工类院校的发展——比起法国的同类院校更偏向于应用而不是数学模型——尤为重要。

经济上的影响，我们将以比较的形式在第 8 章中展开论述。

德国

　　不同于法国，德国并没有很快建立起民族国家，而是长期以来保留了地方性的传统。18 世纪，德国一共有 400 多个"独立小国"。普鲁士的霍亨索伦（Hohenzollern Prussia）① 凭借其规模与实力脱颖而出。霍亨索伦家族从 16 世纪开始掌权，并通过王位继承逐步发展起来；该家族掌控着一个高效的国家机器和强大的军队，但却没能实现经济的现代化。在拿破仑时代，德国经历了 1807 年农奴制的废除，以及行会的消失和土地的私有化，而维也纳会议将德国的政治版图简化为 39 个邦国，然而在此之后德国的经济依然没有起飞，尽管德国拥有大量的煤矿资源，特别是在鲁尔地区。

　　1818 年，普鲁士王国开始通过降低和简化关税开放国际贸易，这使其成为联合其他日耳曼邦国建立日耳曼关税同盟（Zollverein）的核心。该关税同盟于 1833 年正式设立，同盟取消了内部关税，对外则采纳了普鲁士较为温和的关税。这是一项重大的成就，不久便显示出它在 19 世纪四五十年代德国扩张初期的全面战略影响。不管怎样，在 1871 年 ② 统一后，德国真正实现了迅速、持久的经济起飞。③

　　为了理解德国的特征，我们应该马上注意到，德国的经济起飞发生在铁路、大型钢铁厂时代和第二次工业革命之间，后者主要建立在电力、有机

---

① 腓特烈·威廉·冯·霍亨索伦即腓特烈一世，是普鲁士的第一位国王（1701—1713 年在位）。在得到国王的称号前，他是勃兰登堡选帝侯兼普鲁士公爵。1701 年，当神圣罗马帝国皇帝利奥波德一世在西班牙王位继承战争中陷入孤立的时候，腓特烈一世率先与皇帝结盟并派出援军。作为回报，皇帝在一份秘密协约中答应授予其国王的称号。但是，由于神圣罗马帝国内部除了一般由皇帝兼任的德意志国王和波希米亚国王，不能有别的国王（勃兰登堡属于神圣罗马帝国），再加上普鲁士仍有一部分领土（西普鲁士）当时属于波兰，所以腓特烈一世的称号是"普鲁士里的国王"，而不是"勃兰登堡国王"，也不是"普鲁士的国王"。后来在当上国王后，腓特烈一世极参加西班牙王位继承战争，继续扩大领土，为普鲁士争夺欧洲霸权打下了基础。——译者注
② 德国的联邦州（Länder）所拥有的自治程度比其他任何欧洲国家都要高，这是其政治分离传统的产物。
③ Pierenkemper & Tilly, *The German Economy During the Nineteenth Century*.

化学和内燃机的基础上（该主题将在第 7 章进行讨论）。所有这些产业都属于资本密集型的重工业部门，需要大型企业和超出个人家庭能力范畴的金融资产。正如我们将要看到的那样，德国成功地充分利用了这些新工业部门的潜力。德国成为欧洲最大的钢铁制造商，同时也是欧洲和世界电力和化工产业的领导者，还创办了许多股份制银行（Kreditbanken）为新的工业计划提供大量资金。德国第一家股份制银行是 1848 年在科隆成立的沙夫豪森银行（Schaaffhausen'scher Bankverein），相比在它之后成立的银行，沙夫豪森银行并不那么有名。在其之后成立的银行包括：1851 年在柏林成立的信用合作社（Disconto Gesellschaft），1853 年成立的达姆施塔特（Darmstädter）银行，1856 年成立的柏林贸易公司（Berliner Handelsgesellschaft），还有最重要的、成立于 1870 年的德意志银行（Deutsche Bank）[①]，德国商业银行（Commerz Bank）也于同年成立，还有 1882 年成立的德累斯顿银行（Dresdner Bank）。

与英国的银行相比，德国的银行拥有创新的经营方式。它们既是普通的商业银行——从广泛的客户群体中收集存款并发行短期信贷，同时也是投资银行——不仅将自有资本投入长期信贷，而且也将储户资金用于其中，这超越了英国银行的专门信贷。这就是为何它们被称为混合银行（mixed banks）或全能银行（universal banks）：它们不仅不是专业银行，而且还为企业客户提供股票配售、资本重组和纾困等其他服务，帮助企业"从出生到死亡"。

德国的银行变得非常有影响力，以至于到了 20 世纪初，人们已经认识到它们的主导地位。[②] 这些银行经常持有公司的少量股份，主要是为了让银行的人能够进入董事会，这样一来银行就可以密切跟踪公司的运营，但总体而言银行会避免控股公司（混合银行不是、也不想成为一家比利时式的控股公司，比利时式的控股公司既要参与管理，还要深度绑定）。由于各家银行代表在许多公司的董事会中都有席位，因此他们发现自己掌握了工业联合体、有时甚至是整个行业的第一手信息，他们更青睐能够降低风险的市场组织形式，比

69

---

① Gall, *The Deutsche Bank 1870–1995*.

② Hilferding, *Das Finanzkapital*; Riesser, *The German Great Banks and their Concentration*.

· 63 ·

如卡特尔。[1]1914 年，这种组织有近千个，这些卡特尔组织由外部适当的贸易保护主义所保护[2]，而贸易保护主义又通过倾销得到进一步加强。[3]但是，为了应对暂时的危机，这些银行需要一个比英格兰银行或法兰西银行能够进行更多干预的中央银行，这便是德意志帝国银行（Reichsbank）所扮演的角色。总体而言，混合银行所产生的经济体系是一个联系更加紧密的体系，即事先进行协调，也即 Chandler（1990）所定义的"合作的"[4]，而德国学者更愿意将其定义为"有组织的"[5]。这与英美典型的以小公司为主的准竞争体系完全不同（见第 6 章）。

格申克龙首先注意到混合银行的重要性，并将其作为替代要素的首选（替代了来自家族或英国商业银行的融资）。从那以后，混合银行被大书特书。其在多大程度上直接参与控制或指导那些融资企业的事务，特别是相比建立在证券交易所之上的英美模式，建立在混合银行之上的经济体系是否更加有效，这些问题仍然存在争议。[6]我们将在第 8 章中讨论这一主题。

我们可以从表 5.1 至表 5.5 的数据中清楚地看到德国体制的成功。钢铁、电力和化工，还有良好的机械工业是德国工业的核心部门。在化工行业，拜耳（Bayer）、巴斯夫（Basf）和赫斯特（Hoechst）三家著名企业为德国系统地建立起煤化工产业，通过对煤炭进行加工处理，得到可用于制造人工色素、炸药和众多药品（其中包括拜耳公司在 1899 年申请专利的阿司匹林）的中间

---

① 这是众所周知的"关联董事（interlocking directorates）"问题，在网络理论中受到了极大关注；参见 Baccini & Vasta, "Una tecnica ritrovata"。

② 德国是弗里德里希·李斯特的故乡，李斯特是一位杰出的理论家，他提出了保护新兴产业的必要性，他还支持关税同盟。

③ "倾销"的定义是为产品制定低于国内价格的国际价格，以促进出口，并从国内市场收回国际市场上损失的利润。倾销通常是一项短期政策，但可能永久地改变国际贸易流动，因此它遭到了反对和反击。

④ Chandler, *Scale and Scope*.

⑤ Herrigel, *Industrial Constructions*.

⑥ Wixforth & Ziegler, "*Bankenmacht*: Universal Banking and German Industry in Historical Perspective"; Fohlin, "Capital Mobilisation and Utilisation in Latecomer Economies"; Edwards & Ogilvie, "Universal Banks and German Industrialization"; Tilly, "German Economic History and Cliometrics".

体①。当第一次世界大战爆发时，德国占世界化学品出口量的一半以上并且无人能敌，哪怕是美国（后来美国在石油化工行业发展得更快）。在电力行业，西门子（Siemens）和 AEG 两家大型企业在全欧洲进行投资，在全球范围内与美国的通用电气（GE）和西屋（Westinghouse）电气展开了竞争。在钢铁行业，克虏伯（Krupp）和蒂森（Thyssen）的名字享有盛誉。

由于这些都是大公司，而且都属于重工业，因此它们很容易转成军事工业；这符合霍亨索伦家族的民族主义政策，该家族认为他们有能力通过武力赢取欧洲的霸权，而这将德国推向了第一次世界大战。② 这些公司所采用的科学比在第一次工业革命中的纺织和工程公司所需要的科学更加先进，因此需要更大的研究投入，并且需要发展中、高等教育。德国建立了高效的中等技术学校和高等理工学院的公共体系，培养了数量众多的工程师，这些工程师们获得了很高的社会地位。此外，大学和大公司的研究实验室通过联合培养进行高级技术人才交流，只有美国对此进行了大面积效仿。大多数的工业企业位于德国西部，东部地区依然主要是农业，而且技术不是很先进。这造成了民主德国与联邦德国的二元性（dualism），而这种二元性直到今天仍然影响着德国的命运。③ 这一事实是造成德国 1913 年人均收入不是很高的原因（只有英国的 74%，仅仅略高于法国的 71%），这也证实了波拉德的区域观点。实际上，德国有许多特别发达的地区，比英国许多类似的地区还要先进，但也有许多相当落后的地区，其显著拉低了国家的平均水平。

另外还有一个方面值得讨论：德国是第一个面向所有工人推行国家社会福利制度的欧洲国家，该制度由俾斯麦（Bismarck）在 19 世纪 80 年代创立。在 1883—1889 年期间，为了确保社会稳定和控制工会以便有序推进工业化，德国纳入了由政府进行管理的强制性的工伤、医疗和养老保险。德国是世界上第一个大范围推行保险的国家，尽管并没有覆盖所有人，因为德国的保险

---

① 又称有机中间体，以煤焦油或石油产品为原料制造染料、农药、树脂、增塑剂等时的中间产物。——译者注

② 但请注意，德国的殖民政策从未明确执行过，因而德国的殖民地对于德国的经济向来不重要。

③ 第二次世界大战后，德国被分为民主德国和联邦德国，二者于 1990 年统一。

是基于雇佣关系而非公民权利的，正如几十年后的瑞典那样。[1]

5.4 哈布斯堡帝国

哈布斯堡帝国的建立经历了一个长期的过程，其分别在不同的时期合并了奥地利周边及其首都维也纳的众多领土。19世纪，哈布斯堡帝国拥有11个不同的民族，每个民族都有各自的语言。[2] 帝国的土地并不太适合发展农业，因为其中三分之二是山脉和丘陵。帝国唯一的海港位于亚得里亚海的特里雅斯特。煤炭储量既不算丰富，分布的位置也不是很便利。

哈布斯堡帝国是一个重要而强大的政治实体（实际上不能称其为"国家"）。18世纪，帝国的经济相对而言比较发达，但后来却没有跟上其他国家的脚步，尽管我们对全盘否定其19世纪表现的观点已进行了全面修正。首先，可以说帝国大大推迟了农奴制的废除，直到1848年革命后才实现。其次，内部关税的废除也一直推迟到了1850年，当时哈布斯堡帝国效仿日耳曼关税同盟建立了关税联盟。再次，还有一个不利因素是帝国的贸易保护主义政策阻碍了它的国际贸易（要知道在20世纪初，一个小小的比利时的国际贸易量都要比整个哈布斯堡帝国的大）。此外，原本就不多的贸易差不多有一半还集中在与德国之间。最后，中央集权的政策仅仅在1867年承认匈牙利自治时受到了影响（由于是两个王室的联盟，因此此时哈布斯堡帝国也被称为奥匈帝国）。

从行业的角度来看，特许轻工业的确有所发展，例如食品（尤其是在匈牙利）、羊毛和棉纺织品、玻璃和纸张；金属加工、铁路和电气工业也有所发展，但相比较而言并不尽如人意。金融体系方面，哈布斯堡帝国效仿德国的做法，创办了许多混合银行，其中最著名的是联合信贷银行（Creditanstalt,

---

[1] Ritter, *Storia dello stato sociale*. 普遍福利直到20世纪30年代的瑞典实验和1942年的《贝弗里奇报告》（Beveridge Report）中才出现。Zamagni, "Funzioni e strumenti del welfare state in prospettiva storica"; Zamagni, "L'economia sociale di mercato nella storia".

[2] 回想一下，意大利在19世纪中叶失去了一部分领土：1859年的伦巴第和1866年的威尼斯。

1885 年成立)和维也纳银行(Wiener Bankverein)[①]。在第二次世界大战爆发前，这两家银行所拥有的控股股权占整个帝国股份资本的 43%。当时，联合信贷银行依然是最重要的银行，拥有武器、钢铁、金属加工、石油、糖和其他食品工业企业的股份。卡特尔的建立甚至也效仿了德国，在战争爆发前有近 200 个卡特尔组织。[②]

事实上，帝国最重要的问题是在 19 世纪初，帝国各个地区拥有非常不同的发展先决条件（农业、教育普及、基础设施），而帝国无法让最落后的地区实现质的飞跃。19 世纪下半叶，所有地区的经济都有所增长：有些地方增长得多，比如匈牙利；也有的地方增长得少，比如下奥地利。但是由于它们的起点都比那些发达的欧洲国家要低得多，因此在第一次世界大战爆发前，它们的发展并没有给人留下深刻的印象（见表 5.6）。[③]

表 5.6　哈布斯堡帝国后来成为不同国家的各地区经济指标

国家或地区	1913 年人均收入（奥地利 =100）	1913 年人均收入（英国 =100）
奥地利	100	70
捷克斯洛伐克	60	43
匈牙利	60	43
波兰	50	35
罗马尼亚	50	35
南斯拉夫	28	20

数据来源：Maddison database.

通过观察区域之间的差异，我们发现只有奥地利的发展水平还不错，其他国家或地区或多或少处于落后的状态，这表现出了帝国区域之间的巨大差距。如果我们参考西班牙和俄罗斯的区域估计数据，则也同样会出现强烈的区域不平衡。之所以这一现象在这些国家十分常见是因为历史遗留问题造成了地区之间的极大差异，涉及基础设施、文化发展、教育普及和资本积累。

[①] Rudolph, *Banking and Industrialization in Austria–Hungary*.

[②] Good, *The Economic Rise of the Hapsburg Empire 1750–1914*. 同样可以参见 Berend & Ranki, *Economic Development in East-Central Europe in the Nineteenth and Twentieth Centuries*。

[③] Schulze, "Origins of Catch up Failure".

通过数据，我们无法进一步了解区域之间的差异。[1]

格申克龙专门为讨论这一事件写了一本书。他认为该事件标志着帝国政治经济的软弱无力[2]：20 世纪初，帝国无法决定建造一条连接多瑙河与奥得河的运河，而这条运河一旦建成，就可以改善内部交通，减少帝国内部的民族主义冲突，并为共同经济计划争取广泛共识。由于财政部不断的蓄意阻挠，该计划的发起人欧内斯特·冯·克贝尔（Ernest von Koerber）总理于 1904 年辞职。格申克龙在这本书的结尾强调了克贝尔的经济路线原本可以使帝国拥有不同的命运，但由于未能成功，最终宣告了帝国的解体。

 俄罗斯

在第一次世界大战爆发前，俄罗斯依然是一个相对落后的国家：人均收入不到英国的三分之一；75% 的劳动力仍从事农业（相比而言，意大利为 59%，日本为 62%），72% 的人口是文盲（相比而言，意大利为 48%），只有 15% 的人口居住在城市地区。然而，如果我们看一下表 5.4 和表 5.5，便会发现俄罗斯生产的钢铁和电力与法国相当，是哈布斯堡帝国的两倍，而且它所拥有的铁路里程比任何其他欧洲国家都要多。这究竟是怎么回事？当然，矛盾的关键在于俄罗斯是一个庞大的国家。虽然在绝对意义上，俄罗斯拥有一些重要的工业基础，但相对而言从人均的角度来看，便会沦落到落后国家之列。探究这些问题将十分有趣：为何俄罗斯总体上如此落后？哪些地方实实在在地发展了工业，这些工业又是如何发展起来的？

我们应该马上注意到，坐落在欧洲远东的俄罗斯，深受东方极权主义的影响，只有在沙皇的推动下俄罗斯才开始接受欧洲的影响。第一次尝试引进西方技术发生在彼得大帝时期（1696—1725），但彼得大帝并没有尝试去改变国家的体制以实现经济结构的现代化。克里米亚战争（1855 年）的失败揭露了国家的落后。1861 年，沙皇亚历山大二世决定废除农奴制，当时（欧洲）

---

① 其他出版物进一步阐述了区域差异，虽然并不总能相互进行比较：Tongshu Ma, "The Economic Growth of Central and Eastern Europe in Comparative Perspective, 1870–1989".

② Gerschenkron, *An Economic Spurt that Failed*.

只有俄罗斯还在延续这一制度。但在废除农奴制之后,俄罗斯既没有实现土地的自由耕种,也没有让农民自由流动。事实上,俄罗斯把土地分配和劳动力管理的决定权交给了农村公社(mir),一旦有人想要离开,他必须继续缴纳税款和赎回款。直到 1907 年,斯托雷平大臣(Minister Stolypin)才废除了赎回款制度,并允许真正的土地私有化。[1] 尽管长期以来这种土地制度结构被视为俄罗斯农业生产力水平低下的原因,但我们现在对此进行了修正:19 世纪下半叶俄罗斯的农业生产率有一定的提升,但是却是从非常低的水平开始的。[2]

亚历山大二世还鼓励铁路建设和银行重组。俄罗斯的工业化在 19 世纪 90 年代迅速实现了巨大飞跃;工业化不仅发生在莫斯科和圣彼得堡周围,而且还包括乌拉尔、乌克兰和波兰地区。与铁路,特别是与军事工业相关的重工业(煤炭、钢铁和机械)迅速发展。纺织和食品行业同样有所增长,但受限于国内的消费品市场,其增长并没有很强的动力。到了 20 世纪初,增长开始放缓,随后俄罗斯在日俄战争(1904—1905)中被打败。1905—1906 年的革命引发了一些小规模的减少专制的改革。罢工和工会合法化,但受到很强的法律约束。正如前面所指出的那样,俄罗斯进行了土地改革,但一个真正的议会(杜马)并没有得到承认,知识分子、国家的文化精英与民主反对派之间的距离越来越远。俄罗斯的经济有所复苏,但在第一次世界大战爆发前,还远远没有找到能够自给自足的均衡发展道路;俄罗斯的企业家很少,而且没有很好地组织起来,在社会中相对被边缘化。[3]

格申克龙着重强调了国家在俄罗斯工业化进程中的特殊作用。他发现俄罗斯有另一种替代渠道,可以取代在英国十分普遍的私人投资渠道。在德国,混合银行将资金引入工业,而在俄罗斯———一个比德国更为落后的国家,是国家向工业提供了资金。政府出资兴建铁路,引入金本位制(见第 8 章)以

---

[1] 尽管如此,在第一次世界大战爆发前,俄罗斯仅有三分之一的土地被私有化。

[2] Gatrell, *The Tsarist Economy 1850–1917.* 另外可参见 Gregory, *Before Command*; Gatrell, *Government, Industry and Rearmament in Russia, 1900–1914*。

[3] Rieber, *Merchants and Entrepreneurs in Imperial Russia.*

吸引外国投资，对战略性产业征收关税以促进国内工厂的建设，订购武器，并且慷慨地补贴企业家，特别是外国企业家。实际上，外国资本是具有战略意义的，在战争爆发前外国资本为俄罗斯一半的公共债务（主要用于修建铁路）和全部股份公司的 40% 的资本提供资金。[①] 为了给工业融资，俄罗斯政府对本来就已经很低的收入征税，从而抑制了民间需求，而这也更加凸显了公共需求的重要性。[②]

格申克龙认为，如果不是加入第一次世界大战破坏了国内经济形势的稳定，俄罗斯可能会逐渐形成更有利于自给自足式经济增长的政治平衡，以及更加重视民间需求的经济。[③] 然而，正如我们将在第 10 章中看到的那样，这场战争对俄罗斯的资本主义是一场致命的打击。

5.6 意大利

正如我们在第 2 章中看到的那样，在中世纪末至文艺复兴期间，有许多预示着工业革命的制度创新产生于"意大利"——仅仅是地理上的含义，因为当时意大利被不稳定的小政治实体所占据。事实上，当时意大利拥有十分繁荣的先进制造业，也有欧洲其他地区无法比拟的大量的城市。由于政治分裂和地方性冲突，以及固守高价奢侈品制造，再加上贸易轴线从地中海向大西洋的转移等原因[④]，意大利在 17 世纪急剧衰落，并在 18 世纪持续落后，尽管当时意大利涌现出一批深深影响了欧洲其他地区的杰出思想家和经济学家。在经历了拿破仑战争造成的动乱后，维也纳会议将意大利重组为七个国家，其中有两个非常小的国家，还有一个（伦巴第 – 威尼托）直接受奥地利控制。

在这七个国家中，事实证明只有撒丁王国在制度（于 1848 年成为君主立宪制的国家）和经济上拥有活力：兴建了铁路、纺织、机械和船舶制造业，

---

① 由于大规模粮食出口，这些流入俄罗斯的资本得到了贸易顺差的补偿。

② Gatrell, *Government, Industry*.

③ 有关这一问题的更多信息，参见 Sanborn, *Imperial Apocalypse*。

④ 冲突促使外国人左右某些政党的命运，同时使国家遭受反复入侵和外国统治的破坏性影响。

并创办了银行（撒丁国家银行于 1849 年成立）。[①] 随着加富尔（Cavour）[②] 的上台，撒丁王国找到了一位胸怀大志的政治家，他懂得如何结交国际盟友以支持意大利人的民族统一主义，因为意大利人民想要摆脱奥地利，还有其他不受欢迎的、顽固的极权政府。加富尔巧妙构建的联盟，再加上他的另一位撒丁同乡加里波第（Garibaldi）——曾设想从波旁王朝"解放"两西西里王国[③]——的满腔热血，在文化传统、经济基础设施、教育普及和农业生产存在很大差异的情况下，实现了意大利的政治统一。[④]

统一后的意大利的新统治者[⑤]以制度为出发点对国家实行现代化改革，推行自由商业法和与最先进的欧洲体制相一致的税收政策。[⑥]1859 年，意大利颁布了《卡萨蒂法案》（Casati Act），这是欧洲最先进的教育法律之一，并将意大利的货币体系与金本位制挂钩。[⑦]意大利新政府未能建立单一的中央银行，因为统一前的一些货币发行银行被成功保留了下来，其中更名为意大利国家银行（Banca Nazionale nel Regno d'Italia）的撒丁国家银行（Banca Nazionale degli Stati Sardi）很显然最为重要。[⑧]

[①] Zamagni, *An Economic History of Italy 1860–1990*; Toniolo, *An Economic History of Liberal Italy 1850–1918*; Fenoaltea, *The Reinterpretation of Italian Economic History*; Ciocca, *Ricchi per sempre?*; Felice, *Ascesa e declino*. 请注意王国的名称与 1720 年与西西里岛交换后偶然从萨瓦王国获得的岛屿名称不同；这是一个从未计入王国经济统计的岛屿，不像维也纳会议兼并的热那亚共和国那样能够发挥重要作用。

[②] 即 Camillo Benso Conte Cavour，意大利政治家、外交家，意大利统一运动的领导人物，也是后来意大利统一王国建立后的第一任首相。

[③] 两西西里王国（Regno delle Due Sicilie）是意大利统一之前意大利境内最大的国家，占据整个意大利南部，由历史上的那不勒斯王国和西西里王国组成。——译者注

[④] 只有波河河谷，特别是伦巴第河，才有非常先进的农业。

[⑤] 回想一下，威尼西亚在 1866 年才成为意大利的一部分，拉丁姆是在 1870 年，特伦托和的里雅斯特则是到了第一次世界大战之后，而曾经作为撒丁王国一部分的萨瓦和尼斯则于 1859 年被割让给法国。

[⑥] 由于严重的预算问题，意大利于 1868 年开始对毛毡征税——这当然不是一种"现代"税，该税于 1884 年被废除。

[⑦] 里拉与黄金挂钩的金本位制尝试确实困难重重。由于对奥地利的第三次独立战争，意大利不得不在 1866 年退出金本位制，直到 1883 年才重新恢复。由于严重的经济困难，意大利于 1894 年再次退出金本位制，并一直延续下来，尽管到了第一次世界大战时它假装自己仍然是其中的一部分。

[⑧] 包括承袭自 1870 年回归的拉丁姆的罗马银行（Banca Romana），意大利一共有 6 家开证银行。

　　然而，尽管意大利的早期政府启动了铁路项目，但国内经济仍在起飞中挣扎。传统生产活动还在继续，特别是供给国际市场的生丝生产；[①] 但我们并没有看到有新的工业部门产生。我们必须明确意大利有许多短板：煤炭匮乏，铁矿也很少；由于统一前各个国家的财政状况不佳，还有许多战争；再加上新的财政体制跟上实际的发展需要时间，公共债务居高不下；虽然意大利不缺银行（储蓄银行、合作银行和虔诚银行[②]），但很少有以工业融资为目标的股份公司。两家最重要的银行是法式的商业银行——证券化信贷银行（Credito Mobiliare，1863 年成立）和通用银行（Banca Generale，1870 年成立）。

　　19 世纪 80 年代，意大利的商业有所改善，部分是由于国家大力推进海军现代化，出资兴建了意大利第一家重要的钢铁厂特尔尼（Terni），并在 1887 年重新推行了一些贸易保护政策。对于其效果当代有许多截然不同的观点。在这 10 年即将结束时，普遍的房地产投机行为突然引爆了严重的银行系统危机，导致证券化信贷银行和通用银行破产、罗马银行破产清算，还有两家小型开证银行被并入国家银行（Banca Nazionale）——1893 年更名为意大利银行（Banca d'Italia），并与另外两家不是很重要的银行——那不勒斯银行（Banca di Napoli）和西西里银行（Banca di Sicilia）继续享有银行票据的发行权。[③] 意大利的银行系统继续朝着德国式的混合银行的方向重组。首先是 1895 年的意大利商业银行（Banca Commerciale Italiana，被称为 Comit），然后是同年的意大利信用社（Credito Italiana，被称为 Credit），而 1880 年创办的罗马银行（Banca di Roma）[④] 在 19 世纪末转为混合银行。1898 年，另一家米兰银行重组为意大利银行协会（Società Bancaria Italiana，SBI，又称意大利银

---

① 有关丝绸在意大利经济和国际贸易中所扮演的重要角色，参见 Federico, *An Economic History of the Silk Industry 1830–1930*。

② 即 "monti di pietà"，是由意大利方济会的修士于 1462 年建立起的第一个非营利性质的当铺。虔诚银行的理念和文艺复兴时期意大利的格莱珉银行（Grameen Bank）比较一致：它是人们在迫不得已时才会前往寻求帮助的出借人。方济会的修士希望利用虔诚银行来对抗那些敲诈压榨孤注一掷的借款者的放贷人。——译者注

③ 直到 1926 年意大利银行才变成唯一一家开证银行。

④ 不要与前文中的罗马银行（Banca Romana）混淆。

行公司）。

意大利的工业起飞始于 19 世纪 90 年代后半段，一直持续到第一次世界大战。所有工业部门都有所发展，只有化学品（仅有磷肥）例外。电气工业尤为成功，让意大利部分摆脱了对煤炭的依赖。在第一次世界大战爆发前，意大利生产的电力与法国和俄罗斯一样多，是哈布斯堡帝国的两倍，而且主要是被称为"白煤"的水电。在机械工业中，菲亚特（Fiat）成立于 1899 年；倍耐力（Pirelli）（轮胎）成立于 1872 年，并迅速成为意大利第一家跨国公司。然而，在这一阶段结束时，从整体数据上看，意大利仍然相当落后，人均收入仅为英国的 47%，这一结果与哈布斯堡帝国的平均水平相近。

格申克龙对此"令人失望"的结果进行了解释，他重新开启了有关统一后的意大利经济的讨论。当时正值 20 世纪 50 年代末至 60 年代初，意大利经济史学家将目光主要放在了中世纪和近代早期的研究。格申克龙认为，意大利政府的经济政策，特别是对贸易保护主义的误解以及仓促地修建铁路，使其无法从"后发优势"中充分受益，而且国家和银行系统都无法像俄罗斯和德国那样提供有效的替代要素。之后还引发了一场激烈的辩论，我们在此不做讨论。①

另外如前所述，事实上意大利还饱受地区发展严重不平衡的困扰，尽管不如哈布斯堡帝国那样糟糕。实际上，工业的全面起飞只发生在皮埃蒙特、利古里亚和伦巴第这三个地区，这三个地区也被称为工业三角地带。在意大利的其他地区，虽然开启了工业化，但只停留在局部。整个意大利南部地区发展甚微，以至于在 20 世纪初，意大利出台了一系列特别法（那不勒斯 1904 年颁布的法律尤为重要，该法律试图激励该地区的某些工业活动），然而依旧没有明显改善。②

82

---

① 除已引用的那些文字外，参见 *Journal of Modern Italian Studies*（2010, ed. Malanima &Zamagni），主要讨论了意大利经济的 150 年，以及 Toniolo, *Oxford Handbook of the Italian Economy Since Unification*。
② Felice, *Perché il Sud è rimasto indietro*.

 西班牙

正如我们在第 2 章中所看到的那样，西班牙从来不是人均收入最高的国家。它在 16 世纪达到鼎盛，之后开始衰落，直到 19 世纪初（1824 年）失去了海外殖民地。[①]西班牙的农业普遍落后，这也与当地的气候和土壤条件有关，但并非没有可供出口的产品，比如雪利酒（安达卢西亚）。西班牙人普遍受教育程度较低。[②]19 世纪下半叶情况有所改善，主要归功于加泰罗尼亚、巴斯克这两个地区和首都马德里的经济发展。加泰罗尼亚于 18 世纪末开始发展棉花产业，后来又发展了机械、运输和电气产业，以及一些公共服务业。巴斯克在 19 世纪末利用该地区重要的铁矿建立了钢铁产业，最初主要从事原材料出口，后来又发展了一些工程产业。[③]

所以，在第一次世界大战爆发前，西班牙的人均收入水平与意大利相当（见表 5.2），是英国人均收入的 42%，而意大利则是后者的 47%。[④]总体而言，在 19 世纪的漫长岁月里，西班牙和意大利都没能像英国那样成功实现实质性的进步，尽管一项区域分析表明，两国的整体数据因国内一些地区停滞不前而掩盖了个别地区的经济起飞。以西班牙为例，有人认为这是由西班牙过分的贸易保护主义所致，特别是在 1906 年关税提高之后，[⑤]其他人则认为这是由西班牙没有加入国际金本位体系所致。[⑥]随后，西班牙在 20 世纪 20 年代继续保持良好的增长态势。它并未受到大萧条的严重影响，但却在

① 西班牙剩下的殖民地——古巴、波多黎各和菲律宾——在 1898 年美西战争战败后失去。Prados de la Escosura, *De imperio a nacion*.

② 有关教育的话题，参见 Nuñez, *La fuente de la riqueza*。

③ Tortella, *The Development of Modern Spain*.

④ De la Escosura, "Long Run Economic Growth in Spain Since 1800"; Carreras, "An Annual index of Spanish Industrial Output".

⑤ Teña, "Proteccion y competitividad en España e Italia, 1890–1960".

⑥ Martin Aceña, "Spain During the Classical Gold Standard Years, 1880–1914".

1936年的内战和佛朗哥政权①前20年不切实际的自给自足中遭受了沉重打击。这才是 1913—1938 年西班牙相比意大利有所衰落的真正原因（见表 5.1 至表 5.3 ）。

---

① 弗朗西斯科·佛朗哥（Francisco Franco，1892—1975），西班牙内战期间推翻民主共和国的民族主义军队领袖，西班牙国家元首、大元帅、西班牙首相、西班牙长枪党党魁。1936 年发动西班牙内战，1939 年至 1975 年独裁统治西班牙长达 30 多年。——译者注

第 | 6 | 章

英国的衰落和
作为竞争对手的美国和日本的崛起

在本章中，我们将考察欧洲以外两个最成功的工业化实例。第一个是美国，它从一开始就与欧洲的历史直接联系在一起。来自欧洲的移民建立并深刻塑造了美国，美国与欧洲的联系一直非常密切，不仅在经济上，在军事和政治上也是如此。第二个是日本，它显示出了欧洲的影响力是如此巨大，甚至能够影响在地理和文化上都相距甚远的地方。此外，我们还需要记住，美国、日本和欧洲是第二次世界大战之后世界上三股重要的力量，熟悉它们的起源对于了解它们的国际动态十分重要。也就是说，在本章的开篇将讨论另一个重要问题，即 19 世纪下半叶以来英国领导力的衰落，围绕这一问题涌现了大量文献。

6.1 英国的衰落

长期以来，从来没有任何一个国家能够抵挡历史的湮灭，哪怕是罗马帝国，罗马帝国存在的时间要比许多其他势力更为长久。因此，有关衰落的故事本身就是历史的一部分。英国的衰落引发了人们极大的兴趣，因为它是发生在工业时代的首例，这表明尽管工业时代的"先驱"拥有巨大的优势，但并不足以保证它可以一直保持这一地位。此外，与之前的衰落不同，英国的

衰落主要是由于经济、社会和文化原因，而不是政治和军事原因。英国保持了领土的完整，而且总能赢得战争的胜利，英国也没有发生政治革命，然而它却衰落了，这反映出工业革命所带来的不同影响。一个国家的领导力正逐步由经济层面所决定，而不再由政治和军事层面决定。这个故事是有关英国领导力的衰落，而不是英国作为发达国家的消亡。英国的经济继续保持增长，并且不断深化结构转型：英国是第一个大幅削减农业以支持工业的国家，也是第一个大幅削减工业以支持服务业的国家。但总体上而言，自 19 世纪 70 年代以来，英国的收入增长率一直低于许多其他工业国家。这使得其他国家可以"赶上"英国的人均收入水平，例如 19 世纪末的美国，以及大部分更为发达的欧洲国家，以及第二次世界大战后的日本（见表 5.1 至表 5.3）。

英国衰落的问题能引发众多学者的兴趣并不奇怪，对于他们而言，最重要的是要找出其中的原因。长期以来，人们一直在讨论是否应该将这段史历视为英国的衰落，毕竟英国只是缓慢地陷入了不利的境地，而且如果人们只是从短期而非一个世纪这么久来看，这种衰落并不容易被发现。[1] 这是一个非常复杂的现象，相关因素都以这样或那样的方式显得十分重要。在此我们做一个简略的概括，可以将这些因素分为三类进行讨论：

★ 起步早；

★ 制度的僵化；

★ 领导力的负担。

我们并不试图将这些因素从重要性上进行排序。

起步早

这似乎看起来有点自相矛盾：从竞争的角度来看，起步早通常会带来许多好处，但是人们也可以从后发优势的角度看待这一问题。正如落后可以体

---

[1] Dormois & Dintenfass, *The British Industrial Decline*.

现出优势一样，起步早也会带来劣势，因为采用的是首批并不十分完善的机器和基础设施。它们尽管仍然可以良好运转，但很快就成为高度的经济性报废（economic obsolescence，即它们不再是最有效率和最有竞争力的）的设备。人们会选择让它们一直运转到其使用年限，如此一来英国便失去了在众多领域的竞争力，以火车为例：首批火车是窄轨的小火车，专门为小隧道和急转弯而建造，但是到后来随着更大、更宽的火车的出现，整个英国的铁路系统就过时了，人们想要对其进行现代化改造也十分困难。

制度的僵化

正如我们在第 3 章中看到的那样，英国国内的发展使工业革命的发生成为可能，但它并没有从其他试图效仿其成功经验来提升经济效率的国家的制度创新中吸取经验。[1] 有关这一点主要有以下四个方面：

★ **金融**。英国既没能使证券交易所高效运转，也没能建立更多面向产业融资的银行，这使工业缺乏有效的金融支持。[2] 对于证券交易所而言，由于公众无法掌握必要的信息，并在持有的新兴产业股票上遭受了严重损失，因此人们会选择投资更为安全的证券。对于银行而言，商业银行过分依赖于为国际活动融资（见下文中的公司一段），而对国内工业也并不感兴趣，且从来没有考虑过采用法国的投资银行或德国的混合银行的模式。

★ **教育**。英国没有像所有欧洲大陆国家那样引入公共教育系统，尤其是对于技术教育没有丝毫兴趣。[3] 私立学校（我们应该记得，当时被称为"公

---

[1] Kirby, "Institutional Rigidities and Economic Decline".

[2] 威廉·肯尼迪（William Kennedy）是研究这一论点最多的学者，参见其 *Industrial Structure, Capital Markets and the Origin of British Economic Decline*。另见 von Helten & Cassis, *Capitalism in a Mature Economy*，在书中他们认为，将英国的银行合并为几个大型机构的快速过程使得地方银行丧失了对小型生产活动的支持。

[3] 在这一领域有许多成果，其中最重要的包括：Wiener, *English Culture and the Decline of the Industrial Spirit*; Locke, *The End of the Practical Man*; Sanderson, *The Universities and British Industry 1850–1970*; Aldcroft, *Education, Training and Economic Performance, 1944 to 1990*.

88 立"[1] 学校）中盛行古典教育，然而除了古典学科以外，纯科学学科只在大学中教授。与德、法、意、日的工程师不同，英国的技师是自学成才的，并没有很高的社会地位。企业家往往更关注一般的生意（金融和贸易），而不是生产的技术方面，[2] 这使得英国未能在第二次工业革命中表现出色，因为第二次工业革命需要更加普及的中等教育和更高水平的技术教育。

★ 公司。英国和德国的公司管理组织方式的发展要比美国慢得多。Chandler（1990）[3] 将英国的资本主义称为"个人的"，这意味着英国的管理革命并没有像美国的那样普遍。Lazonick（1993）[4] 指出，英国的工厂掌握在车间主任手中，这些部门负责人与其下属工人保持着师徒关系——而不是基于"泰勒制"[5] 原则，即通过明确的职能层级组织起来的。近乎"非科学"的劳工组织的生产力无法与美国或德国有组织的生产力相竞争。

★ 政府。英国政府没有对国家的发展承担更大的责任，而是选择将许多资源投入殖民地（效果存疑；见第8章）和国际领导力等方面，所造成的负担将在下文中进行讨论。

领导力的负担

我们习惯于将一个国家的国际领导力视为其收入的有利因素，这是事实，但却容易忘记领导力也带来了负担，我们将在英国的实例中进行考察。

---

① 在英美世界中，"公共"（public）一词非常含糊。实际上，它既可以从一般意义上表示公众的概念，又可以从私有－集体的角度表示"属于某些人"的概念。从这个意义上来讲，上述措辞中的"公立学校"（public school）应当这样被理解，即属于某些人的学校，同理在美国广泛使用的术语"公众公司"（public company）是股东们所拥有的私人公司。

② 近来的研究已经修正了这种观点：Pollard, *British Prime and British Decline*; Rubinstein, *Capitalism, Culture and Economic Decline in Britain, 1750–1990*; Edgerton, *Science, Technology and British Industrial "Decline", 1870–1970.*

③ Chandler, *Scale and Scope.*

④ Lazonick, *Business Organization and the Myth of the Market Economy.*

⑤ Tayloristic，即科学管理（Scientific management），借由重新设计工作流程，对员工与工作任务之间的关系进行系统性研究，通过标准化与客观分析等方式，最大化生产效率。19世纪末期，由美国人弗雷德里克·温斯洛·泰勒（Frederick Winslow Taylor）提出，因此又被称为"泰勒制"。——译者注

★ 殖民地。正如我们将要在第 8 章中讨论的那样，这里仅限于关注其是否为完全市场。军事和行政成本，以及对简单市场的过分投入是主要的不利因素。　*89*

★ 金本位制的支持。英格兰银行实施货币政策的主要目的是维护国际市场的稳定，而非支持其国内经济的发展。英国长期管理着日本、美国和印度的准备金，直到后来它们各自创办了中央银行。

★ 伦敦金融中心的主导地位。伦敦金融城是当时最大的金融中心，被认为比英国的工业更加重要。伦敦在国际活动中所展现的能力吸引了投资者和商业银行加入预期回报率更高的国外投资中，而非加入国内投资。[1]

★ "世界警察"的角色。英国参加了许多战争（自拿破仑战争以来大部分的欧洲战争），其目的是维持欧洲的权力平衡，再加上殖民主义，造成了英国军事方面的过度投资和人力资本的大量损失。[2]

正如我们所见，20 世纪三四十年代，英国的相对衰落停止了，但是在第二次世界大战之后，英国以一种完全出乎意料的方式急剧衰落。英国人努力认识到这一点，但却未能在有关欧洲，以及制造业以外的经济多元化等方面制定更加现实的政策。[3]

6.2 美国的崛起

美国的工业化模式源于欧洲，它们的理想和核心价值没有任何区别。然而，它们所处的环境还有实现那些理想的方式存在显著差异[4]，我们将在本节中对此进行探讨。我们应该先回顾一些基本的历史事实。对于美国的殖民化　*90*
进程尽管在 17 世纪上半叶就已开始，但是作为英国的殖民地，这个地方的欧

---

① 正如 Pollard, "Capital Exports 1870–1914: Harmful or Beneficial?" 所描述的那样，通常而言，这个承诺并没有实现。但是，令投资者感兴趣的是预期收益率，而不是实际收益率，这是他们无法控制的。

② Paul Kennedy, *The Rise and Fall of the Great Powers*.

③ Nicholas Comfort, *The Slow Death of British Industry*.

④ Hughes & Cain, *American Economic History*; Engerman & Gallman, *Cambridge Economic History of the United States*.

洲人口增长十分缓慢。过了一个世纪之后，人口还没有超过 25 万人，在独立战争爆发前，也只有 250 万的定居者。[①]1776 年的《独立宣言》（Declaration of Independence）让美国断绝了与英国的联系。1789 年在获得独立战争的胜利后，美国建立了一个联邦政府，以（大部分）非冲突的方式约束各个州之间的关系。唯一的一次公开冲突是南北战争（1861—1865 年）：北部各州与南部各州剑拔弩张，最终北方赢得了胜利，并废除了奴隶制。[②]

美国并没有特别迅速地启动其工业发展。当它在 18 世纪末建立独立国家的时候，80% 至 90% 的劳动力从事农业。得益于充裕的土地和良好的劳动生产率，人均收入相当高。当时已建立起来的第一产业在 19 世纪上半叶继续发展。劳动力稀缺和体力劳动的高成本导致了高工资，因此美国有一种强烈的机械化趋势。在 19 世纪中叶南北战争结束后，铁路标志着美国经济的真正起飞，其将原本庞大的市场统一起来。美国继续快速发展，直到 1929 年的大萧条（见表 5.1 至表 5.5），在此期间没有出现重大中断。这一时期的典型特征是第二次工业革命的资本密集型产业中大公司的发展。

为什么大公司成为美国的制胜法宝？为什么大公司在美国如此成功并促进了美国的发展，而在欧洲却没有？我们要考虑的第一个因素是资源与人口的比例。在一片地广人稀的地方，生活着还处于早期发展阶段的原住民，后来经过了漫长的殖民化进程，这里成为美国的国土。众所周知，欧洲殖民者轻易地赶走了原住民，侵占了蕴含大量宝贵资源的土地，特别是耕地、黄金和石油。这些丰富的资源在美国人的思维模式中留下了不可磨灭的印记。他们总是致力于解决管理的流程问题以便尽可能有效地开采资源，而不是解决如何开采人们手中从历史上继承下来但未能有效利用的稀缺资源的问题。稀缺是典型的欧洲现象，围绕分配可以马上引发冲突。战争、革命和社会冲突

---

① 随后的人口增长记录是 1800 年为 500 万人，1830 年为 1300 万人，1860 年为 3100 万人，1900 年为 7600 万人。

② 有关奴隶制的经济方面，参见 Fogel & Engerman, *Time on the Cross: The Economics of the American Negro Slavery*。作者认为，奴隶制短期内在经济上是有效的，但从长远来看，它会阻碍经济脱离农业向多样化的方向发展。

在欧洲文化中很普遍，长久以来决定了欧洲的命运，即便在工业时代依旧如此；原本工业时代可以为欧洲带来观念上的转变，因为它赋予人们不必从他人那里掠夺就可以获得更多资源的能力。但是在美国，因资源分配而引发的冲突往往是次要且微不足道的，由于资源丰富，人们对于如何最好地组织对于资源的利用普遍持有建设性态度。

大公司成功的第二个重要因素是美国的移民人口。从 19 世纪一直到 1914 年，超过 3000 万的欧洲人移民美国。从定义上来说，移民是流动人口，这些移民们习以为常的是为了寻求工作离开自己出生的地方或远离会让自己死于饥饿的地方。因此，美国作为一个国家，是由那些不安于现状的人们组成的，他们为了用双手打造自己的未来（典型的"白手起家"），愿意通过移民和冒险改善生活条件。此外，早期的美国移民不是来自一个国家，而是来自许多拥有不同文化背景的国家，虽然一些摩擦不可避免，但他们已经准备好寻找一个共同的基础以便可以生活在一起。他们创造了"美国人"的价值观，这个价值观为所有生活在这个"熔炉"中的人们所共享，这样便消除了不同种族群体之间产生无法弥合的分歧和冲突的风险。我们应该从这个角度去看美国的《独立宣言》，尽管如前所述，《独立宣言》是由于美国必须直面英国的统治而诞生的。事实上，美国各州之间并没有能够引发冲突的经济或文化上的根本矛盾，它们可以在一种去中心化的权力形式下，相对容易地决定彼此之间要互相配合。这一决定随后表明，建立一个规模空前的统一市场——以美元为统一货币，以英语为统一语言，采取统一的对外政策——具有战略意义。

大公司成功还有第三个重要因素，没有这一因素前面两个因素都无法发挥作用。在美国的土地上，不仅缺少人口和文化，而且也没有法律。引入新的法律不需要触碰那些支持现有法律的人的利益。随着经济和社会的发展的需要，在一个最初通过民主的方式组织起来的政治环境中，新的法律会基于人们的共识逐步设立。这些法律对于生产力和效率方面的需要拥有欧洲所无法比拟的一致性，在欧洲，人们必须与先前的制度和既得利益者做出大量的妥协。就连美国新城市的城市规划也比欧洲中世纪城市的城市规划更能适应

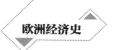

新的工业时代。美国人"（我）能行"的心态完全不同于欧洲人，后者常常在无力顺从和暴力反抗两个极端之间摇摆。

现在我们可以更直观地看出为什么大公司在美国能够如此成功。在这样一个国家里，既没有像欧洲那样现成的市场，也没有专业的工匠。大部分来到这里的移民没有受过太多的教育，因此，创办企业是有效开采资源以增加产品来供给不断扩大的市场的最佳途径。这些企业通过自动化、机械化集成，自上到下地控制了整个生产过程，并且可以根据需要对劳动力进行训练。铁路的出现为美国增添了新的动力。铁路网超乎寻常的里程规模（见表5.4）要求高度协作，这种高度协作是通过将负责具体实施的建设团队和负责规划和整体运营的管理人员组合在一起的管理架构实现的。一个基于各种报告并对项目的各个环节全面覆盖的信息系统可以对成本进行详细的分析。

铁路之后是电报和电话业，如西联（Western Union）和 AT&T，然后是钢铁业，安德鲁·卡内基（Andrew Carnegie，曾任铁路主管）开始建造规模越来越大的工厂。[①] 钢铁业之后是石油业，大卫·洛克菲勒（David Rockefeller）建造了世界上最大的炼油厂，他的公司——标准石油（Standard Oil）公司扬言要成为一家垄断巨头。接着是电力行业的通用电气和西屋电气；再接着亨利·福特（Henry Ford）开始了对汽车行业的探索。[②]1913年，福特率先引入完整的流水生产线，将著名的黑色 T 型车的生产时间从12小时8分钟缩短至1小时35分钟，从而使成本降低了一半以上。正如 Chandler（1990）所说，亨利·福特成功地把不可能变为可能：制造出了世界上最便宜的汽车，同时还支付着世界上最高的工资（并成为世界上最富有的人之一）。化学工业是美国唯一无法立刻与德国一较高下的行业，尽管到1890年美国已经诞生了两家大公司——陶氏化学（Dow Chemical）和杜邦（Du Pont）。20世纪20年代，随着石油

---

① 1894年，卡内基在匹兹堡的3个工厂一共生产了170万吨钢材，比6年前整个美国的钢铁产量还要多。

② 亨利·福特是一名工程师，出生于一个爱尔兰裔的农民家庭。他痴迷于汽车制造，并于1903年创办了自己的公司，推出了850美元一辆的车型。通过创新，他将那个车型的价格最终降至345美元至360美元之间，低于其装配线工人一年的收入。

化工行业的发展，美国终于在该领域实现了超越。在商业领域，像伍尔沃斯（Woolworth）这样的大公司也纷纷建立起来；1879 年，该公司在美国率先引入"单一价格"（single-price）商店，所有商品经过预先称重、包装，再以易于加总的标准价格进行出售。

以上便是美国如何通过以大公司为核心的体系实现了崛起。Sklar（1988）在他那本影响深远的著作中指出：以大公司为中心要优于以国家为中心，这是因为大公司是"人民"更为直接的表达（在美国，主权属于人民）。[1] 因此，企业倾向于承担社会责任，这就是企业要建立管理框架从而保证企业稳定和持续发展的原因。各企业还迅速呼吁制定反托拉斯法，以保护自身免受大公司的不利影响。[2] 从这个角度，我们就可以理解为什么大公司不愿意看到其他强大、有力的组织的出现。因此，银行在法律的限制下保持较小规模，从而避免其规模扩大到足以与公司相对抗的水平。[3] 南北战争时期通过的《国民银行法》（Bank Act）要求国家银行只能设在一个地方，并且不能有分支机构；而各个州的银行可以有多个分支机构（尽管实际中这些银行很少这样做）。此外，尽管美国的银行是"全能"银行，但是它们对任何单一客户的授信都不能超过其信贷额度的 10%。出于这个原因，美国银行的数量成倍增长，在第一次世界大战爆发之际，总数达到了近 30,000 家。但是这些银行仍然十分脆弱，并且处于边缘化的地位，部分是因为在 1913 年之前没有中央银行对它们进行监管。相反，股票市场得到了加强，并直接为企业提供服务。各州的权力，以及联邦政府的权力，受到了尽可能严格的限制。如上文所述，中央银行（美联储）的建立甚至一直被推迟至 1913 年。除了反托拉斯法，各州还要求实施贸易保护主义，以便可以利用国内市场并且不必担心国际竞争。

截至 19 世纪末，美国的人均收入已经超过了英国，且就绝对值而言，美

---

[1] Sklar, *The Corporate Reconstruction of American Capitalism, 1890–1916*.

[2] 1890 年的《谢尔曼法案》（Sherman Act）是众多旨在避免卡特尔和大型垄断企业的立法干预中的第一部。

[3] 有关这一方面，参见 Roe, *Strong Managers Weak Owners*。有关抵制混合银行的代价，参见 Calomiris, "The Costs of Rejecting Universal Banking"。

国已经成为世界上经济规模最大、最有影响力的国家。尽管如此，欧洲人尚未感受到来自美国的激烈竞争，因为美国的对外贸易规模十分有限（针对其海外投资而言，因为美国对其国内市场更有兴趣），而且欧洲人也没有感受到美国在欧洲事务中的影响力。美国仍只专注于国内，并没有思考过全球大国之间的关系，也并没有考虑过取代英国的全球领导地位。[1] 另外，德国的竞争实力不断增强，在许多市场上，德国与美国不相上下。第一次世界大战甚至也没能改变这种局面，尽管这场战争让美国意识到责任与实力是相伴相随的，而且打破了德国增长的良性循环。直到第二次世界大战，美国才彻底告别了孤立主义。

6.3 日本的经济起飞

历史上，日本一直深受中国的影响，以儒家文化的忠诚、正直、礼仪与和睦为基础，形成一套先进而复杂的文明，与此同时还发展出一种区别于中国的鲜明的民族主义。这种民族主义包含一种自律而丰富的人生伦理，并构成一种文化背景。日本后来的变革便是在这样的环境中发生的。与中国不同，日本天皇从 8 世纪开始，用西方术语来说便已经"立宪"了。天皇只作为国家统一的象征标志存在，而不能直接行使权力，这些权力掌握在日本的军事贵族首领（幕府将军，"shogun"）手上。因此，权力在地方层面上倾向于分散化，形成类似欧洲封建制度的多中心体制（地方领主被称为大名，"daimyo"）。工业化前的日本拥有大城市、运行良好的市场，还有十分发达的信用体系。[2] 教育在受限制的上流社会（武士，"samurai"）中普及得非常好，尽管这些上流人士无法投身于商业活动，而把这些活动的空间留给了普通百姓。无论如何，此时日本并未受到西方的影响（就像中国一样）。日本禁止其

---

① 1823 年，门罗（Monroe）总统宣布了《门罗主义》（"Monroe Doctrine"），宣称美国不会干涉欧洲事务，以换取欧洲方面对美国的类似态度。

② 19 世纪中叶，江户（东京）的人口超过 100 万人，大阪为 30 万人，京都为 20 万人。MacPherson, *The Economic Development of Japan 1868–1941.*

国民出国旅行，并将贸易限制在每年一艘荷兰船的数量，该船被允许停靠在长崎港的一个小岛上。这就是"闭关锁国"（"sakoku"）政策，也正因如此，日本没能跟上欧美工业发展的脚步。[1]

在西方列强入侵中国后，美国海军上将马修·佩里（Matthew Perry）于1853—1854年率领舰队抵达东京港，这里是从加利福尼亚州出发前往亚洲的船只的最佳停靠点。佩里扬言如果日本的外交政策不改变，就轰炸日本首都，天皇只好让步。佩里推行了"不平等条约"，要求日本不仅要打开国门，而且征收关税不得超过 5%。最初日本采取了排外反抗的路线，但是年轻睿智的睦仁天皇（Mitsuhito）即位后，于 1868 年发起了一系列制度改革，彻底改变了日本的命运——这一运动被称为"明治维新"，这个词寄托了睦仁天皇对其政府的期待（"明治"即"开明的政府"）。封建等级制度被废除，武士不再领取俸禄，从而被迫开始从事商业活动。国家官僚机构实现了现代化，教育体系更有效率也更加普及。受过教育的年轻人被派往西方学习西方的制度，通过借鉴西方的经验进行改革，并针对出台哪些举措向政府提供建议。[2] 政府废除了封建制度，然后按照法国的模式建立了中央集权政府。日本陆军是按照普鲁士的标准组建的，海军采用的是英国的标准，而工业和金融主要借鉴了美国和德国的经验，教育也参照欧洲大陆的标准进行了改革。1882 年，日本中央银行成立，整个银行体系进行了改革。1889 年，日本政府颁布了宪法。

当日本有了新的工业基础，开启工业化进程便成为可能。明治政府建立公众公司的最初尝试很快便失败了。政府卖掉了这些公司，并从那时起，不再进一步直接管理公司，而仅仅扮演推动者和协调者的角色。对于日本而言，实现经济起飞并不容易，因为它是一个土地资源稀少（煤和铜储量小）的多山小国，要进行生产就必须进口，而进口又必须由出口来支付。但是日本应

---

① Morishima, *Why Has Japan Succeeded?*; Minami, *The Economic Development of Japan*.

② 截至 1871 年，280 人以公费的方式被送往欧洲和美国学习，然后当他们回国后，被安置在重要的政府职位上。在 1871—1873 年的长途旅行中，大久保（Okubo）首相亲自访问了欧洲和美国的工厂、铁路和造船厂，不仅将武器模型带回了日本，而且还有民用生产线。他留给日本的变革是如此迅速和全面，以至于即使他在 1878 年被一名武士暗杀，也没能扭转已经开始的改革进程。

该出口什么呢？幸运的是，一个传统行业挽救了整个局面，为日本提供了早期出口的主要产品：生丝。日本对生丝的生产周期进行了强化和现代化改造，一举成为生丝的主要出口国，甚至在 20 世纪初的国际市场上取代了意大利。事实上，1940 年以前，生丝占日本所有出口的五分之一至三分之一。茶在最初的时候也是日本重要的出口产品，但后来其出口下滑的速度甚至比生丝还要快。日本不顾一切地寻找资源，并很快成为一个殖民大国，这始于 1894—1895 年与中国的战争，在这次战争中日本侵占了中国台湾；然后是 1905 年与俄罗斯的战争，日本侵占了许多地方。

后来，纺织工业和重工业起步，虽然进展慢、规模小，这是因为直到 19 世纪末日本才废除了不平等条约，才可以为企业家提供更多的保护。到了 1913 年，日本已修建 11,000 千米的铁路，这对于一个比加利福尼亚州还小的国家来说已经是不小的数字，而且电力网络也得到扩展。1870—1913 年，日本的人均收入增长率与欧洲相当（见表 5.1 至表 5.5），但在 1913 年，日本相对于英国的人均收入水平仍然很低，只有后者的 28%，仅与俄罗斯相当。事实上在 19 世纪前四分之三的时间里，由于"闭关锁国"的政策，日本的情况相对其他国家变得十分糟糕，而打开国门后的半个世纪里日本取得了不错的发展成就，但并不十分出众，也没有让日本很好地实现真正的追赶。无论如何，正是在发展的早期阶段，日本出现了彼此协同合作的企业集群，这些集群现如今依然是日本的特征。这些企业被称为"财团"（zaibatsu），主要通过家族的纽带联系起来。[①] 财团的核心是银行，它们为企业注入金融的活力，甚至当企业遭遇危机时也不例外，尽管中央银行也会出面纾困企业。最著名的财团背后是具有深厚商业背景的家族，直到今天仍然众所周知：三菱（Mitsubishi）、住友（Sumitomo）、三井（Mitsui）。

日本把握住了第一次世界大战和 1929 年大萧条（对日本的影响有限）的机会，助其更加成功地实现了追欧赶美。尽管日本的发展被第二次世界大战

[①] 第二次世界大战后，美国人解散了财团，认为它们对日本的好战政策负有责任。但是，被称为"企业联盟"（keiretsu）的类似组织很快被重新组建起来；它们不再由家族纽带联系在一起，而是通过管理的纽带（见第 16 章）。有关日本和德国经济之间的比较，参见 Dore, *Stock Market Capitalism*。

彻底中断，但在 20 世纪 50 年代日本重新开始追赶，并最终成为与美国和欧洲并列的强国（见第 16 章）。

没有任何一个亚洲大国跟上了日本的脚步，直到第二次世界大战结束之后。这些国家没能实现制度的现代化。有时是因为西方的统治，而其他时候——比如中国——是因为维持了传统的帝国体制。我们将在第 16 章对此进一步展开讨论，同时还会讨论近代以来一些亚洲国家和地区令人惊叹的经济起飞。①

---

① 有关世界其他地区的概述，参见 Baten, *A History of the Global Economy 1500 to the Present*。

第 7 章

技术、商业和社会经济变革

7.1 三次工业革命

经济学家约瑟夫·熊彼特（Joseph Schumpeter）曾在 20 世纪初说："发明逐渐倾向于围绕一些核心技术产生"，后来其他人也不断重申这一点。[1] 对核心技术的充分挖掘会带来一轮强劲的发展周期，当这些技术被提供给拥有足够购买力的人们时，市场最终会饱和，而围绕另外一些核心技术的一系列创新又会开启新一轮周期。因此，国际经济体系在一个长周期下进行运行，该周期的时间跨度介于半个世纪到一个半世纪之间，并以不同的技术范式为特征。[2]

这就是为什么我们不只是谈论一次工业革命，而是许多次。正如我们在第 3 章中看到的那样，第一次工业革命始于 18 世纪，一直持续到 19 世纪中叶，以蒸汽机的使用为标志。在第一次工业革命中，炼钢、铁路，还有用于制造商品的越来越多的机械化系统，导致出现了生产工艺的创新。对地下煤炭资源的利用可以提供比以往更多、更好的能源。无机化学生产出强效的漂白剂

---

[1] Schumpeter, *The Theory of Economic Development*. 我们还应感谢熊彼特对于发明（思想的首次出现）、创新（发明的首次工业应用）和传播之间的重要区别的贡献。经历这三个阶段可能需要很长时间，特别是在工业革命初期。

[2] Perez, *Technological Revolutions and Financial Capital*. 有关长期资本主义的发展，参见 Neal & Williamson, *Cambridge History of Capitalism*。

100 （苏打和氯气），尽管这并不是什么特别的创新。第一次工业革命基于大多数人都知道的简单科学，并不需要高水平的通识教育；人们可以在设备并不完善的实验室中进行发明和创新。商品不再像前工业化时代那样在家庭中生产加工，而是在工厂生产。只有在工厂里才能实现劳动分工，以及对专业设备和功率不断增大的蒸汽锅炉的使用。而这些均有利于人口的集聚，从而成为城市化的一个有利条件。

工业革命的一个长期影响是劳动力市场中的妇女被取代了。事实上，只要工作仍在农场或家庭作坊中进行，妇女就总是能够参与其中。当需要在离家较远的工厂里进行长时间、固定时长的工作时，大多数已婚妇女只能留在家里，同时大家庭的人口转型进一步加剧了这种状况。这就是为什么 19 世纪时有"女人是'家庭的天使'（angel of the house），男人是'挣面包的人'（breadwinner）"的说法。这加深了男人和女人之间的文化和经济差异，由此引发了 20 世纪的妇女解放运动，该运动一直持续至今。即便如此，企业仍然小而分散，并缺乏垂直整合。这些企业通常由所有者经营，并不需要太多资金。铁路是个例外，在许多国家，当铁路不归国家直接所有和管理时，最终也会得到公共财政的广泛支持。

第二次工业革命始于 19 世纪下半叶，随着铁路和蒸汽轮船的发展，运输成本迅速下降。信息开始以前所未有的方式传播，首先是电报；然后是电话和收音机；最后，依托拥有规模经济的大型工厂的技术发明成为可能：生产规模越大，节省的固定成本就越多。第二次工业革命的核心技术是电力（以及低功率电话）、专门用于汽车和飞机的内燃机[1]（使用作为石油的一种衍生物的汽油取代了煤炭），以及有机化学和无线电通信。从科学的角度来看，所有这些创新都比第一次工业革命时的创新更为复杂；不仅技术革新需要，而且使用这些技术也同样需要更高水平的文化和教育。为了能够利用一项新技术，系统普及中等技术教育，以及广泛的高等教育（开创了拥有学位的工程师时

---

[1] 1824 年，克里斯蒂安·惠更斯（Christian Huygens）发明了内燃机，但直到 1876 年，尼柯劳斯·奥格斯特·奥托（Nikolaus August Otto）才成功地制造出四冲程发动机。1888 年，戈特利布·戴姆勒（Gottlieb Daimler）和卡尔·本茨（Karl Benz）首先设计出由汽油发动机驱动的汽车。

代）成为必要。大学和企业设立了研究实验室，以便不断完善产品和生产流 *101*
程。①

第二次工业革命最为重要的影响是，由于产品的标准化程度更高，从一
开始企业就需要比第一次工业革命更多的资金。一方面，这带来了寻找新的
融资渠道的需求，如大型混合银行和证券交易所，它们比私人融资更加稳健；
另一方面，这促使公司不断扩大规模，公司既在一定程度上控制了市场，又
更多地利用了规模经济。在这样的有利环境下，大型企业出现，特别是在美
国和德国。这一事件非常重要并且带来了很多影响，值得我们进行更加深入
的讨论。大型企业进一步促使人们向大都市集聚，也推动了各行各业强大的
工会组织的形成。②19 世纪上半叶工会已经开始发展，当时更多的是私人企
业工会，而非行业工会。尽管第二次工业革命带来了许多变化，这种工会组
织在英国和法国仍然很典型，但在美国和德国却并不是这样。

第二次工业革命之后是第三次工业革命。第三次工业革命始于 20 世纪中
叶，并且至今仍在进行。这次工业革命主要基于相对于煤炭、石油和天然气
的可替代能源——首先是核能，然后是太阳能、生物质能、风能和水能（之
前曾经被广泛利用，但现在主要用于发电）③——核心是人造材料（例如塑料
和合成纤维）、生物化学（抗生素、基因工程）和电子工业。新科学与技术
之间的关系已经非常紧密。产生创新所需要的教育水平非常高，远远超出了 *102*
大学水平，而新发明逐渐成为高度专业化的实验室的研究团队的成果。毫无
疑问，电子工业作为第三次工业革命中最独特的部分，已经彻底改变了我们
的生活和工作方式。特别是随着第二次工业革命的爆发，人口倾向于向大型
工业综合体集中的趋势已经停止。如今，生产环节可以被分解，并在分散管

---

① 已有大量有关人力资本及其对于发展的日益重要的作用的文献。在最新的总结中，参见 Prados de
la Escosura,"Capitalism and Human Welfare"。

② 有关工作组织和劳资关系变化的概述，参见 Huberman, "Labor Movements"。

③ 尽管世界经济活动所需的能源总量经历了惊人的增长，但随着人口和收入的增加，当今的 GDP 能
源密度（生产一个单位的 GDP 所需的能源数量）却趋于下降，原因是许多国家的生产效率更高，
工业更为成熟。除了运输，大量服务现在都消耗很少的能源。Stein & Powers, *The Energy Problem*;
Bhattacharyya, *Energy Economics*.

理的工厂中进行，计算机将这些工厂连接起来并对各自的生产进行协调。装配线的自动化程度更高，可以通过编程机器人来生产各种定制产品。远程办公也正进入白领的工作当中，人们可以通过计算机在家中或其他地方远程工作。

第三次工业革命——也许相比其他两次，称其为"工业"不太恰当——的另一个新的方面是服务业就业人数的大量增加，以至于许多人已经在谈论"后工业时代"（post-industrial era）。随着劳动力的不断分散，作为第二次工业革命标志的大型企业工会正面临危机，亦如雇主与雇员的关系。在前工业时代曾经十分普遍的个体经营如今重新兴起。在前两次工业革命中典型的大型基础设施项目（如第一次工业革命中的铁路，第二次工业革命中庞大的电力和电话网络、州际高速公路和机场）在第三次工业革命中并没有与之相对应的项目，因为更多的小工厂使原材料、能源和劳动力的使用大大减少。

最终，计算机和电信革命引发了国际经济的快速发展，逐渐形成一种全球经济，使得公司的经营可以不再局限于国内。当公司组织生产和安排销售时，它们会在全球范围内进行统筹，这意味着公司可以按照便利程度重新安排生产的地点。这使得生产流程散布在不同的国家，中间产品贸易随之增长。我们不再对一件商品产自哪里感到疑惑，尤其是像汽车这样复杂的东西，因为最终产品离不开不同国家的众多工厂和工人们的努力。这导致了之前被孤立的许多发展中国家被带入全球经济当中，而发达国家中那些没有足够专业技能的工人就失业了，被劳动力成本低得多的发展中国家的工人取而代之（见第 16 章）。但是，第三次工业革命的许多影响我们依然无法察觉。

综上所述，显然各种技术范式不仅带来了新的产品和生产流程，而且对人们的生活、工作和组织方式产生了深远的社会影响，特别是对于人们的预期寿命和家庭，以及公司和消费的组织方式产生了无法预见的影响，我们将在后文讨论这些主题。①

① 尽管仍然与上述观点一致，但 Freeman & Louça, *As Time Goes by* 对工业革命的解读却略有不同。

公司合作社和企业集群

正如我们所见，在第一次工业革命中，生产活动是在工厂中进行的，而不是在与房屋相连的手工作坊中。[①] 刚开始时公司的规模通常不大，由资本所有者进行管理，公司员工长时间工作在有害的环境中，工资仅能勉强维持生计。这种情形引发了工人的抗议活动，导致工会和民粹主义政党的建立，以及与资本所有权无关、践行人人平等的公司制度的建立。这种制度下的公司便是所谓的合作社。合作社在 19 世纪中叶的欧洲尤为普遍，在美国、日本和其他国家也同样如此。[②] 在合作社中，社团（association）而不是资本是最重要的。在合作社中实行"一人一票"的平等主义管理，利润平均分配，劳动力和资本的收益则按照市场价格支付。合作社有许多典型代表：其中最著名的是源于英国的"消费者合作社"（consumer cooperative）；源于德国的"信用合作社"（credit cooperative），其成员主要是储蓄者和投资者；源于法国的"劳工合作社"（labour cooperative），其成员是工人自身；源于北欧的"农业合作社"（agricultural cooperative），其成员主要是农民；以及源于意大利的"社会或社区合作社"（social or community cooperative），其成员是包括工人和被服务对象在内的混合社会阶层。2015 年，全世界的合作社成员接近十亿人，合作社甚至存在于住房保险、公共服务（电力、水）、餐饮和交通运输等经济领域。[③]

在上文中，我们看到大型企业是在第二次工业革命时期出现的，现在我们将更加仔细地研究它们的特征。由于非常特殊的原因（见第 6 章），美国是第一个认识到大公司潜力的国家，并在 1860 年至第一次世界大战期间发展出大公司这一组织形式，因此，有关大公司最著名的历史学家是哈佛大学的阿

---

① 有关商业历史的主题，参见 Jones & Zeitlin, *Oxford Handbook of Business History*。

② Zamagni & Zamagni, *Cooperative Enterprise*.

③ Battilani & Schröter, *The Cooperative Business Movement, 1950 to the Present*.

尔弗雷德·钱德勒（Alfred Chandler）也就不足为奇了。[①]

钱德勒强调，创办大公司不仅是为了利用规模经济，而且大公司也受益于充分利用一家工厂的相同的原材料和中间产品所带来的产品多元化（范围经济）——在化学工业领域尤为如此——以及经济效率。为了实现速度经济，必须向"科学"的工作组织转变，从而避免在各个工序上浪费时间。[②]美国的工程师对工作流程进行了深入研究，其中最著名的是弗雷德里克·泰勒，并产生了"泰勒主义"（Taylorism）。泰勒认为，最佳的解决方案是建立一条装配线，所有工序都按照最优化的顺序进行；工件不是从一个人拿给另一个人，而是被放在生产线上，由生产线上的工人完成分配给他们的工作。生产一件产品的程控装配线需要大量的投资，因而推动了产品的标准化，反过来它也大大降低了单位生产成本（福特的黑色 T 型汽车便是如此）。

通过这样一种方式，企业将劳动生产率提高了许多倍，并且降低了单位成本。在产品可以标准化的行业中，小公司被挤出局。规模经济和范围经济的诱因是大公司通过水平整合（与同类公司的合并）和垂直整合（收购供应链中的上下游公司）迅速展现出逐渐变大的趋势，从而确保生产过程不受不完全市场的制约。[③]如果公司在其内部生产原材料和中间产品，就可以保证充足的满足质量要求的产品供给；如果公司后来与使用其产品的公司进行合并，或建立直销网络，就可以确保其产品能够有效地出现在终端市场上。

随着大公司规模的不断扩大，由企业所有者进行直接管理变得不切实际，就像家庭财务不足以为大公司提供资金一样（见下一节）。一个"科学的"组织形式出现了，其通过一套复杂的白领管理者层级制度来经营公司。首席执

---

① 钱德勒最为重要的作品包括：*Strategy and Structure* 和 *The Visible Hand*，以及之前提到的 *Scale and Scope*。另参见 Colli, *Dynamics of International Business*; Amatori & Colli, *Business History: Complexities and Comparisons*。

② 钱德勒提醒我们，生产过程不仅由"投入–产出"这一词汇所概括的两个工序组成，人们还必须考虑极其重要的中间"吞吐量"，认为要使投入高效地到达产出，就必须在最短的时间内使投入通过其加工步骤。

③ 大公司通过降低交易成本以替代市场最先在 Coase，"The Nature of the Firm"中作为理论提出，然后在 Williamson, *The Economic Institutions of Capitalism* 中加以完善。

105

行官（Chief Executive Officer，CEO）在最顶端；在首席执行官的下面是由职能划分的高级管理人员团队（法律主管、人力资源主管、技术运营主管、研发主管等）；接下来是运营经理层，负责监管各个运营板块或"部门"的人员。每个人不仅需要制定决策，还必须做好书面备忘录，对所发生的一切进行持续的监控、研究，从而更加有效地精确识别运营成本。久而久之，大公司建立起成文的行为规范，并可以正式进行教授和训练。正如早先的工程师们一样，针对管理者的职业生涯的思想体系孕育而生，并在大学的商学院中进行教授。[①]

因此，大公司的所有权变得更加分散，只在少数情况下有唯一的主要股东，他／她可能是公司的创始人或其后代。这样便产生了所有权和控制权之间的分离。大公司的管理者可能甚至连一点公司的股份都没有，管理者由企业所有者代表组成的董事会任命，只要公司运营良好并能为股东们带来收益，管理者通常就可以不受任何限制地做出自身认为最好的商业决策；否则，管理者可能会被解雇或替换。但是不同国家的大公司的股权结构之间存在重要差异，这种差异取决于不同的财务形式和／或管理文化。公司的管理化（managerialization）使得公司随着时间的推移更加稳固和长久，因为不必去面对像家族企业具有的那样的世代交替危机，也不必承担创始人的后代无法胜任管理者的风险。这就是为什么最早创办的公司——钱德勒称之为"先行者"（first mover）——拥有新进入者无法削弱的竞争优势，除非股东在任命管理层时犯了错误，或是某些技术革命使新的公司取代了"先行者"的地位。

随着大型独立公司（不与其他公司进行协作）的出现，市场（通常是寡头垄断，对其策略进行研究的最佳方法是博弈论）与公司计划相结合的经济体制形成。这些公司庞大的体量使它们为了持续发展可以无视所有限制。它

106

---

① 最早使用"商学院"一词的是创办于 1908 年的哈佛商学院，但是实践中商学院和金融学院的创建要早得多，其创建受到了基于会计学的欧洲商业高中（Scuole Superiori di Commercio）模式的启发（第一个例子创办于 1852 年的安特卫普）；然后慢慢地利用典型的美国的组织内容对其进行修改。有关这些主题的详尽分析，参见 Engwall & Zamagni, *Management Education in Historical Perspective*。

们可以跨越国界（成为跨国公司）；可以通过创立企业集团 ① 来实现单一行业以外的扩张，且很快便显露出垄断的趋势。这一结果不论是对于消费者，还是对于民主制度都是无法接受的。为了避免出现这种情况，美国迅速出台了反托拉斯法（第一部是 1890 年的《谢尔曼法案》，如第 6 章所述）；欧洲通过反托拉斯法要慢得多，并且事实上还允许卡特尔的存在（因为欧洲企业的规模要小得多），而且通常自然垄断 ②（还有一些其他垄断）都处于政府的控制之下。③ 如上所述，并非所有行业都会涉及卡特尔这种组织转型，但它确实影响了产品高度标准化（运输、冶金、机械设备、石油）的行业和 / 或范围经济很强的行业（化学、食品）。④ 纺织业的情况十分有意思，在美国似乎从来没有出现过大型纺织企业，但在 1913 年的德国和英国已经有相当数量的这种企业。随着时间的推移，纺织企业趋向于从大企业的排名中消失，即便是在上述两个欧洲国家。

　　但是大公司并不是在所有的领域都是独立的。有时候，它们会或多或少地联合起来相互协作。⑤ 最著名的例子是日本的"财阀"经济，公司网络也同样存在于亚洲、欧洲和拉丁美洲许多其他国家。⑥ 在第三次工业革命中，中小规模的企业也在工业区中找到了与同等规模的其他企业或大公司（在企业集群中 ⑦）进行协作的方式，特别是在质量和产品定制方面十分重要的领域（时尚、陶瓷、机械工程和小众产品）。在这类公司中，家族管理是分散的。⑧

---

① 这些企业从事完全不同的业务活动，甚至在技术上彼此迥异。

② 自然垄断被定义为在给定的市场规模和 / 或技术特征下，拥有一家公司会比拥有一家以上的公司更有效率。

③ 在欧洲，国家控制的企业要比那些定义为自然垄断的企业多得多。参见 Toninelli, *The Rise and Fall of State-Owned Enterprises in the Western World*；有关意大利的历史，参见 Zamagni, *Finmeccanica*；目前，有关意大利主要国有控股公司悠久历史的著作包括：Castronovo, et al., *Storia dell'IRI*.

④ Sabel & Zeitlin, *World of Possibilities*; Scranton, *Endless Novelty*.

⑤ Chandler, Amatori & Hikino, *Big Business and the Wealth of Nations*.

⑥ Morikawa, *A History of Top Management in Japan*; Granovetter, "Coase Revisited".

⑦ Belussi & Sammarra, *Business Networks in Clusters and Industrial Districts*; Becattini, Bellandi & De Propis, *A Handbook of Industrial Districts*.

⑧ Colli, *The History of Family Business 1850–2000*.

如果我们在上述企业形式（小型企业、大公司和合作社）的基础上加入社会企业或非营利组织[①]——世界上有许多这种企业和组织，我们便有了可以适应不同市场逻辑、道德偏好和政治选择的各种类型的公司。[②]

 越来越长的寿命，越来越小的家庭

值得一提的是，人口变化是工业革命最显著的特征之一。[③]正如表 7.1 所示，很显然伴随着工业革命，世界人口迎来了迅速增长，同时还迎来了更为稳定的经济增长和预期寿命（或平均寿命）的增加。在此之前，由于婴儿的死亡率非常高，预期寿命始终维持在令人沮丧的 30 岁左右。直到 1950 年以后，全球人口的预期寿命才有了特别明显的改善，尽管在更为发达的国家中，早在 19 世纪就已经开始改善。这进一步证实了人口与经济发展之间的密切联系，可以从表 7.2 中看出。顺便我们也注意到俄罗斯在当前的经济发展中遇到了困难，我们将在第 17 章中对此进行讨论。表 7.2 显示出俄罗斯经济增长放缓，但是我们并没有看到美国作为世界经济领袖有任何特别的优势。

表 7.1　世界人口长期发展趋势

	公元前 10,000 年	0 年	1750 年	1950 年	2000 年	2014 年
人口（100 万人）	6	252	771	2530	6235	7200
经济年增长率（%）	0.008	0.04	0.06	0.6	1.8	0.8
预期寿命（年）	20	22	27	35	58	69

数据来源：由 Bacci, *A Concise History of World Population* 改编，OCSE 2014 年数据。

预期寿命的显著改善是伴随死亡率的降低而出现的，死亡率从每年的 3%—4% 降至不到 1%。[④]出生率也从 3%—4.5% 降至不到 2%。这种人口统

---

① Borzaga & Becchetti, *The Economics of Social Responsibility*; Borzaga & Defourny, *The Emergence of Social Enterprises*.

② Scranton & Fridenson, *Reimagining Business History*.

③ 更多有关详细信息，参见 Bacci, *A Concise History of World Population*。

④ 死亡率通常以每年每千人中的死亡人数进行表示；因此，如果在每 1000 人中死亡 10 人（千分之十），则意味着死亡率为 10‰或 1%。

计学上的急剧变化，被称为"人口转型"。实际上，历史上已经证明，出生率只有延后一段时间才会与死亡率相适应，由此引发了短期内人口的大量增长。无论如何，没有任何证据表明健康和死亡率普遍下降时，人们还会一直坚持高出生率。有关人口转型的图形示意，见图7.1。

109

表7.2　发达国家的预期寿命趋势

单位：年

国家或地区	1750—1759 年	1800—1809 年	1850—1859 年	1880 年	1900 年	1930 年	1959 年	1994 年	2012 年
英国	36.9	37.3	40.0	43.3	48.2	60.8	69.2	76.8	80
法国	27.9	33.9	39.8	42.1	47.4	56.7	66.5	77.8	81
德国				37.9	44.4	61.3	66.6	76.2	80
意大利				35.4	42.8	54.9	65.5	77.9	82
俄罗斯（苏联）				27.7	32.4	42.9	64.0	64.4	66
美国			40.0	46.5	48.0	59.0	69.4	75.5	78
日本				35.1	37.7	45.9	59.1	79.4	84

数据来源：同上表。

108

　　让我们回归一个基本问题：为什么工业革命和经济发展造成这样的人口趋势？死亡率降低的原因是什么？人们认为这些问题的答案与三个因素有关：医学的进步、更好的营养条件和更好的卫生条件。尽管显而易见这三个因素是彼此相关的，但是目前人们普遍认为营养和卫生条件（特别是下水道和恰当的废物处理）主要影响的是早期阶段，当时的问题是要超越濒临贫困的最低生活水平。[1] 讽刺的是，如今营养过剩却引发了严重的疾病甚至死亡。[2] 在

110

医学上，最初降低流行病发生的药物——如疫苗、抗生素（还有消毒剂）显著提高了预期寿命。事实上，历史已经表明，在前工业化时代造成人口大量减少的是鼠疫、霍乱、斑疹伤寒和天花之类的传染病，以及胃肠道疾病、性病、天花和结核病。如今我们可以在许多不发达国家证实上述结论，尽管这些国

---

① Bacci, *Population and Nutrition*.

② 这个财富悖论无疑是当今美国预期寿命并不理想的原因之一。

家的人口贫困且经常营养不良，但是得益于先进的药物，其预期寿命要比今天的发达国家在工业革命前的时候高得多，虽然它们具有同等的贫困水平。

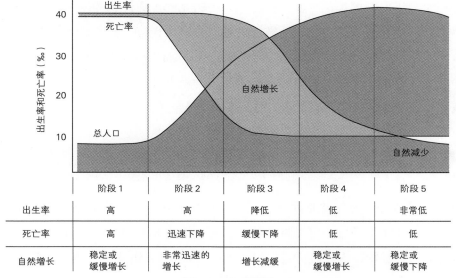

	阶段 1	阶段 2	阶段 3	阶段 4	阶段 5
出生率	高	高	降低	低	非常低
死亡率	高	迅速下降	缓慢下降	低	低
自然增长	稳定或缓慢增长	非常迅速的增长	增长减缓	稳定或缓慢增长	稳定或缓慢下降

图 7.1　人口转型

数据来源：Max Roser; www.OurWorldInData.org/data/population–growth–vital–statistics/world–population–growth，访问时间：2022 年 11 月 7 日。

有关人口转型的影响的其他重要评论也值得我们关注。平均寿命更长，人们可以减少抚养孩子所需的精力，提高直接从事生产活动的能力，而且可以有更长的时间进行教育学习，从而提高了绝大部分人口的技术水平，使人们能够制订长期计划。人口增长发挥了劳动分工和规模经济的优势。然而，我们必须提到大量增加的人口聚集在不宜居和被污染的城市（特别是在发展中国家）所带来的不利影响——失业（尽管这更多与不良的经济政策有关，而非过多的人口）和福利费用激增。技术进步可以消除大部分的不利影响，除此之外还包括控制全球人口的增长，发展中国家也在降低其出生率。

近年来，我们遇到了这样一种情况：发达国家的出生率急剧下滑，以至于总人口在减少：生育率已降至每对夫妇生育两个孩子的所谓"更替"水平之下。[1] 在这些国家，传统人口年龄的"金字塔"结构已变成底部收缩的"陀螺"

---

① 2015 年，意大利拥有全世界最低的生育率，平均一对夫妻只有 1.3 个孩子。

结构，老年人在总人口中的占比大大增加，并带来社会和消费的重大改变，也给福利体系的可持续性带来严重的问题。年轻人纳税为福利体系提供资金，但相比老年人的增长，年轻人在总人口中的比例正在同比例地下降。家庭变得越来越小，不仅因为人们已经失去了大家庭的传统，甚至在传统观念根深蒂固的地方也更青睐于"核心家庭"（mono-nuclear family）[1]，而且还因为儿童的数量变得越来越少。离婚还有其他另类的婚姻观念（如同性恋）进一步挑战了传统的稳定家庭，越来越多的人选择单身生活。[2]

7.4 人口的迁徙

人类总会因为各种原因进行迁徙，比如（躲避）自然灾害、寻找食物、对外殖民和军事征服。可以肯定的是，农业文明典型的定居生活从来没有完全消灭人口迁徙，因此我们可以接受 Fisher（2014）的说法："我们都是移民的后代"。[3] 然而，随着 19 世纪交通运输和通信革命的到来，人口流动在数量上超过了以往任何时候。最近一项有关欧洲的研究运用了人口迁移的综合指标，包括人口的移出、移入和城乡之间的内部流动。该研究发现，至少自 16 世纪起，大约有 10% 的人口处于流动状态。然而到了 19 世纪下半叶，欧洲的流动人口占总人口的比例超过 20%，并在 20 世纪上半叶达到近 60% 的峰值，后来在 20 世纪下半叶回落到接近 50%。[4] 直到 20 世纪下半叶，欧洲才出现了大量来自非欧洲国家的移民。[5]

如果只看 1851—1920 年期间从欧洲移居国外的人口，我们从表 7.3 中可以看出，移民人数从 19 世纪 50 年代的仅仅 200 余万人，上升到 20 世纪前 10 年的 1000 余万人，而随后的下降只是因为爆发了第一次世界大战。值得注意

---

[1] 指由一对夫妇及未婚子女组成的家庭，通常被称为"小家庭"。——译者注

[2] Hartmann & Unger, *A World of Populations*.

[3] Fisher, *Migration: A World History*; Bacci, *A Short History of Migrations*.

[4] Lucassen & Lucassen, "Quantifying and Qualifying Cross-Cultural Migrations in Europe Since 1500".

[5] Manning, *Migrations in World History*.

的是，法国的人口流出并不明显（由于出生率低），并且很快成为移民流入的目的地，比利时和瑞士也是如此。19 世纪 90 年代，德国开始迅速工业化，人口的流出明显减少。然而，人口流出却在西班牙、俄罗斯，特别是意大利年复一年地不断增长，显示出这些国家内部地区之间发展的不平衡，它们中既有发达地区，也有人口外流的落后地区。[①]爱尔兰的人口流出（在表中与英格兰的数据合并在一起）总是很高。这一方面证实了其经济问题无法得到解决；另一方面也说明爱尔兰向外移民十分便利，因为那些还在国内的人和已经移民国外的人说着同样的语言，同时还保持着密切的联系。移民目的地有一部分是已经十分发达的欧洲国家，但大部分是去往北美和南美，特别是美国，同时还有澳大利亚。根据杰夫·威廉姆森（Jeff Williamson）的大量研究，向外移民的结果是人口流出国和流入国之间在工资和收入水平上逐渐趋于一致；与此同时，一部分更具企业家精神的人离开了欧洲某些落后地区，导致这些地区进一步衰落。[②]

表 7.3　1851—1920 年从欧洲流出的人口

单位：1000 人

国家或地区	1851—1860 年	1861—1870 年	1871—1880 年	1881—1890 年	1891—1900 年	1901—1911 年	1911—1920 年
哈布斯堡帝国	31	40	46	248	440	1111	418
法国	27	36	66	119	51	53	32
德国	671	779	626	1342	527	274	91
意大利	5	27	168	992	1580	3615	2194
葡萄牙	45	79	131	185	266	324	402
俄罗斯	——	——	58	288	481	911	420
西班牙	3	7	13	572	791	1091	1306
英国	1313	1572	1849	3259	2149	3150	2587

数据来源：Mitchell, *International Historical Statistics:Europ1750-1988.*

---

① 有关人口流出原因的准确分析，参见 Hatton & Williamson, "What Drove the Mass Migrations from Europe in the Late-Nineteenth Century?"; O'Rourke & Williamson, "Around the European Periphery 1870–1913".

② Taylor & Williamson, "Convergence in the Age of Mass Migration"; Hatton & Williamson, *Migration and International Labor Market, 1850–1939.*

从定性的角度来看，需要重申的一点是，在第二次世界大战之前，全球的人口流动以欧洲人为主（除了16世纪至19世纪非洲奴隶的强制性向外输出，以及从殖民地进入欧洲的有限人口）。这是因为向外移民需要掌握有关目的地的信息和常识，还要积累一定的存款以应对漫长的旅程，但最重要的是，需要一种可以激发一个人或一个家庭主动改善生活条件的文化，只有欧洲孕育了这种文化。移民的相对文化趋同所带来的一个重要影响是，不论是到其他欧洲国家还是由欧洲人设立和管理的殖民地，移民们总体上都顺利地"融入"了目的地，尽管有时会爆发短暂的冲突。

 消费革命

我们如今所知的"消费"这一大类别过去在整个历史中都没有存在过。事实上，人类只是试图生存下去，主要依赖自己生产的产品。只有少数城市有可以进行产品交易的市场，但即使在这些地方，市民们的购买力也非常低，可供出售的产品种类很少，其中大多数还是易腐烂的食品。少数有钱人和统治阶层付钱给仆人、奴隶和工匠，后者在大多数情况下根据要求定制产品，而不是在市场上进行售卖。对于他们而言，有钱人就是他们的"顾客"。即便对于这一小部分富裕人群而言，可供选择的产品也相当有限，而且几乎没有例外。随着中世纪资产阶级的崛起，城市里的居民通过贸易致富并成为中产阶级，耐用品的现货市场产生了。家具、陶瓷、挂毯、床单和桌布、家具、服装、珠宝、手表、药品、武器和马车，这些商品由服务于市场的商人和工匠提供，他们不再依赖富人的委托。[1]随着资产阶级的兴起，利用机器进行大规模生产首次出现。当技术进步成功地降低了生产成本，特别是第二次工业革命以来（正如前面所讨论的福特的案例），耐用品不仅可以供中产阶级使用，而且工人阶级也可以享用，于是出现了真正的工业。[2]

---

[1] Goldthwaite, *The Building of Renaissance Florence* 对此现象进行了很好的描述。

[2] 有关生活水平的内容，参见 Broadberry & O'Rourke, *Cambridge Economic History of Modern Europe* 中的一些章节。

另一个发生在 18 和 19 世纪的被称为"勤劳革命"（industrious revolution）*115* 的现象支持并影响了"消费革命"。[1] 我们已经提到，工业革命导致了家庭中男主外、女主内的分工。家中的女人不仅承担了生育和抚养孩子的传统义务，还需要决定家庭消费什么，以及如何消费；她们通过改进工厂里生产出来的产品以满足家庭的需要，对制成品进行重新加工以进行家务劳动，从而有效提高了生活质量和人口寿命。女人被赋予这些责任最早出现在中产阶级，直到 19 世纪中叶才在工人阶层中普及开来。因此，除了生产分工带来的男女二元性，又出现了另一种二元性：女人被赋予组织家庭消费的职责，而男人只参与重大的决定（如决定住在哪里，以及后来的交通方式）。

正如让·德·弗里斯（Jan De Vries）所言：

> 在工业化的过程中，家庭作为生产单位变得越来越重要，因为市场经济除了能将"原料"生产和分发出去，没有办法满足更高生活水平的需要，或者更确切地说，满足人们所期望的生活水平的需要。除非家庭能将所购买的"原料"转化为最终的成品，否则国民生产总值的增加并不能带来更好的健康和营养，或更多的家庭舒适感。[2]

直到 20 世纪下半叶，在较为发达的国家中才不再明确家庭中人们的角色，女人也不再是推动消费的主角。但这仅仅说明了消费主义（consumerism）的胜利，以及人们能够购买到全部的现成的产品。家庭对于产品生产的贡献微乎其微，而提供这种贡献的主角也不再是女性了。

---

① De Vries, *The Industrious Revolution*.

② *Ibid*, 237.

1870—1914 年的国际经济：
金本位制、金融和殖民主义

前面介绍了自 18 世纪末至 20 世纪初工业革命在欧洲、美国和日本所带来的生产体系变化，现在是时候讨论国际经济关系的变化了[①]，其重要性和革命性也同样重要。在本章中，我们将介绍四个主题：商品、劳动力和资本流动性的大幅提升，金融的发展，通过金本位制建立国际货币制度的首次尝试，以及有关殖民主义的庞大议题。我们将广泛综合各方面展开讨论。

8.1 商品流动

工业化带来了惊人的国际贸易增长。运输成本高昂、人们的购买力低下、缺少多样化的产品，所有这些障碍都随着经济体的变化逐步被打破。英国当然是第一个显著扩大国际贸易的国家，直至 1913 年，它依然是世界上最大的出口国，而德国紧随其后（在表 8.1 中，倒数第二列显示了 1913 年的出口价值指数）。美国仍然落后英国一段距离，而法国的出口额仅为英国的三分之一。在 1820—1913 年期间，全球出口增长了 33 倍，而在 1913 年至 20 世纪末期间又增长了 16 倍，这反映了两次世界大战期间全球出口的停滞状态。两个最重要的发展时期一个是在 1820—1870 年，当时许多国家开放了国际贸易；

---

① 有关此观点的进一步发展，参见 Peck, *History of the World Economy*。

119

表 8.1　1820—1992 年出口量指数和增长率

国家或地区	出口量指数（1913 年=100）					年均增长率（%）				1913 年出口价值指数（英国为 100）	1992 年出口价值指数（美国为 100）
	1820 年	1870 年	1913 年	1950 年	1992 年	1820—1870 年	1870—1913 年	1913—1950 年	1950—1992 年		
英国	3	31	100	100	494	4.6	2.7	0.0	3.8	100	43
德国	4	18	100	35	1071	3.0	3.8	-1.3	8.1	97	91
法国	4	31	100	149	2090	3.9	2.7	1.1	6.3	29	52
意大利	7	39	100	126	3853	3.4	2.1	0.6	8.1	12	39
俄罗斯（苏联）	—	—	100	97	612	—	—	-0.1	4.3	—	9
美国	1	13	100	225	2350	5.1	4.7	2.2	5.6	49	100
日本	—	3	100	210	17,784	—	8.1	2.0	10.6	4	66
其他	3	24	100	128	1602	4.2	3.3	0.7	6.0	—	—

数据来源：Maddison, *Monitoring*.

另一个是在第二次世界大战之后，当时贸易自由化进程在持续推进。尽管 *118* 1870—1913 年贸易保护主义有所抬头，但贸易的增长十分可观，然而两次世界大战期间却是灾难性的，不仅仅是对贸易而言。随着国际贸易的扩大，贸易对一国国内生产总值的影响也增加了。那些专注于有限品类产品的小国所受影响最大。另外还存在多边贸易，这意味着进出口不一定要双边平衡，只在总体上实现平衡即可，这使一国可以更加灵活地利用全球资源。

自亚当·斯密和大卫·李嘉图（David Ricardo）的时代以来，经济学家们一直都将国际贸易视为在国家层面已经完成的劳动分工的重要延伸，它提高了生产效率，并更加有效地利用了资源。此外，国际贸易还是实现现代化的一种途径，因为它使一国可以进口战略原材料（例如原棉、煤炭和石油）和先进的机械设备。同时国际贸易还促进了工业产品的出口，即使不是高级产品，只要价格合适，也可以进行出口，这使得新兴产业可以通过拓展海外市场来加强运营。①

出于这些原因，经济学家一直倡导自由贸易（没有关税、配额或其他限制），从而充分利用贸易所带来的益处。然而，当我们考察工业资本主义的历史就会发现，不论大小，没有任何一个国家，在完全贸易自由的情况下实现了工业化；甚至英国也是如此，在工业革命结束之后，英国在 19 世纪 40 年代废除了《航海法案》《印花布法案》和《谷物法》（Corn Laws），在此之后它成为一个自由贸易国家。②更确切地说，那些严重依赖国际贸易的小国对自由贸易更加青睐，荷兰和丹麦较低的贸易保护水平证实了这一点。

在大国中，只有英国是自由贸易国（出于税收的目的设有一些关税）。 *120* 日本贸易保护水平较低是由于国际条约的限制，到了 19 世纪末日本的贸易保护水平急剧上升。美国和俄罗斯同时也是贸易保护水平最高的国家。而在

---

① 波拉德谈到了中间国家的双向贸易（或双边贸易）：一方面是从较发达的国家进口先进产品并向其出口传统产品；另一方面是向较落后的国家出口工业品并进口原材料和食品。Pollard, *Peaceful Conquest*. "产业内"贸易的定义是一国既出口又进口某种产业的产品。成品的交换被定义为"产业间"贸易，专业化生产发生在同一行业内的特定模式下。

② Bairoch, *Economics and World History*.

小国中，只有葡萄牙是例外。实际上，正如德国经济学家弗雷德里克·李斯特指出的那样，最大的国家有理由相信，基于它们内部市场的巨大潜力，对新兴产业的某种保护将有利于建立尚未存在的工业部门，而且很有可能获得成功。正如我们所见，在 20 世纪 30 年代之前，在任何情况下，贸易保护从来没有高到对国际贸易造成强烈的负面影响的水平。

还应指出的是，在 19 世纪 80 年代至 90 年代期间，贸易保护主义的兴起在很大程度上是由于对谷物的防御性关税。当时许多欧洲国家引入关税，以使农业从危机中恢复过来，这场危机的起因是蒸汽轮船带来的便宜的美国和俄罗斯谷物冲击了欧洲市场。在经济学家和经济史学家中，贸易保护主义的利弊是当今最具争议的话题之一。然而，大多数人都认为，贸易保护水平过高只会带来不利影响，而最新的战略贸易理论为旨在提升竞争力的有限、临时的贸易保护政策提供了依据。

有关贸易条约的最后一条评论：贸易保护主义的存在导致各国热衷于通过降低特定的关税来协商共同利益。这类谈判在 19 世纪大多数是双边的，但各国试图通过所谓的"最惠国"（Most Favoured Nation，MFN）条款将其影响"多边化"。如果 X 国和 Y 国共享此条款，那么当其中一个国家，例如 Y 国后来与 Z 国达成了更有利的协议，那么 X 国也将从这项新协议中受益，而无须与 Y 国重新谈判。

表 8.2 给出了 1877—1926 年个别年份各国的名义关税水平。

121

表 8.2　1877—1926 年各国名义关税水平

单位：%

国家或地区	1877 年	1889 年	1897 年	1913 年	1926 年
美国	29.9[a]	30.1[a]	21.0[a]	18.9[a]	13.5[a]
	42.8[b]	45.4[b]	41.6[b]	40.5[b]	38.6[b]
	68.4[c]	66.2[c]	51.2[c]	46.5[c]	34.9[c]
德国	——	8.8	9.6	6.9	5.2
俄罗斯（苏联）	14.6	34.5	33.8	30.3	——
英国	5.3	4.9	4.7	4.5	8.6
法国	5.2[d]	8.3[d]	11.6[d]	9.0[d]	5.7[d]

单位：%（续表）

国家或地区	1877 年	1889 年	1897 年	1913 年	1926 年
	6.6[f]	8.6[f]	10.6[f]	8.8[f]	—
奥匈帝国	0.9	6.6	7.7	7.0	7.7[*]
意大利	8.45[d]	16.8[d]	16.2[d]	7.5[d]	3.1[d]
	7.3[e]	17.6[e]	18.5[e]	9.6[e]	11.9[e]
日本	4.0[a]	2.5[a]	2.5[a]	10.0[a]	6.5[a]
	4.5[b]	3.0[b]	3.5[b]	19.5[b]	16.0[b]
西班牙	13.9[d]	14.7[d]	15.5[d]	13.7[d]	15.7[d]
	12.7[e]	11.0[e]	14.6[e]	14.9[e]	16.0[e]
比利时	1.3	1.7	2.0	1.4	3.1
爱尔兰	0.8	0.4	0.5	0.4	2.1
瑞典	8.9	11.3	11.3	8.3	9.0
瑞士	—	3.2	4.6	4.4	8.7
丹麦	—	—	9.2	4.9	5.2
葡萄牙	28.3	34.8	31.5	22.8	10.2
欧洲	9.2	12.0	11.9	9.3	8.3

注：a 总贸易；b 仅限受到保护的商品；c 受到保护的产品占总贸易量的一定比例；d 数据来自 Mitchell；e 数据来自 Fedrico-Tena；f 根据 Levy–Leboyer–Bourguignon，1985, tab. 6；—无数据；* 仅有奥地利。

数据来源：Mitchell（1981），由 Toinelli, *Lo sviluppo economico moderno* 改编。美国（US Bureau of Census, 1975, series U.208–1）；日本（Minami, *The Economic Development of Japan*, fig.7.5）。

在国际贸易显著增长的同时，生产要素——劳动力和资本的流动变得更加国际化。我们在上一章中讨论了人口迁移，强调这不是一种新现象，而是在全球范围内前所未有的人口加速流动。而资本流动也不是什么新鲜事。甚至在前工业化时代，银行家们就已开始从事国际金融，特别是为了战争的需要。到了 19 世纪，许多经济体变得更为活跃，股票交易不断扩大，第一批跨国公司成立，长期资本流动显著增加。[①] 有关这一现象的全球可比的定量信息不多，首个全球框架描述了第一次世界大战爆发前的状况（见表 8.3）。我

———————

① Obstfeld & Taylor, *Global Capital Markets*.

们清楚地看到，英国是当时全球最大的资本输出国，其次是法国。一些小国也很重要，比如荷兰、比利时和瑞典。美国的国外投资依然非常有限。对于表 8.3 中的欧洲资本输入国而言，虽然资本输入只占英国整个投资的很小一部分，但对所有其他欧洲国家而言资本输入却很重要。我们随后将会看到，造成这种差别的原因是英国对其殖民地和占领地区进行了大量投资。根据其他资料[①]我们可知，拉丁美洲仅占全球资本输入总额的 19%，亚洲占 14%，非洲占 11%，其余则流向欧洲人定居的国家（美国、加拿大、澳大利亚等）。如果按照行业部门来划分，那么一半以上的资本输入被用于自然资源的开发，这些自然资源对于新兴产业是必不可少的；其次被用于基础设施；只有 15% 被用于制造业。

123

表 8.3　1914 年各国投资的资本存量（以当前美元计，100 万美元）

国家或地区	总量	投资于欧洲的占比（%）	投资于表中国家的占比（%）
英国	20,000	5.2	43.4
法国	9700	55.7	21.0
德国	5800	44.0	12.7
荷兰	1200		
比利时和瑞士	4300	43.5	9.3
瑞典和其他欧洲国家	1400		3.0
欧洲总计	42,400	26.7	92.0
美国	3500	20.0	7.6
其他	200	—	0.4
全球总计	46,100	26.0	100.0

数据来源：Feinstein, Temin & Toniolo, *The European Economy Between the Wars*, 88.

122　　随着商品、劳动力和资本的国际市场的积极扩张，一个真正的国际经济出现了。参与其中的每个国家都需要注意国际收支平衡，即支付给外国的款项（进口、外国劳工、海外资本）与从国外收到的款项（出口、移民汇款、

---

① Maddison, *Monitoring*, 63; Jones, *The Evolution of International Business*.

外商投资）的差额。如果国际收支平衡，该国可以在不受干扰的情况下继续其经济现代化。[1] 一个国家如果出现国际收支顺差（一个国家从国外获得的收入多于其支出），尽管这种不平衡往往会发生改变，那么总体而言其内部的经济活动并不会受到负面影响。但是，一个国家如果出现国际收支逆差（一个国家向国外支付的支出多于其收入），那么就会出现问题，因为该国无法从国外获得足够的钱来进行海外支付。如果这个国家有外汇储备，它可以暂时动用这些储备，或者也可以借贷，但是最后该国必须找到一种方法，通过调整其内部经济变量来改变这种情况。这一点对于理解后来出现的第一个国际支付体系的运行非常重要，我们将在后文中进行讨论。

 **金融体系**

本节相对简短，因为前几章已经对金融体系进行了很多讨论。[2] 在这里，我们仅概述工业化时期和之后的金融发展。首先回想一下，所有现代化国家都创办了中央银行——尽管有时并非易事，就像在意大利和美国所发生的那样——但中央银行已成为作为没有争议的公共品之一的货币的存放地。第一家中央银行是 1667 年创办的瑞典银行；然后是 1694 年创办的英格兰银行；最后一个考虑设立中央银行的国家是美国，其直到 1914 年才创立了美联储。中央银行垄断了纸币发行并维持黄金和其他货币储备，同时还肩负其他职能：设定贴现率（商业银行从中央银行借出现金的利率），这是所有银行利率的参照标准，也是紧缩性（利率上升）或扩张性（利率下降）货币政策的信号。在固定汇率依然有效的情况下，中央银行还负责监管汇率。中央银行与财政部这一主管经济和金融的政府部门保持着或多或少的联系，联系程度取决于中央银行有多大程度的自治权。中央银行还对银行体系进行或多或少的监管，

---

[1] 需要注意，可以通过平衡各个组成要素来实现平衡，例如，贸易赤字可以通过资本项目盈余来进行平衡。

[2] 有关更多信息，参见 Kindleberger, *A Financial History of Western Europe*; Neal, *A Concise History of International Finance*。

监管程度取决于立法。最后，也是最为重要的一点，中央银行还承担着最后贷款人的职能。

最后一项职能的实施（基于传统和经济体系的运行情况，实施的充分程度存在很大差异）是为了在过多企业破产，特别是银行倒闭导致经济行为主体迫切需要流动性时，避免发生危机和接下来的恐慌。中央银行的介入（为了避免投机，其将在何时、以何种方式介入并不为人知晓），按照固定利率大范围地提供流动性，阻止抛售证券（以极低价格销售证券）的趋势并重新恢复金融市场的平衡。

与证券交易所一同形成的金融体系主要包括各类银行。这些银行在前工业化时代就已存在，与私人银行家、公共银行（中央银行的前身）和为消费提供信贷的虔诚基金①一同建立。②18 世纪下半叶第一批储蓄银行被创办，最先出现在哈布斯堡帝国，然后扩展到其他国家。这些非营利性银行的目的是吸收小额存款，让收入有限的人习惯于赚取利息，同时限制高利贷并减少人们的囤钱行为（将钱藏在床垫下），因为后者会让系统失去流动性（现金）。这些银行的管理非常保守，业务盈余也会直接用于慈善事业和社会事业。储蓄银行非常成功，它们有时会成为规模巨大的银行，并在当地产生重要影响。在一些国家，邮政服务机构建立了邮政储蓄银行，这为吸收小额存款创造了更多的机会。③

与此同时，股份制银行规模不断扩大。它们主要有两种类型：要么是依靠存款的短期贷方（商业银行）；要么是依靠承销资本（它们并不接受存款）的长期贷方（各国名称有所不同，即英国的商业银行、法国的代办银行和美国的投资银行）。我们之前曾提到过德国模式的独特之处，德国的许多此类银行是混合银行或全能银行。合作银行于 19 世纪中叶在德国被创办，分为两种

① 从字面上讲就是"怜悯基金"，这是当代典当行的"祖先"。它们被作为慈善机构经营，富人提供的资本以低利率出借给那些有需要的人，以使贷款人受益，而非让贷款人谋利。

② 在地中海沿岸国家中，有"谷物基金"或"谷物银行"：以实物的方式借出谷物用于播种，并在收割时偿还实物（包括一定的利息）。

③ 总体而言，这些资金通过储蓄贷款银行（Cassa Depositi e Prestiti）用于当地的市政工程。

类型：一种是基于舒尔茨－德利奇（Schulze-Delitzsch）模式的城市或公共银行；另一种是基于赖夫艾森（Raiffeisen）模式的具有无限责任的农村银行。这些不同类型的银行遍布欧洲大陆。与储蓄银行相比，它们与小型本地企业联系更为紧密。

通过这种方式，一个可以将存款进行再次利用的强大金融网络形成了。如上所述，一方面，它消除了囤钱的问题；另一方面，它成功地满足了各类信贷需求，因而诸如高利贷这样的行为，尽管从未根除，却被限制在很小的范围内。对于企业而言，它们构成了各国经济体系中最先进的部分。证券交易所或银行在帮助企业融资方面的相对重要性，导致两种金融体系出现。第一种是英美"以市场为导向"的体系。在该体系中，证券交易所占据绝对的主导地位，而银行在支持企业当前活动中扮演次要角色，且并不进行投资活动。在该体系中，企业仅对股票市场，也即包括私人投资者和机构投资者（例如养老金）在内的股东进行响应，通常不对其他公司做出回应。除了股票市场的公开信息，企业与公众没有其他形式的合作或信息交流。第二种是德国"以银行为导向"的体系。在该体系中，混合银行不仅要向公司发放贷款，而且是企业的合作伙伴，以便满足企业所有的融资需求。股票市场的规模较小，且处于次要的位置。企业与银行之间的联系也转化为企业之间的相互联系，通常是交叉持有对方的股份，并且信息交流仅限于相关的企业之间，而不为股票市场或公众所知。这种体系更鼓励事前协调决策。

这两种体系都各有优缺点，任何一种都能够支持极具活力的企业。它们可以应对许多挑战，这也是它们至今依然存在的原因，尽管全球化的转变正在使金融朝着混合模式的方向发展。[1]

 **金本位制**

在没有国际监管组织存在的情况下，日益复杂的国际经济该如何运作？

126

---

[1] 参见 Zamagni, *Finance and the Enterprise* 中的详尽讨论。有关近些年来的反思，参见 Reszat, *European Financial Systems in the Global Economy*。

答案很简单：一般会采用被称为金本位制的国际货币体系。为了理解这种货币体系的基本要素，我们应该对其发展历史进行回顾。自中世纪以来，欧洲许多国家已经发展出了贵金属和纸币的混合货币流通标准。一些国家使用金、银两种金属，被称为双本位制；其他国家仅仅使用金、银其中的一种，即所谓的单本位制。[1] 按照惯例，金本位制可追溯到 1717 年的英国，当时的铸币局局长艾萨克·牛顿（Isaac Newton）将金价固定在 3 英镑 17 先令 10.5 便士。由于作为领先国家的英国选择了黄金，因此 19 世纪下半叶金单本位制在国际上被广泛建立起来。

最初只有金属硬币在流通，随后有价票据、汇票和纸币（更易于流通和生产）的普及将金属降为银行保险柜中的储备金，并以"锭"的形式存在。由于黄金具有稀缺性，为了增加流动性，流通的纸币并没有完全与黄金储备相对应。该体系的核心原则之一是按照预先设定的平价（parity）将纸币兑换（convertibility）成贵金属的权利。这种兑换可以防止纸币的滥发，纸币必须与贵金属储备的倍数保持一致。这个倍数开始时按照惯例来确定，后来则由法律规定。一旦流通中的纸币增加并超过现有金属储备所允许的水平，就必须获得更多的贵金属，但这并不容易；反之亦然，当贵金属减少时，则应减少流通中的纸币。这是绑定了贵金属的货币体系的"铁律"，在"游戏规则"中就已明确了这一点。[2]

鉴于没有足够的金属储备来兑换所有流通中的纸币，这是一个基于信用的体系，也正因为如此，该体系依赖于游戏规则的正确应用。如果无法实现对规则的正确运用，该体系就会失去信用继而引发银行挤兑。人们会把纸币兑换成黄金，从而导致整个系统的崩溃和自由兑换的失效。至此，便解释了金属货币本位制在每个国家中是如何运作的。这种制度所产生的调节国际收支失衡的机制引发了许多学者的关注。金属货币本位制维持了不同货币之间的固定汇率，维护了国际经济的秩序和稳定。迄今为止，工业资本主义的两

127

---

[1] 由于金、银之间关系的复杂性，双本位制被放弃了。银单本位制之所以被放弃，主要是因为作为首要大国的英国偏爱黄金。

[2] Flandreau & Zumer, *The Making of Global Finance*.

个最繁荣、扩张最快的时期，即 1870—1914 年和 1947—1973 年，也是实行基于金本位制的固定汇率的两个时期，这绝非偶然。固定汇率和国际经济扩张的关系引发了大量研究，在这里我们仅给出主要结论。[1]

让我们考察一下金本位制如何在国际层面上发挥作用。当一个国家遇到麻烦，国际收支出现赤字时，该国很难获得足够数量的外汇，因此它会倾向于用更多的本国货币来购买外汇，从而导致本国货币贬值。但是，在实行可兑换原则的情况下，任何一个国家在收取可能会发生贬值的货币时，都希望对方能够直接用黄金支付，因为黄金在两种货币之间保持着固定的平价，可以避免汇兑损失。[2] 这种机制的结果是，出现国际收支赤字的国家的黄金储备会减少，黄金外流。这时候游戏规则就开始发挥作用。当黄金储备较低时，该国必须减少流通中的纸币，收紧信贷并提高利率。这些措施将反过来抑制内部需求（进而也会限制进口）、降低物价（这将使其出口更具竞争力），同时更高的利率也将吸引外国资本。所有这些都会使其国际收支再平衡，并阻止货币的实际贬值，尽管汇率会有小幅波动，但基本上是保持不变的。

当国际收支出现盈余时，该机制也会从相反方向上发挥作用从而维持国际收支平衡。盈余会造成黄金的大量涌入，从而扩大流通中的纸币数量，如此一来赤字国家和盈余国家共同承担了重新调整的压力。[3] 也就是说，我们应当指出的是，有盈余的国家有时希望增加其黄金储备，并选择不按照游戏规则来增加其流通中的货币，这一过程被称为黄金封存（sterilization）。于是，这给赤字国家带来了更大的困难，它们不得不自己承担所有的调整压力。这种严重的压力可能迫使一个国家放弃金本位制并任其货币汇率波动，但是退出金本位制的损失可能更大。各国政府只有在它们无能为力时才采取

128

---

[1] Gallarotti, *The Anatomy of an International Monetary Regime*; Tew, *Evolution of the International Monetary System*.

[2] 注意黄金的兑换和运输操作有一定的成本，因此汇率可以在平价附近小幅波动，因此在贬值没有超出黄金的转移成本（运输、保险、佣金和利息）之前将货币兑换成黄金并不值得。围绕汇率平价的这些波动被称为"黄金输送点"（gold points），通常大约为 1%—2%。

[3] 如果一个国家的国际收支有盈余，那么总会有另一个国家有赤字，因为在全球层面上盈余和赤字是完美平衡的。

这种措施，而且通常只是暂时性的。从内在逻辑而言，调整机制是自发进行的，但它要求各国遵守博弈规则，这也体现出各国希望留在该体系中的政治意愿。

在这一点上，你可能会奇怪为什么世界并不总是维持金本位制。对于一些事件的观察足以阐明这个问题。最重要的，金本位制要求国际经济不受那些会阻止该体系正常运行的"创伤性事件"（traumatic events）的影响。在漫长的战争岁月，人们往往会放弃金本位制，这并非巧合，因为各国需要通过印发纸币来支持战争，甚至不惜以通货膨胀为代价。此外，国内面临严重困难的国家并不总能遵守规则。有鉴于此，一些学者得出结论，只有在国际局势高度稳定的发展时期，金本位制才可以发挥作用，金本位制并不能带来稳定，即便它有助于维持稳定。[①] 如今这依然是一个开放性的问题。

还有一些学者指出，固定汇率制会通过前文所谈到的一系列作用和反作用，将参与其中的所有国家的货币和财政政策[②]与主导大国／货币紧密地联系在一起。如果主导货币能够担负起在整个国际货币体系中的领导角色，那事情就行得通，不然这一机制就会失灵。传统的金本位制由英镑所维系，尽管英格兰银行并非没有问题——它总是没有足够的黄金。另一段采用金本位制的时期是由美元维系的，在 1944 年新罕布什尔州的布雷顿森林镇召开的布雷顿森林会议上建立，因此被称为布雷顿森林体系。这是传统金本位制（被称为金汇兑本位制）的简化版，因为大多数国家并不保有黄金储备，而是保有美元储备，并且只有通过兑换美元才能获得黄金。但这种体系同样也出现了问题，20 世纪 70 年代初布雷顿森林体系宣告瓦解。

要理解这些问题，就必须把重点放在作为整个体系基础的黄金上。黄金和其他任何商品一样都有自己的市场。当它稀缺时，价格趋于上涨；而当它充裕时，价格趋于下降。事实上，金矿的数量有限，而且更为重要的是，黄金的开采周期并不总是能够与经济活动的扩张同步。因此，金本位制通常无

---

① 参见 Eichengreen, *The Gold Standard in Theory and History* 中的文章，以及同一作者的 *Globalizing Capital*.

② 货币政策决定利率和货币供给（流动性）；财政政策决定税率和公共支出。

法维持固定的价格水平。当黄金供应不足时，流通中的纸币增加也会不足，如果此时经济活动增加，那么价格水平将趋于下降，从而导致通货紧缩。当黄金大量涌入时，反过来意味着纸币相对于经济活动不成比例地增加，价格水平趋于上升，从而将导致通货膨胀。但是，在金本位制中，通货膨胀和通货紧缩是以同样的方式在国际上传导的，因而汇率可以保持不变。

随着时间的推移，可以得出两个结论：

第一，由于通货紧缩不利于经济活动，所以由经济活动大幅增加导致的黄金短缺，被视为一种不必要的不利于经济活动的限制因素。

第二，与此同时，最主要国家[1]的货币当局对金融系统的认识更加深入，行为更加规范，大大降低了对避免过度通货膨胀的"外部"规则的需要。例如由金本位制所提供的规则，即使没有黄金也可以维持稳定的汇率（和价格）。

不管怎样，在吸取了有关固定汇率、价格调整和国际收支机制的许多教训之后，金本位制在 1973 年被放弃，之后建立了弹性汇率制，从而给全球金融带来了巨大的不稳定性。我们将在第 14 章和第 16 章中再次讨论这一主题。

8.4 殖民主义

130

在这里不可能详尽地讨论殖民主义的话题，因为如此便需要分析殖民主义对美洲、亚洲和非洲无数国家所造成的影响。[2]我们仅就不同类型的殖民主义提供一些一般性的见解，基于 Acemoglu 等（2001）的比较研究，不同的殖民主义留下了非常不同的政治和经济遗产。[3]首先要区别的是两种不同的殖民主义：一种是欧洲人迁入当地人口稀少的地方，比如美国、加拿大、澳大利亚和新西兰；另一种是迁入当地人口已经十分密集的地方。在第一种情况下，

---

[1] 其他一些国家，例如当今无法抑制通货膨胀的国家，将无法保持金本位制。

[2] 在这里，我们讨论的是殖民主义，而不是更一般的帝国主义的概念，后者包括非殖民帝国对全球霸权的影响。有关更详细的讨论，参见 Fieldhouse, *Colonialism 1870-1945*; Reinhard, *A Short History of Colonialism*。

[3] Acemoglu, Johnson & Robinson, "The Colonial Origins of Comparative Development" and "Institutions as the Fundamental Cause of Long-Run Growth".

由于缺少权力中心以及导致剧烈人口流动的丰富资源，欧洲人能够建立起一个植根于欧洲文化、崇尚民主国家体制的社会。这些地区很快形成自治，并开始完全参与到本章前面所述的工业经济的国际化之中。

在第二种情况下欧洲人必须统治大量当地人。那里所建立的政府更能反映出征服的方式和当地人的特征。对此要建立理论模型并不容易，但是可以区分出三种殖民模式。第一种是西班牙殖民模式，[①]西班牙通过军事手段征服了殖民地，当地人往往已经习惯于服从那些来自农业地区（拉丁美洲）的统治者（印加人、阿兹特克人和玛雅人），并且缺乏创业和贸易的动力。由此产生的机构组织往往是专制的和家长式的。西班牙统治阶层倾向于掠夺一切来使殖民国家受益。但是，它给殖民国家带来的利益是十分短暂的（如第 2 章所述，西班牙从未真正繁荣），而给殖民地造成的损失却一直持续到今天，尽管大部分殖民地都已在 19 世纪初获得了独立。这种殖民模式遗留下来的问题，包括专制政府、单一文化的大范围推行（更有利于欧洲国家）、非常有限的教育普及，以及以租金[②]为导向的思维模式。[③]

第二种模式是大英帝国的模式。大英帝国是当时世界上最大的国家。[④] 在很大程度上，大英帝国是通过市场渗透的方式进行征服的，其殖民主要发生在能够建立贸易的地区。印度就是一个典型例子：东印度公司征服了印度。印度是一个有着悠久商业传统的国家，因此从长期来看，英国殖民地能比西班牙殖民地取得更大的经济成就并不令人惊讶，因为英国的殖民是基于交易而非租金的，还依赖于一个更加包容的政府，尽管例外情况不在少数。[⑤]

第三种模式主要涉及非洲。由于那里的气候对欧洲人并不适宜，因此殖民主义到来的比较晚。尽管非洲人口众多，但是社会发展停滞，通常止步于前农业社会的发展水平，特别是在撒哈拉沙漠以南的非洲。大部分欧洲国家

---

① 葡萄牙模式在一定程度上有所不同，贸易规模更大，但是具有相似的结果。

② 在经济学中，租金与利润相对，前者是为使用他人的物品（主要是房地产）所支付的报酬，后者是向企业投资者支付的报酬。租金是低风险的被动收入，而利润是高风险的主动收入。

③ Acemoglu & Robinson, *Why Nations Fail*.

④ 荷兰的殖民模式与英国有些相似，但与英国的规模相去甚远。

⑤ Ferguson, *Empire*.

131

都曾谋求殖民非洲：法国（也曾尝试穿越大西洋，并取得了一定成功）、比利时、德国、意大利、葡萄牙、英国，甚至荷兰（在其他地区已经取得了更为巨大的成功）。结果一方面是操着不同语言、互相之间各种纠葛的欧洲列强，在画板上人为划定了国家边界，这些国家内部却因文化差异过大而无法调和；另一方面也埋下了不稳定的种子，甚至对今天的非洲乃至全世界都造成了严重影响。正因如此，欧洲对造成今天非洲的不稳定局面的历史责任尤为深重。

最后，我们还应提到俄罗斯在与其接壤的地区所实行的"殖民主义"。一些地区已经完全变成它的一部分，例如西伯利亚；而另一些地区已经脱离了俄罗斯，例如爱沙尼亚、立陶宛、拉脱维亚、芬兰，以及波兰的部分地区。许多地区如今已正式独立，但依然处在俄罗斯的强大影响之下，比如白俄罗斯、乌克兰、格鲁吉亚、亚美尼亚和阿塞拜疆等同属于欧洲文化的地区，以及像哈萨克斯坦、乌兹别克斯坦、土库曼斯坦和塔吉克斯坦等同属于伊斯兰文化的地区。

长期以来，特别是在马克思主义文献中，人们一直认为殖民主义只会有利于殖民国家，而伤害了殖民地。理论参考框架是零和博弈：在博弈中失败者输掉的钱全部由获胜者获得。然而，历史上还有无数负和博弈的例子，一些事件的转折变化以有悖于常理的方式联系在一起，以至于最后所有人都输了。毁灭性的战争和经济危机通常就是这种情况。近年来的一些分析修正了有关殖民主义的普遍结论，更关注殖民化给殖民国家自身所带来的影响。

首先，并不是所有发达国家都实行殖民主义，澄清这一事实非常重要。众所周知，美国就不是一个殖民国家。尽管许多欧洲国家曾是殖民国家（还有曾殖民韩国的日本），但并不是所有殖民国家都能在经济上获利。因此，殖民主义并不是经济增长的必要组成部分。其次，我们对于殖民运动的评价就像对待其他事件一样，取决于所选取的时间范围。那些从短期来看得到的东西，从长期来看或许就是损失；反之亦然。对殖民主义通常应该进行长期甚至超长期的分析。最后，殖民主义是一个多维度的现象：在新土地上定居的渴望、改变新人群宗教信仰的动力、传播自身文化的自豪、控制军事战略要

地的需要，还有与其他大国在经济利益之外竞争的需要。

133   有了以上这些说明，我们现在可以尝试通过一项指标进行比较分析，该指标反映了殖民国家在多大程度上介入了殖民地经济：贸易。由于缺少资本投资的信息，事实证明我们所掌握的信息与贸易的重要性密切相关，因而可以考虑将贸易作为衡量殖民地对殖民国家经济上重要性的完全指标。从表 8.4 可以看出，在第一次世界大战前，英国是唯一一个与其殖民地有着密切经济联系的国家，而法国和日本在第一次世界大战之后稍稍加强了这种联系。这种经济上的联系对于其他国家可以说是微不足道的，特别是德国——德国被《凡尔赛和约》（Treaty of Versailles）剥夺了殖民地，见第 9 章。[1] 因此，要确定殖民主义给经济带来的正面影响，其研究范围被局限在了极少数国家，而我们只有英国的精确的成本 – 收益定量分析数据。[2] 由于殖民地有时会有大量的军事和行政成本，想要了解是否存在真实收益，必须扣除这些成本后进行计算。

132   表 8.4　1894—1934 年殖民地出口占总出口的比例

单位：%

时间	英国	法国	荷兰	德国	意大利	日本
1894—1903	30	11	5	0.3	0.3	3
1904—1913	33	13	5	0.6	2	8
1919—1928	41	15	7	—	2	14
1929—1934	44	24	5	—	2	21
1900 年左右殖民地的人口数量（100 万人）	325	36	34	10	—	—

数据来源：Clark, *The Balance Sheets of Imperialism*.

133   Davis 和 Huttenback（1988）完成了这项工作。[3] 他们将 1865—1914 年期

---

[1] 到了 19 世纪末，除上述国家外，只有葡萄牙拥有一个具有一定重要性的殖民地，该地区人口近 800 万，贸易额占葡萄牙出口的 9%，进口的 16%。

[2] 有关法国，有一些研究强调了殖民地的巨额成本，然而却没有能够给出决定性结论的细致分析。Brunschwig, *French Colonialism 1871–1914*.

[3] Davis & Huttenback, *Mammon and the Pursuit of Empire*.

间大英帝国设在殖民地的公司利润率作为在当地获得的收益。[1] 他们计算了直接的军事和行政费用，并从收益中减去这些费用以获得净利润率；然后再将它与殖民地以外的其他公司的利润进行比较，得出的结论是：在 19 世纪 80 年代之前，位于殖民地的英国公司拥有优势，因为它们许多是垄断企业。随后，这种状况和其他条件发生了改变，以至于殖民地以外的企业的利润率更高。当然，投资者挣到了（较高的）名义利润率，于是继续相信他们的投资是有利可图的，并向英国政府施压要求继续留在殖民地。在此过程中遭受损失的是英国政府，还有那些承担殖民地开销的纳税人。[2]

我们应该注意到，Davis 和 Huttenback（1988）考虑的只是直接成本。其他研究表明，间接成本同样存在。这对于英国而言尤为重要，因为英国深度介入了殖民地的经济结构。许多人指出，由于英国殖民地市场上对纺织、钢铁和铁路的需求，英国工业在第一次工业革命中超量生产了这些产品，但在第一次世界大战前却被欧洲市场上更为复杂的产品从技术上超越，从而导致英国失去了领导地位。如果再加上第二次世界大战后去殖民化的不利影响，我们可以得出与 Davis 和 Huttenback（1988）一样的结论：英国从整体而言并没有因殖民而受益，但是，私人投资者却从中得到了好处。[3]

---

[1] 尚未有研究对在此之前的时期进行分析，但是，众所周知，殖民地在英国的生产中仅扮演着边际市场的角色。它们向英国提供了战略性的进口商品，例如原棉，以及强烈的动机来生产船只以控制定居点和国际贸易。

[2] Davis 和 Huttenback（1988）的解释引发了众多讨论，其中有一些反对意见：O'Brien, "The Costs and Benefits of British Imperialism 1846–1914"; Offer, "The British Empire: A Waste of Money?".

[3] Davis & Huttenback, *Mammon and the Pursuit of Empire*, 267.

第 9 章

第一次世界大战的社会经济影响

　　第一次世界大战爆发的原因有很多，在这里虽然不能提供全面的总结，但是回顾下当时的一些经济背景是十分有用的。我们将讨论的内容包括：1870—1871 年在阿尔萨斯－洛林地区爆发的普法战争带来的重大经济影响——因为该地区蕴藏着重要的铁、锌和煤等资源；意大利和法国的民族主义社会目睹了德国企业的成功和扩张；欧洲各主要大国一直以来在巴尔干地区存在的紧张的经济冲突；还有德国和俄罗斯针对贸易保护主义爆发的严重争端（当时波兰并不存在，两国直接接壤）。但是，如果欧洲没有这种根深蒂固的观念，即战争是宣示霸权、夺取领土和获得财富的有效手段，那么所有这些因素都不足以引发战争。

　　这是前工业化时代遗留下来的问题，那时生产力的停滞和资本存量的稀缺可以作为支持这种观念的理由。[①]事实上，在工业时代，这种观念毫无根据，因为还有其他途径可以致富（如投资以提高生产率，从而提高人均收入），而且战争还成为一种通过破坏固定资产和人力资本，以及扰乱市场来减慢积累的手段。战争往往以所有参战国均遭受重大损失而告终，这是一种负和博弈。这种新观念在整个欧洲传播得非常慢，特别是在德国这样的国家，甚至

---

① 我们谈到了正当性是因为战争在前工业化时代也可能是非常有害的，与此相伴的往往是饥荒和传染病。

像 AEG 的拉特瑙（Rathenau）等大企业家都热衷于战争。①

第一次世界大战是漫长的，毁灭了大量的人力资本和实物资本。近 900
万名士兵在战争中阵亡，大约 4000 万人在 1918—1919 年爆发的"西班牙流
感"中死亡，其中还不包括在苏俄内战中丧生的平民，"西班牙流感"是一种
由战争传播开来的致命流感。尽管第一次世界大战中大多是阵地战，但是法
国、比利时、波兰和威尼托都遭遇了空袭和入侵。从已经发表的有关战争影
响的研究中，正如表 9.1 所示，可以看到人类的损失和资本的毁灭有多严重。
我们还应该加上奥匈帝国的解体，以及德国赔款的戏剧性事件，还有欧洲经
济的放缓。

表 9.1　第一次世界大战的影响

指标		数值
战争持续时间（天）		1564
参战国家数量（个）		33
参战国总人口（100 万人）		1100
动员士兵（100 万人）		70
伤亡士兵（100 万人）		20
残疾士兵（100 万人）		15
死亡平民（100 万人）		10
人力资本损失占战前水平的比例（%）		
	英国	3.6
	法国	7.2
	俄罗斯	2.3
	意大利	3.8
	德国	6.3

① 参见 *Quest for Economic Empire* 第 9 页对博格安（Berghahn）介绍中的引述。

（续表）

指标	数值
奥匈帝国	4.5
实物资本损失占战前水平的比例（%）	
英国	9.9
法国	59.6
俄罗斯	14.3
意大利	15.9
德国	3.1
奥匈帝国	6.5

数据来源：Broadberry & Harrison, *The Economics of World War I*, 28,35.

正如我们所见，由于巨额的军事开支，参战国的财政状况遭受了严峻的 *137* 考验，所带来的影响到后来一直长期存在。在法国和意大利等国家，钢铁、武器和炸药的生产基地不足，不得不扩大生产，这需要国家额外的财政投入。由于无法仅仅依靠增加税收和扩大公共债务来满足这些投入，除英国外的各国政府普遍诉诸印钞的方式。这导致了通货膨胀，尽管在战争时期由于价格被管控在一定程度上通货膨胀得到了抑制，但随后却突然爆发（见表9.2），结果是各国放弃了金本位制。交战各方不得不在没有国际援助的情况下解决这些难题：通货膨胀、重新平衡公共财政、回归金本位制、让幸存士兵重新承担在战争时期由妇女承担的工作、将工业生产从战争模式转为和平模式、实物损失赔偿。这些问题造成社会和政治的紧张局势，但是欧洲四个主要经济体始终无法找到合理的解决方案。

表 9.2　1913—1924 年消费价格指数

1913 年 =100

年份	英国	德国	法国	意大利	美国
1913	100	100	100	100	100
1914	97	103	102	100	103
1915	115	129	118	109	101
1916	139	169	135	136	113
1917	166	252	159	195	147
1918	225	302	206	268	171
1919	261	414	259	273	189
1920	258	1017	359	359	204
1921	234	1338	312	427	180
1922	190	15,025	300	423	167
1923	180	15,883	335	423	171
1924	181	128	282	436	171

数据来源: Mitchell, *European Historical Statistics; International Historical Statistics: Africa and Asia; International Historical Statistics: The Americas and Australiasia*.

 9.1　奥匈帝国的解体和欧洲版图的重新划分

　　德国占领了奥匈帝国 13% 的领土；阿尔萨斯 – 洛林被归还法国；在波兰地区，俄罗斯和哈布斯堡家族（Hapsburgs）所占有的波兰领土与其他地区重新统一，建立起新的国家。在奥匈帝国的废墟上，建立起十个国家，以及两个自由城市——里耶长 ① 和格但斯克（Gdansk），另外意大利也获得了部分领土（见图 9.1）。②

―――――――――――――

① 旧名阜姆（Fiume）。

② 有关东欧经济体，参见 Berend & Ranki, *Economic Development*; Kaiser & Radice, *The Economic History of Eastern Europe 1919–1975*; Aldcroft & Morewood, *Economic Change in Eastern Europe Since 1918*; Teichova, *Central Europe in the Twentieth Centry*。

各国边界上的海关关卡增多了，流通中的货币增多了（同样增多的还有中央银行），新的财政体系也建立了起来，所有这一切都意味着欧洲走向了进一步分裂。新的国家必须在没有国际经济援助的情况下开始其经济生活，这进一步预示了未来的动荡。当时国际上只有一个小型的美国私人援助基金——美国救济管理局（American Relief Administration，ARA），从 1919 年 1 月持续到同年 7 月。在凡尔赛 ① 成立的不牢靠的国际联盟（League of Nations）② 仅仅能够组织一些国际会议 ③，并为那些在奥匈帝国解体后组建的新生国家提供建立财政和货币体系的咨询服务，而所有必要的资本这些国家都不得不以当时现行的利率在国际市场上筹集，因而给新生国家的公共财政带来了债务负担。

除了制度上的不确定性和外债，新生国家还面临哪些主要挑战？

第一，土地改革。由于政治和经济原因，东欧居住着众多人口的土地被重新划分。这就需要进行改革，而改革不仅在政治上十分困难，而且在经济上还具有破坏性。从某种意义上来说，随着大片土地被分割，生产力下降，只有在建设适当的基础设施并更加集约地使用土地之后，生产力才能恢复。

第二，贸易重构。过去分属不同国家集群之间的贸易联系必须进行重组，以适应新生国家国内市场和更加多元化的国外市场，而这一过程需要时间。

第三，基础设施整合和重新配置。通常而言，新生国家的国内基础设施要么过去属于不同的国家（具有不同的标准），要么是依照不同的方向和尺寸建造的。例如，曾经是奥匈帝国首都的维也纳成为一个小国的首都，还有南斯拉夫和波兰，其中波兰继承了三种不同轨距的铁路。

第四，工业化。除捷克斯洛伐克和奥地利外，很少有新国家拥有相对雄厚的工业基础，因此这些国家必须在较为不利的条件下推动工业化。大多数国家立刻会想到提高关税，而这导致欧洲从整体上出现了关税增加的趋势。

---

① 回想起美国最终拒绝加入国际联盟，从而削弱了第一次世界大战结束后成功建立的唯一国际机构。

② 简称"国联"，是《凡尔赛和约》签订后建立的旨在维护世界和平的国际组织，于 1920 年 1 月 10 日成立，1946 年 4 月解散。——译者注

③ 主要的会议有 1922 年的热那亚会议，其目的是恢复金本位制；以及 1927 年的日内瓦会议，旨在降低关税，但却未能成功，因为会议的决定并未得到批准。

正如我们将要看到的那样，在 1929 年危机之后，关税提高得更多。然而，大力推行工业化的尝试所取得的成果并不理想（见表 9.3，表中列出了 1929 年的情况，那一年的大萧条让各国的情况变得更糟）。只有捷克斯洛伐克实现了良好的增长，其在 1920 年已具有相当不错的基础，在此基础上，其工业生产指数翻了一番还多。波兰和保加利亚的发展实在不尽人意。波兰主要因为受到战争的不利影响（其在 1920 年的工业生产水平已降至战前的三分之一）；保加利亚则是因为国家的彻底分裂。如果我们考虑到 1929 年奥地利的人均收入水平刚刚超过美国人均收入水平的一半，那么就可以理解这些国家有多么贫困。

总之，东欧领土重新划分后产生的新生国家，如果要巩固和发展成为一个更加繁荣的国家，就需要长期的国际繁荣与和平。然而这一切都没有发生，最初是因为大萧条的出现（见第 11 章），接着是世界大战再次爆发，所产生的政治环境使这些国家和地区的经济至少倒退了 50 年。正如我们在第 12 章中将要看到的，东欧的持续动荡使其十分脆弱，极易成为动乱的牺牲品，而西欧则深受其害。

9.2 德国战争赔偿和 20 世纪 20 年代的德国经济

一个新的魏玛共和国在最不祥的征兆下开启了经济生活。战争不仅给德国造成了巨大的人员伤亡（200 万名士兵丧生），而且还失去了 13% 的领土，其中包括了能够生产 75% 的铁矿、68% 的锌矿和 26% 的煤矿的领土。德国所有的殖民地被战胜国瓜分，海军和所有剩下的武器装备，还有超过 1600 吨的商船、四分之一的捕鱼船队和数千辆机车、轨道车和卡车均被没收。德国被禁止进行物资采购，而且直到 1923 年，德国一直被迫向协约国提供各种实物资产作为战争赔偿的一部分。

我们接下来讨论战争赔偿的问题。美国总统伍德罗·威尔逊（Woodrow Wilson）提出的十四项和平原则构成了《凡尔赛和约》的基础。《凡尔赛和约》中规定对战争负有责任的德国应为协约国所遭受的损失支付赔偿。其中具有

表 9.3　1913—1929 年前奥匈帝国国家的工业生产指数和人均收入水平

国家或地区	工业生产				人均收入		
	1913—1929 年的增长率	指数（1913 年 =100）			1913—1929 年的增长率	1929 年指数（1913 年 =100）	1929 年指数（奥地利 =100）
		1920 年	1924 年	1929 年			
奥地利	1.0	47	80	118	1.1	123	100
匈牙利	0.2	48	67	103	-0.1	97	57
捷克斯洛伐克	3.9	87	124	186	1.1	122	82
波兰	-0.8	35	57	87	1.2	125	57
南斯拉夫					-0.5	90	37
罗马尼亚					-1.5	69	31
保加利亚					-1.0	81	32

数据来源：Feinstein, Temin & Tonido, *The European Economy Between the Wars*; Good &Ma, "The Economic Growth of Central and Eastern Europe in Comparative Perspective, 1870–1989".

争议的第 232 条指出："德国保证，对在交战期间，协约国或参战国抵御德国通过陆、海、空发动的进攻所造成的平民和财产的一切损失予以赔偿。"由此可以看出，《凡尔赛和约》对赔偿并没有定量的衡量，对于损失有着较为宽泛的解释，例如，有人会认为德国还应当支付协约国占领军的费用和战争抚恤金。为了达成一项可行的协议，在柏林设立了赔偿委员会，在此期间所有的赔偿征用都是以实物方式进行的。①

在继续讨论那些决定赔偿数额的复杂事件之前，让我们先稍事停顿，反思一下过程本身。在过去，战争中的战败方有时会被要求支付赔款，但总体而言是一次性赔付，在某些情况下可以分期支付。当 1871 年普法战争结束时，法国被要求向德国赔偿一笔黄金，之后法国很快兑现，而这在增加德国黄金储备的同时引发了——在金本位制下——通货膨胀，不利于德国的出口。我们知道，俾斯麦（Bismarck）曾对索要赔偿表示后悔，并说当下次赢得战争时，将向战败者支付赔偿（为了帮助其走出经济废墟）。这一事件所暴露出来的是，战争赔款在破坏已有经济平衡的同时，不仅会让战败者感到厌恶，而且当其失去黄金储备时也会带来麻烦，就像第一次世界大战后的德国一样（上文引述的法国不属于这种情况）。

在这一点上，我们便可以理解为什么像凯恩斯那样精明的头脑，会在一部广为流传的著作中指出，如果不想招致受压迫国家的报复，建议在要求赔偿时要谨慎和节制。②正如我们所见，由于德国的赔款也与协约国支付战争债务挂钩，因此凯恩斯建议取消这两项。他认为不论是支付战争赔偿还是战争债务都不应该超过几年的时间，因为"它们不符合人类的本性和时代的精神"。③凯恩斯的建议最终以劝说美国应大力援助欧洲的重建而告终，因为他

---

① 协约国要求德国持续供应各种产品，其中包括煤炭。德国在 1919—1922 年期间供应的煤炭占德国 GDP 的 4% 至 5%。

② Keynes, *The Economic Consequences of the Peace*. 凯恩斯的预言原文："如果我们蓄意致使中欧贫困，我敢预言，复仇将绝不手软。没有什么可以拖延很久，最终反动势力和绝望的革命暴动之间的内战将摧毁我们这一代人的文明和进步，不管最后的胜利者是谁。在此之前，过往的德意志战争的惨状将消失在历史的尘埃中。"（*Ibid*, 251.）。

③ *Ibid*, 264.

清楚地看到美国已经成为一个新兴的霸权。

凯恩斯的建议遭到了全盘否定，现实超过了他最悲惨的预言，最终导致了第二次全球性的冲突。美国坚持要求其盟国偿还战争时期的贷款（见表 9.4 中的估算），这让获胜的欧洲各国更加强硬地要求德国偿还至少足以支付美国债务的赔款。

表 9.4　战争债务和德国赔款

	德国赔款（10 亿德国马克）		战争债务（10 亿美元）				
	赔款手续费	德国政府	借方 / 贷方	美国	英国	法国	其他国家
截至 1921 年 8 月 31 日	8.1	51.7	美国	—	4.7	4.0	3.2
道威斯计划 （Dawes Plan）	7.6	8.0	英国	—	—	3.0	8.1
杨格计划 （Young Plan）	2.8	3.1	法国	—	—		3.0
其他	4.5	5.0	其他国家				
总计	23.0	67.8	总计	—	4.7	7.0	14.3

注：马克兑美元的汇率：1 美元 =4.2 马克，所以 230 亿马克约等于 55 亿美元。

数据来源：Sauvy, *Histoire conomique de la France entre les deux guerres*; Holtfrerich, *German Inflation 1914–1923*.

战争债务与战争赔款之间的这种联系导致了一种恶性循环，最终带来了巨大的损失。我们需要了解这些事件相互之间是如何联系的。柏林委员会有关赔款的第一项提议是在 1920 年 6 月 20 日的布洛涅会议上提出的，总额为 2690 亿马克。要了解这一数字的数量级，我们可以将其与当时德国的国内生产总值进行比较：这一数额大约是后者的 6 倍。德国人认为这并不现实，因而要求对其进行修改，这不令人意外。在 1921 年 1 月的巴黎会议上，欧洲委员会将赔款调低至 2260 亿马克，但是除了之前讨论的实物支付，还增加了向德国出口产品征收为期 42 年的 12% 的关税的条件。德国的回应是，这些条件仍然无法接受。针对德国的回应，协约国于 1921 年 5 月下达"伦敦最后通牒"，将赔款金额定为 1320 亿马克，并按照 6% 的利率分期支付。为了确保

赔款的资金流，委员会确定了一系列专门的财政来源。然而，这仍然比凯恩斯视为可行的最大数额高出了三倍。

这次德国别无选择，但是由于其内部经济形势混乱（我们将在下一章中看到），德国要求暂停货币支付，同时继续以实物进行支付。围绕这些实物支付（如电线杆和煤炭）引发了争议，最终以法国和比利时军队在 1923 年 1 月入侵鲁尔地区并指挥产品供应而结束。德国当地居民以停产作为回应，而这需要政府补贴的支持。原本已经岌岌可危的德国货币状况开始急剧恶化。1921 年，税收收入占所有支出的 47%，1922 年占 40%，而在 1923 年则降至7%，到了 1923 年 10 月仅占 1%。德国政府通过印钞来实现收支平衡，于是通货膨胀演变为恶性通货膨胀，整个德国的货币体系被摧毁了。

1923 年 11 月，在恶性通货膨胀导致原来的马克无法继续使用后，[1] 德国政府推出了一种新马克，即地产抵押马克（Rentenmark）。这种货币大致建立在德国土地、工业和现有基础设施价值的基础上。同年 12 月，为了给战争赔款制订合理的赔付计划，由美国高级官员查尔斯·道威斯（Charles Dawes）领导的委员会接受委托承担了这项任务。道威斯计划于 1924 年开始实施，其中规定了根据德国经济繁荣指数逐年增加的年度限额，但是没有制定时间表。此外，为了推动该计划的实施，还提供给德国一项可以在纽约证券交易所发行的商业贷款。这项计划取得了极大的成功，德国经济不仅可以用这笔贷款的收益来支付赔款，还可以弥补国际收支中的一些其他差额。直到 1924 年 8 月，在道威斯计划实施之后，德国流通的货币——德国马克（Reichsmark）才最终稳定下来（见表 9.5）。

表 9.5　1922—1929 年战后货币稳定情况

国家或地区	货币稳定下来的年份	新平价相当于战前平价的百分比（%）
瑞典	1922	100
荷兰	1924	100
英国	1925	100

---

[1] 1 美元兑换 4,200,000,000,000 马克。

（续表）

国家或地区	货币稳定下来的年份	新平价相当于战前平价的百分比（%）
丹麦	1926	100
意大利	1926	27.3
法国	1926	20.3
捷克斯洛伐克	1923	14.6
比利时	1926	14.5
南斯拉夫	1915	8.9
希腊	1927	6.7
葡萄牙	1929	4.1
匈牙利	1924	0.0069
奥地利	1922	0.00007
波兰	1926	0.000026
德国	1923	0.0000000001

数据来源：Feinstein, Temin & Toniolo, *The European Economy Between the Wars*.

外国资本的流入带来了这种稳定，因此德国经济高度依赖这些资本。这些外国资本（其中三分之二来自美国）在 1925—1927 年间为三分之一的德国国内投资提供了资金。大量涌入的外币超出了用于分期赔付的战争赔款，保持了国际收支平衡。正如 Costigliola（1976）所说：毋庸置疑，"道威斯计划是 20 世纪 20 年代的美国努力去帮助建立一个繁荣、稳定的欧洲的基石。"但是，出于多种原因，"这一结构的根基并不稳固。"[1] 德国必须维持高利率以吸引私人资本而非公共资本。但是，由于市政当局将大部分贷款用于公共基础设施项目和农业部门，因此并没有足够的利润来支付如此高的利率。利率下降导致德国的投资吸引力下降。[2] 德国市场对外国投资者的吸引力下降，特别是对于美国的资本家而言，他们见证了美国的证券交易所在 1928 年一路发展

147

① Costigliola, "The United States and the Reconstruction of Germany in the 1920s", 497.

② Schuker, *American "Reparations" to Germany* 提出，大多数从美国流入德国的资本从未被偿还。

壮大。当德国经济在 1927 年开始降温的时候，[1]美国资本的撤离不可避免，这导致了德国经济的恶化，后来在 1928 年年底演变为一场危机，下一年美国的经济大萧条也即将上演。1928 年是德国在战后最好的一年，但国内人均收入仅比战前高出 13%。然而，正如表 9.6 所示，在我们所分析的所有经济体中，德国的情况并不是最糟的。

148

表 9.6 有关 1929 年的经济指标

1913 年 =100

参数	法国	德国	意大利	英国	美国
人均收入	135	111	121	112	130
工业产出	142	120	158	128	193
出口	147	92	123	101	158

数据来源：Maddison, *Monitoring*; Feinstein, Temin & Toniolo, *The European Economy Between the Wars*; Maddison database for per capita income.

147 　　1928 年，人们再次寻求一种新的更加明确的赔款计划。这项任务被委托给由美国银行家欧文·杨格（Owen Young）领导的新的委员会，该委员会于次年制定了杨格计划。该计划设定了一个更低的年度赔付额，并在此后逐年增加，一共分 37 年还完。当协议达成时，德国经济已经陷入危机，而全球危机也将在美国危机发生后不久爆发。当 1931 年 6 月国际金融危机到达顶峰的时候，战争赔款和债务支付终止了，并且再也没有恢复。

　　战争赔款的影响使得德国经济疲软、萧条，这使德国成为大萧条的发源地之一。在此我们应当提及这些影响的另一面，即"重新评估"的问题。恶性通货膨胀彻底摧毁了所有流动资本（银行存款、国债等）以及流通中的资金；这给中产阶级带来了巨大的损失，因为他们是这些资本最大的持有者。当局面稳定之后，一场无休止的讨论拖延了可以部分弥补这些损失的可行方案，最终什么都没有做。这加剧了中产阶级对魏玛共和国的不满，并将德国推向了政治极端主义。大萧条的灾难性后果进一步强化了这一趋势（对此我们将

---

[1] Temin（1971）认为，这种经济降温最初只是一种内部现象，而后来美国资本的撤离加剧了这一现象。参见 Temin, "The Beginning of the Depression in Germany"。

在第 11 章进行更多的介绍）。①

总而言之，如果你认同柏林委员会的评估，德国实际支付的赔款只是很少的一笔钱（见表 9.4）；这一数字并没有包含大部分的实物支付和被没收的国外资产的价值（但德国政府将其计算在内）。为了得到这样一个可怜的结果（德国支付 55 亿美元的战争赔款，而战争净债务为 183 亿美元），协约国通过了一项如果放在别处可能会更好的决定。正如我们将在第 12 章中看到的那样，凯恩斯曾经预见的负面效应出现了。美国和那些赢得战争的欧洲国家应当为这项愚蠢的政策负责。前者由于孤立主义，并没有承担起平衡世界经济和政治的重担，② 后者尚未意识到必须放弃民族主义的旧逻辑（复仇）去接受欧洲一体化的新逻辑。最后，我们应当指出，德国的赔款不只是一个巨大的政治错误。从经济学的角度来看，国际资金流动的设计极不合理。事实上，美国要想让别的国家偿还贷款，就应该保持国际收支逆差以吸收国外资本。然而，美国却继续保持国际收支顺差，因此不得不给偿还贷款的国家提供资金，实际上这使美国要求别国还款的愿望成了泡影。

9.3 20 世纪 20 年代的英国、法国和意大利

20 世纪 20 年代见证了欧洲未能进入一个新的发展周期，这从根本上是由于结构性的原因和上一节中所讲到的国际关系。在本节讨论的欧洲最大的三个经济体中，作为战前领袖的英国表现得最不尽如人意。战前经济最为雄厚的两个欧洲国家——英国和德国——的经济疲软导致 20 世纪 20 年代整个欧洲经济增长放缓。在这种经济低迷的环境中，尽管法国和意大利政局动荡——由于各自不同的原因——但对经济所造成的负面影响较小。采用比较分析将有助于对各国内部的政治经济和国际影响进行比较，从而得出结论。③

---

① Taylor, *The Downfall of Money*.

② 美国最多接受了双边谈判，或者在危机最严重的时刻接受了"银行家外交"，但这并没有正式地将其推上前台。

③ 有关 20 世纪 20 年代所发生的事件的概述，参见 Meier, *Recasting Bourgeois Europe*。

英国：不惜一切代价的英镑至上

由于《凡尔赛和约》中的各种不合理要求，德国的困难是可以预见的。然而更令人惊讶的是，作为战胜国的英国，其经济在20世纪20年代持续不断下滑，以至于1929年英国的人均收入仅仅略高于战前水平（见表9.6）。工业失业率维持在高位（见表9.7），水平与丹麦相当，而出口则停滞不前。令人好奇的是，究竟是什么造成了如此灾难性的后果。第一次世界大战在经济、工业和商业上削弱了英国。英国的工厂没有升级，传统出口也已被其他国家取代。同时，英国和美国的债务累计达到47亿美元，而英国向其他欧洲盟国发放的贷款则变为不良贷款。尽管相比其他欧洲国家，英国的通货膨胀率更为可控，但却高于美国，这就造成英镑不可避免地发生贬值，然而英国却不惜一切代价想要避免这种情况发生。政治家和经济学家普遍认为，如果第一次世界大战前的状况得以恢复——其中之一便是货币的稳定——英国的经济问题将可以解决。当其他欧洲国家迫于美国道威斯计划的压力恢复金本位制时，英国在1925年4月决定恢复第一次世界大战前英镑兑换美元的汇率，即4.86美元=1.00英镑（见表9.5）。

150

表 9.7　工业失业率

单位：%

年份	法国	德国	英国	美国
1920	–	3.8	3.2	8.6
1921	5.0	2.8	17.0	19.5
1922	2.0	1.5	14.3	11.4
1923	2.0	10.2	11.7	4.1
1924	3.0	13.1	10.3	8.3
1925	3.0	6.8	11.3	5.4
1926	3.0	18.0	12.5	2.9
1927	11.0	8.8	9.7	5.4
1928	4.0	8.6	10.8	6.9

单位：%（续表）

年份	法国	德国	英国	美国
1929	1.0	13.3	10.4	5.3
1930	2.0	22.7	16.1	14.2
1931	6.5	34.3	21.3	25.2
1932	15.4	43.5	22.1	36.3
1933	14.1	36.2	19.9	37.6
1934	13.8	20.5	16.7	32.6
1935	14.5	16.2	15.5	30.0
1936	10.4	12.0	13.1	25.4
1937	7.4	36.9	10.8	21.3
1938	7.8	3.2	12.9	27.9

数据来源：Oliver & Aldcroft, *Economic Disasters of the Twentieth Century*, 52.

Moggridge（1972）详细地描述了英国政府对第一次世界大战前金本位制的肤浅分析，还有其对英国依然是领先国家的信心——因此英国无须忍受其他国家最终决定不合作的负面冲击。[1] 英国政府参考了传统的经济理论。这种理论认为可以通过价格和工资弹性、博弈规则的合理应用，还有准备金的使用来重新恢复平衡。英国政府的决定不仅得到了伦敦市的支持——其认为英镑升值是有益的——而且更令人惊讶的是，这一决定甚至得到了英国工业联合会的支持——他们似乎并不担心由此所造成的出口竞争力的下降。

凯恩斯是唯一一位反对财政大臣温斯顿·丘吉尔（Winston Churchill）所做决定的人。在英镑稳定后，凯恩斯立即发表了一篇言辞激烈的文章疾呼呐喊，然而不幸的是无人理会。凯恩斯反对运用与实际情况不符的过时理论，[2] 预见到这一决定将通过政策的"阻碍而非打击，损害而不毁灭，导致两种最糟

① Moggridge, *British Monetary Policy 1924–31*.

② 他在 "The Economic Consequences of Mr. Churchill" 中写道："如果我们继续将基于放松管制和自由竞争假设的经济学原理应用到正在迅速放弃这些假设的社会中，那么我们就是愚蠢的……"引自 Pollard, *The Gold Standard and Employment Policies Between the Wars*, 38.

糟的结果：货币被高估和通货紧缩"，让英国经济处于"长期的虚假均衡"中。[1]
实际上，为了维持高估的货币，英国政府不得不依赖高利率的货币政策，从而
抑制了投资，并导致出口下降，1926年矿工的长时间罢工也造成了出口下滑。
国际收支出现逆差，黄金储备维持在低位，这给不愿依赖贷款的英格兰银行
造成了巨大问题。这种状况持续到20世纪20年代末才开始改善，然而大萧
条之后情况再次出现反转。

法国：现实可行的货币稳定

20世纪20年代的法国经济中存在许多悖论。首先，作为一个战争中遭
受重大损失的国家[2]，法国认为通过战争赔款来实现重建的手段是极其重要的，
并且它在和平时期的外交就建立在这一基础上。但实际上，由于赔款支付的
迟缓和不足，法国最终还是依靠自己的力量进行了重建。战后收复的阿尔萨
斯－洛林是一个原材料储量丰富的工业化地区，再加上战争时期提升的重工
业生产力，二者无疑发挥了建设性作用。但是，另一个悖论也值得一提，即
困扰法国的巨大政治动荡。政治动荡在1924年3月至1926年7月期间达到
顶峰，29个月的时间里一共换了11个政府，幸而最终并未以独裁政府结束。
正如我们将看到的，意大利的情况也十分类似，但是却没能坚持民主制度。
之所以会如此，是因为法国出现了一位名叫雷蒙德·庞加莱[3]的人。他既可靠
又能干，在1926年7月23日稳定了法郎（尽管在法律上直到1928年6月才
实现），恢复了公共财政和货币政策的秩序，而并没有损害法国的民主。

还有一个悖论与法国稳定货币的方式有关。法国并没有听从英国的建议，
而是将法郎兑美元的汇率稳定在25.53法郎兑1美元，而非战前的5.18法郎
兑1美元。法国承认了战争时期和战后的货币贬值，且未尝试恢复战前的汇率。
法国的成功恰恰印证了英国的失败，尽管英国人并不愿意承认——英国不断

152

---

① 引自 Moggridge, *Maynard Keynes*, 490。

② 130万名士兵死亡，另有110万名重伤，此外还有30万名平民伤亡，10个省份被破坏；另参见
表9.1。

③ 雷蒙德·庞加莱（Raymond Poincaré, 1860—1934）是当时法国政界最受尊敬的人之一。

谴责法兰西银行增持黄金，以及法国政府允许法郎贬值，旨在夺取英国出口的海外市场。事实上，在一个像 20 世纪 20 年代那样缺乏多边国际经济体制的世界里，各国之间根本无法协调决策。当所有人站在这个角度时，批评一个国家（包括英国！）的单方决定是鲁莽、自私且不合法的。

在以上所分析的三个国家中，法国的经济表现是最好的，尽管意大利在工业生产上超过了法国。特别是法国的出口增长了 50% 左右，人均收入则显著增长了大约三分之一，这些都是其经济发展的亮点。

意大利：从民主到专制

尽管法国经历了巨大的政治动荡，但意大利的麻烦无疑更突出。意大利竟陷入了长达 20 年的独裁统治之中。意大利放弃民主是由许多因素导致的，这在战前是无法想象的。我们列出其中的一部分因素：[1]

★ 由于陷入严重的财政赤字，对于工业从战时生产转变为和平时期生产的艰巨过程，政府无法给予支持，随之而来的是公司和银行的破产。

★ 失业和通货膨胀加剧了社会冲突，导致了 1919—1920 年的"红色两年"（Red Biennial）[2]，在冲突中土地和工厂被占领。

★ 选举制度在 1919 年经历了从多数投票制向比例代表制的转变，预示着一个缺乏必要权威的少数党政府时期。

★ 贝尼托·墨索里尼（Benito Mussolini）于 1919 年发起了法西斯运动，警察却无法对违法行为进行有力还击。

★ 维克多·埃曼纽（Victor Emmanuel）国王对自由主义不屑一顾——他不想动用军队去阻止 1922 年的罗马游行，而是将权力移交给了在米兰等待的墨索里尼。墨索里尼乘坐卧铺火车抵达罗马，成立了他的第一个政府。

---

① 参见 Zamagni, *An Economic History of Italy* 中的详细内容及其参考书目，以及 Toniolo, *L'economia dell'Italia fascista*。

② 指第一次世界大战后，意大利在 1919—1920 年经历的激烈社会冲突。——译者注

　　哪些因素对墨索里尼上台的最终结果最为重要？要想做出判断并不容易。毫无疑问，战争的影响和战后重建缺少国际援助是引发整个过程的起因，而大规模民主（mass democracy，直到 1913 年意大利才实行了男性普选）极其有限的实践是另一个潜在原因。尽管如此，墨索里尼掌权后，并未立刻推翻之前的政策。实际上，他任命了阿尔贝托·德·斯特凡尼（Alberto De Stefani）——一位倾向于法西斯主义的自由派经济学家——出任财政部部长。德·斯特凡尼继续推进之前已启动的公共财政再平衡进程，并实现了预算平衡。罢工被禁止（直到 1925 年才解散了工会）、经济反弹，但同时也带来了过高的通货膨胀趋势，这促使墨索里尼在 1924 年年底让朱塞佩·沃尔皮（Giuseppe Volpi）取代德·斯特凡尼担任财务部部长。沃尔皮是一位杰出的威尼斯金融家和企业家，他创立了 SADE 电力公司和 CIGA 大型酒店集团。沃尔皮必须面对偿还英国和美国债务的问题，但他设法一笔勾销了几乎所有债务，后来他又必须稳定里拉以重新加入金本位制。

　　紧要关头，沃尔皮希望像法国那样按照市场当前的汇率稳定里拉，但却被墨索里尼断然拒绝。墨索里尼 1926 年 8 月 18 日在佩萨罗的一次著名演讲中提出了"定额 90"（Quota 90），汇率被高估为 1 英镑兑 90 里拉[1]，与墨索里尼在 1922 年上台时的汇率大致相同。[2] 于是，没有人可以说墨索里尼让里拉"失去了价值"！[3] 与此同时，意大利还合并了公共债务，银行体系也进行了改革，意大利银行首次成为唯一的货币发行银行。

　　由于采取了这些措施，包括凯恩斯在内的许多经济学家都认为，出口和投资的下降将会引发危机。结果，独裁政权的巩固让政府可以毫不费力地操纵物价和工资水平，从而避免出现严重危机，甚至到了 1928 年，意大利的经济开始复苏。意大利政府致力于出台"整体土地开垦"政策，旨在从结构上改善本国农业，国内的状况似乎恢复了正常水平。总体而言，20 世纪 20 年代

---

① 确切来说应为 1 英镑兑 92.46 里拉。——译者注

② 无论如何，这比战前的 1 英镑兑 25.5 里拉的汇率要低。

③ 有关"定额 90"的解释非常多，其中 Cohen 在" La rivalutazione della lira del 1927"中坚持认为，在 1925 年年底关闭议会后，墨索里尼甚至希望将他的意志强加在商人身上。

意大利的经济发展相当良好，各行各业的工业生产都有增长，特别是化工行业，首次出现了像 Montecatini 和 Snia Viscosa 这样的重要企业（有关经济发展的整体状况，见表 9.6）。传统研究认为法西斯统治下的意大利经济停滞不前，这是站不住脚的。然而法西斯政府对 1929 年危机的回应让意大利走上了与民主政府所预想的完全不同的道路。

9.4 美国"奔腾的 20 年代"

　　在美国，20 世纪 20 年代是经济快速增长的 10 年，也是基于大众消费社会的兴起，社会文化深刻变革的 10 年。共和党政府降低了最富裕阶层的税负，他们在战争年代曾被课以重税，尽管美国主要是间接地参与战争。这一举措再加上宽松的货币政策，营造了有利的投资环境。20 世纪 20 年代战争刚一结束，亨利·福特就推行了福利资本主义[1]，通过提高工资的政策促进消费。然而，尽管基本消费水平提高了，但是美国大型企业在政治和社会中的主导地位使工会被边缘化，并导致在这 10 年中美国的不平等现象不断加剧。基于标准化大规模生产的典型的美国工业化模式被建立起来。汽车、收音机、冰箱等这些新产品需要在基础设施上进行大量投资，其中国家提供了很大一部分资金。城市化进程大大加快，但是农业部门却损失惨重。1929 年，美国生产了 550 万辆汽车，[2]2000 万辆汽车已经奔驰在大街小巷（60% 的美国家庭至少拥有一辆汽车）。同年，40% 的家庭安装了电话，45% 的家庭拥有一台收音机，70% 的家庭通了电。

　　在社会层面，1920 年美国赋予了妇女投票权，并废除了一些歧视性法律。与此同时，企业对劳动力的大量需求改变了妇女的角色，她们变得更加独立，越来越频繁地出现在职场中，甚至流行的女性时装也变为更舒适和更少束缚

---

① 参见 Tone, *The Business of Benevolence*，书中说明这种福利资本主义仅由少数几家公司实施，而且并不是始终如一的。

② 直到 20 年之后美国才再一次追平了这一纪录。

的衣装。^① 这也是一个禁酒（Prohibition）的年代——禁止酒类的制造、进口和销售，在最后几年甚至禁止酒类的消费。禁酒源于 1919 年的《禁酒法案》（又称《沃尔斯泰得法案》，Volstead Act，该法案在 1933 年被废除），其副作用是出现了艾尔·卡彭式（Al Capone-style）的有组织犯罪，以规避禁酒的规定。爵士乐风靡一时，体育运动也迎来了发展。所有这一切都被定义为"美国人的生活方式"，包括耐用品的消费、自由企业^② 和打破常规。这对于欧洲人而言是不可能的，因为欧洲的市场规模有限且受到保护，这阻碍了大批量生产的推行。因此，赫伯特·胡佛（Herbert Hoover）在 1928 年的总统竞选口号是："每口锅里都有一只鸡，每个车库里都有一辆车。"

---

① Brown, *Setting a Course*.

② 指允许私有企业自由经营，政府较少管制。——译者注

第 10 章

俄罗斯（苏联）：1917—1939 年

 **十月革命**

　　第一次世界大战恰逢俄罗斯刚刚开始资本主义转型。斯托雷平改革下的土地私有化还处于初期阶段，在这片广阔的土地上，工业起飞只限于少数一些城市和地区（见第 4 章）。尽管如此，还有事实上当时俄罗斯的人均收入仅为英国的三分之一，俄罗斯还是迫于法国盟友的压力加入了战争，同时强调其为一个超级大国——该"主张"（leitmotif）一直是俄罗斯的典型特征。但是，俄罗斯的经济和社会无法承受这场战争的巨额开销：一方面当时的战争是以一国的工业实力为基础的；另一方面俄罗斯人也没有做好后勤上的准备以应对战争条件下对市场的重新组织和管理。后来俄罗斯难以保证士兵和生产武器的工业城市居民获得充足的食物补给，由此引发了民众的不满，特别是那些不愿打仗的民众。最终沙皇在 1917 年 1 月资产阶级革命（bourgeois revolution）中被推翻，由亚历山大·克伦斯基（Alexander Kerensky）领导的新政府上台。[1]

　　也许新政府所犯下的最严重的错误就是宣布战争将继续，却没有带来改进国家体制的希望。在日益混乱的局面下，倡导社会主义的列宁和布尔什维

---

[1] Gregory, *Before Command*.

克党获得了群众的支持。1917年10月，布尔什维克对资产阶级政府发动进攻，占领了圣彼得堡的冬宫。紧接着是4年内战，在此期间，俄罗斯国内经济在列宁的战时共产主义（War Communism）下运转。在这种情况下，俄罗斯需要重新回到易货贸易：货币被消灭，私人贸易被禁止，工人实行军事化管理并领取实物报酬（附有凭证）以维持生计，农产品被征收，工业国有化，所有基础服务（邮政、煤气、电力、公共交通）都以基础水平被免费提供给国民。这对生产水平的灾难性影响见表10.1。1920年，俄罗斯的工业生产水平下降到1913年的五分之一，农业生产水平下降到1913年的三分之二，进出口则几乎彻底消失了。

表 10.1　20 世纪 20 年代俄罗斯的经济状况

1913 年 =100

年份	农业	工业	运输业	出口	进口
1913	100	100	100	100	100
1920	64	20	22	0.1	2.1

数据来源：Gregory & Stuart, *Soviet Economic Structure and Performance*, tab. 8.

有些学者认为这是内战的必然结果，另外一些学者则认为这是一场彻底的共产主义革命的一个阶段。不管怎样，苏联共产党及其支持者通过赢得内战而成功接管了整个国家，这时亟待对苏联的经济发展方向做出决定。

10.2 新经济政策

列宁在1921年推出了"新经济政策"（New Economic Policy，NEP），该政策结束了定量配给和征用，并试图将市场与社会主义要素结合起来。货币被重新引入，对20人以下小公司的贸易和产业限制也被取消，但最重要的是，"新经济政策"标志着惊人的农业自由化。列宁希望通过资本主义的价格激励，鼓励农民多生产，并在市场上多交易；他征收了与沙皇统治时期类似的比例税。在大型国有工业企业中，只有那些具有战略价值的企业（军事工业、交通运输、金融和对外贸易）直接由中央控制；其他企业则享有一定的自主权，甚至可以建立托拉斯。政府允许这些企业组织独立签订协议，并遵循效率和资源优化的原则，依照收入和资本向国家纳税。总体战略由国民经济最高委员会（Supreme Council of the National Economy，即 VSNKh）确定，该委员会从战时共产主义阶段就已经存在了。[①]

我们可以将"新经济政策"作为混合经济中的第一个实验。在这一经济体制下，国家发挥着总体规划的作用，并且管理着一系列国有企业，而将剩下的部分留给货币化经济中的市场进行运作。从这个意义上来说，苏联要领先于 20 世纪 30 年代的纳粹经济实验和 20 世纪五六十年代的法国经济实验。在生产方面，苏联取得了积极成果，这使经济得以复苏（见表 10.2）；甚至在对外贸易上也实现了一定程度的恢复，尽管许多西方大国对其抱有一种歧视的态度。[②]然而，"新经济政策"存在一些与生俱来的缺陷，其保留了资本主义制度的一些特征，这是布尔什维克党党内的某些成员无法接受的。

"新经济政策"的缺陷已被清楚地记录在 Johnson 和 Temin（1993）的一篇文章中。[③]首先，托拉斯的存在让工业制成品价格居高不下，迫使农产品价格大幅上涨。这与布尔什维克的意志相违背，因而出现了"剪刀差危机"（Scissors Crisis），即工、农业产品价格之间的差距（剪刀差）不断扩大。其次，人们不了解宏观调控的重要性，导致了通货膨胀和失业，继而成为人们厌恶市场经济的又一个诱因。此外，党内的部分成员对于给予农民、商人（人民的"敌人"）和市场体制下与生俱来的投机分子以优待长期存在不满。最终，市场体制在实现布尔什维克党的既定经济目标，特别是强制重整军备[④]目标上的"迟缓"，拉大了苏联经济与西方经济之间的差距。[⑤]

---

① Graziosi, "Building the First System of State Industry in History"; Graziosi, *L'Unione Sovietica, 1914–1991*.

② 注意除了其他方面，这种态度部分是由苏联拒绝承认沙皇所欠下的外债所导致的。

③ Johnson & Temin, "The Macroeconomics of NEP".

④ 由于苏联受到的战争威胁日益增大。——译者注

⑤ 有关"新经济政策"下的经济和后来的计划经济的更多详细信息，参见 Davies, Harrison & Wheatcroft, *The Economic Transformation of the Soviet Union, 1913–1945*。

表 10.2　1913—1989 年苏联（俄罗斯）的经济指标

年份	人均收入			1928 年的其他指标	1913 年 =100
	以 1990 年的美元计算	1950 年 =100	年均增长率		
1913	1488	52	—	粮食产量	87
1928	1370	48	−0.5	生铁	79
1937	2156	76	5.1	钢材	102
1940	2144	75	0	煤炭	122
1947	2126	75	0	棉纺织品	104
1950	2841	100	9.5	交通运输	104
1973	6059	213	3.3	电力	203
1989	7112	250	1.0	出口	38

数据来源：Gregory & Stuart, *Soviet Economic Structure and Performance*, tab. 9; Maddison database.

当列宁去世后，所有这些矛盾和不满情绪爆发，结果出现了三种替代性经济战略。[1]

第一，普列奥布拉任斯基（Preobrazhensky）领导下的左翼认为应当进行工业"大跃进"，特别是重工业。他认为以牺牲农业为代价的产业不是均衡发展的，农业应当留在私人手上。

第二，沙宁（Shanin）所倡导的极端右翼认为应当恢复俄罗斯的农业传统，理由是更高的农业生产率可以增加储蓄并维持较低的食物成本，从而使工业能够在没有通货膨胀的情况下进行发展。

第三，布哈林（Bukharin）所支持的右翼认为应当继续按照"新经济政策"的方针执行，主张均衡增长。

在辩论进行的同时，斯大林（Stalin）作为苏联共产党中央委员会总书记没有提出独立的意见，而是与布哈林的立场保持一致。他强调了"新经济政策"

---

[1] Gregory & Stuart, *Soviet Economic Structure and Performance*; Shearer, *Soviet Economic Structure*; Sherer, *Industry, State and Society in Stalin's Russia 1926–34*.

的积极成果，并对左翼提出的超级工业化（super-industrialization）的建议不屑一顾。但是到了 1927 年，苏联的对外关系恶化，加剧了国内城市市场中的粮食供应问题。为了增加粮食供给，斯大林最终采取了越来越多的强制措施，甚至亲自跑到西伯利亚指挥粮食收割。斯大林越来越相信，除了牺牲农业，没有其他方法可以实现工业发展项目的推进。[1] 由此，斯大林接受了以牺牲农业为代价的超级工业化的左翼观点，并且出人意料地变得愈加极端。杰出的数学家们向斯大林保证，通过运用投入 – 产出模型并以实物的形式确定目标，存在一种无须使用货币就可以对经济进行规划的手段，这更坚定了他废除市场经济并转向计划经济的决心。[2]

10.3 苏联计划经济

1928 年 10 月，斯大林——在"大清洗运动"[3] 中驱逐了托洛茨基（Trotsky）[4] 等人之后成为当时的政治领袖——在另一场粮食收获危机中启动了第一个五年计划（Five Year Plan），并很快在 1929 年秋宣布了土地集体化。抗议活动无处不在，不仅包括农村，而且也包括了一些农民大量流入的城市。到了 1929 年，苏联正式开启计划经济时代。那么计划经济是如何运作的？计划经济下的中央协调机构是国家计划委员会（Gosplan）；它早在 20 世纪 20 年代就已存在，但后来被国民经济最高委员会（VSNKh）边缘化，如今国民经济最高委员会又被国家计划委员会取代。国家计划委员会只设定要实现的年度经济目标，其中最主要目标由苏共政治局（Politburo）直接进行管理。各行各

---

[1] 历史学家们并不认同斯大林的这一决定是不可避免的。例如，Allen，"Agricultural Marketing and the Possibilities for Industrialization in the Soviet Union in the 1930s" 得出的结论是："斯大林错了——并不需要强迫苏联农民出售食物。不管怎样他们都会这样做的——以自愿的方式"（第 407 页）。

[2] Allen, *Farm to Factory*.

[3] "大清洗运动"是指在 20 世纪 30 年代苏联爆发的一场政治镇压和迫害运动。——译者注

[4] 列宁去世后，托洛茨基与斯大林等六人并列为布尔什维克党领导人。托洛茨基主张十月革命后应当以先支援其他国家的共产党革命为优先路线，而斯大林则认为应以巩固建设苏联——世界上第一个社会主义国家为优先路线，之后在有余力的情况下再支援世界革命。后来，托洛茨基因路线不同被开除出党，并在大清洗中被流放。——译者注

业和各家公司根据国家计划委员会下达的目标来制订工作计划，如此一来便构成了一个完整的、自上而下的国家干预体制（dirigiste system）。原材料根据投入 – 产出矩阵计算出的数量被分配给工厂，其价格由国家计划委员会按照与计划目标一致的标准，通过价格歧视和多重价格进行设定。

正是由于对价格的完全管制，苏联的商品价格失去了与生产成本和相对于需求而言的商品不足或过剩之间的联系，从而造成超额供给或超额需求的现象。超额需求是通过配给和排队来解决的，而不是通过提价的方式。诸如此类的价格管制也为评估苏联国民收入带来了巨大困难。苏联方面提供的数据与其他国家的数据不具有可比性，这导致了严重的重新计算问题，因为并不清楚在实际当中到底使用了哪种价格。[1]

但是苏联中央计划体制的缺陷远远超出了价格管制的问题。五年计划的刚性是它的主要缺点之一：由于无法完美地预测未来，因而有必要对计划进行调整，但是这种调整往往会耽误很长时间，同时会对相关供应链带来不利影响。[2] 荒谬的是，曾经被赶走的市场在消灭这些问题上发挥了重要作用。工厂的管理者被迫向非正规市场卖出多余的产品，同时购买他们所缺少的产品从而实现计划目标。[3] 但是，计划目标通常是无法完全实现的。

技术也是一个严重问题，或许是所有问题当中最严重的。在"新经济政策"时期，有 2000 多名德国工程师帮助苏联提升技术，与此同时许多苏联工程师被派往国外学习。按照 Sutton（1968）的说法，在 1917—1930 年期间，苏联本土的技术并不成熟，各类设备大多引进西方的原型。[4] 在斯大林主义计划经济开始的时候，美国的产品以及生产流程受到了青睐，因为它们能够更好地适应苏联工厂的庞大规模。在 1930—1933 年[5] 期间，美国向苏联输入了大量技术，以至于 Sutton（1971）在其著作的第二卷涉及 1930—1945 年的内容中，

---

[1] Davis, Harrison & Wheatcroft, *Economic Transformation*, 29。

[2] Zaleski, *Stalinist Planning for Economic Growth, 1933–1952*; Carr, *History of Soviet Russia*, Vol. Ⅳ.

[3] Temin 在 "Soviet and Nazi Economic Planning in the 1930s" 中写道："在 1930 年，仅莫斯科就有 2500 个以物易物的中介"（第 575 页）。

[4] Sutton, *Western Technology and Soviet Economic Development 1917–1930*.

[5] 大部分国外工程师于 1932 年离开苏联。

提出在斯大林的统治下，苏联很难发展出本国的技术，除了合成橡胶。[1] 考虑到新技术的研发时间和特性无法提前计划，计划经济体制真正的问题是难以内生出技术。众所周知，研究需要一个知识自由的空间，而这在一个极权国家是无法想象的。[2]

表 10.3　1928—1940 年苏联计划经济取得的成就

项目	1928 年	1937 年	1940 年
国民生产总值结构（各个生产部门百分比，%）			
农业	49	31	29
工业	28	45	45
服务业	23	24	26
工业部门的转型（%）			
重工业比例	31	63	—
轻工业比例	69	34	—
国民生产总值结构（最终用途，%）			
个人消费	82	55	49
公共服务	5	11	11
公共行政与国防	3	11	21
投资	10	23	19

数据来源：Gregory & Stuart, *Soviet Economic Structure and Performance*, tab. 10, 16.

外国的技术引进也出现了问题，这些问题往往被归咎于破坏行动，从而引发了更为残酷的清洗。但实际上，这些问题是由苏联的工程师和工人技术准备不足——许多人是刚从战场上退下来的——以及计划中不可避免的失误所造成的。按照西方的估计，事实上苏联的第一个五年计划（1928—1932）和第二个五年计划（1933—1937）均达到了预定目标的 70%。[3] 尽管遇到了如此多的困难，苏联设计师们所期望的许多重要成果仍取得了成功（如表 10.2 和 10.3 所示）。工业"大跃进"意味着国民收入稳步增长。尽管收入增长并

① Sutton, *Western Technology and Soviet Economic Development 1930–1945*.

② Sutton, *Western Technology and Soviet Economic Development 1945–1965*.

③ Gregory& Stuart, *Soviet Economic Structure*, tab. 11.

不十分显著，但这是在西方资本主义经济陷入严重危机（见第 11 章）的时候实现的。农业则经历了一些重大的转折。实际上，强制集体化引发了一场危机，而农民主要承担了后果。1932 年是最为糟糕的一年，饥荒造成了 600 万至 800 万人死亡。[1] 农业后来得到了恢复，但仅在高于 1913 年产量的水平上波动。在工业部门中，重工业得到了优先发展，国内生产总值的构成明显从消费转向了投资和国防。总之，我们可以得出结论，斯大林主义的计划经济推行了强制的工业化，使国防工业和国家基础设施得到发展，伴随着工业制成品的消费增加，人均消费水平也有小幅增长。[2]

10.4 第二次世界大战的胜利及其后果

我们很容易理解为何苏联在面对第二次世界大战时要比面对第一次世界大战时处于更好的状态。随着基础设施的不断完善和军工生产能力的不断提升，苏联的战时动员变得更加有效，同时对农业的统一控制也避免了粮食供应的混乱。但是，我们不应忘记其他两个重要因素，它们解释了苏联是如何击败更为先进的德国人的。第一个因素是足以拖垮敌人的广阔领土和庞大人口，这一点拿破仑早已知晓。第二次世界大战期间，苏联有 900 万名士兵阵亡，还有 1600 万名平民丧生。[3] 第二个因素是历史上颇为讽刺的事件之一。斯大林格勒战役展现了苏联人所能坚持的极限。在这场战役之后，美国人发起了大规模的支援行动（提供在当时价值约 100 亿美元的支援），向苏联人提供战斗机、坦克、吉普车、卡车和罐头食品，还有苏联没有的通信设备。这些设备对于在苏联这样广阔的领土上协调行动尤为重要。

按照 Harrison（1998）的说法，以苏联的价格计算，在 1943—1944 年期

---

[1] 这些估算并不准确，因为它们是间接的数据。

[2] Allen, *Farm to Factor*，书中基于人们的生活水平，提出对早期苏联计划经济结果更加肯定的修正。

[3] 在第一次世界大战中，有 200 万名士兵丧生，在内战期间又有 100 万名士兵丧生，参见 Harrison, *The Economics of World War II*。

间美国的援助占苏联国内生产总值的大约 10%，这一数字包括了在苏联体制下无法生产的商品。[1] 这凸显了美国援助在帮助苏联与同盟国一同打赢战争中所发挥的重要作用——这也让苏联能够在后来转而与美国为敌。这就是为何我们称其为历史的讽刺的原因：美国为苏联取得决定性胜利做出了贡献，而苏联后来则成为反对美国霸权地位的唯一国家，一直持续到 20 世纪 80 年代中叶！

---

① Harrison, *Accounting for War*. 从长远来看，参见 Werth, *Storia dell'Unione Sovietica*。

第 | 11 | 章

第一次重大国际危机

 **理论**

20 世纪 20 年代末，在西方的资本主义国家中爆发了空前危机。尽管经济学家和经济史学家经常会注意到资本主义制度具有周期性这一事实，但对于这些周期的解释却存在巨大的分歧。[①] 对此，大体上有四个思想流派：

★ **"不稳定"（instability）学派**认为资本主义制度在本质上是不稳定的。马尔萨斯（Malthus）、马克思和凯恩斯都是其拥护者。马克思认为，由于市场混乱和长期消费不足（后者是马尔萨斯已论述过的一个方面），资本主义制度的内部矛盾会引发资本主义的自我毁灭。大萧条过后，凯恩斯立刻提出了国家对稳定进行干预的理论，旨在应对有效需求的下滑。这是我们将在本章结尾讨论的主题。

★ **"稳定"（stability）学派**认为市场能够应对各种类型的冲击，并恢复系统平衡。该学派包括了大多数新古典主义经济学家，但该学派从来没兴趣对

---

① Kingdeberger 广泛研究了经济的周期性，尤其是金融周期，在他的 *Manias, Panics and Crashes* 中列出了一个经济周期名单。

经济政策提出具体的建议措施。①

168　　★ **"周期"（cyclical）学派**将周期置于其理论的中心。最著名的代表人物是熊彼特，我们在第 7 章的开篇已讨论过。他受俄罗斯经济学家康德拉季耶夫（Kondratieff）的启发，提出了长期发展周期。② 我们还应注意到库兹涅茨（Kuznets）的 15—20 年基础建设周期理论，这一周期伴随并加强了技术变革所产生的长周期。③ 市场饱和是发展周期的主要特征。这种饱和可能是现有技术全面普及的结果，市场仅有对老旧产品的替换需求，如果没有创新的出现，则会导致长期停滞。由于人与人之间不平等的加剧，市场饱和还有可能是"虚假"饱和：如果富人变得越来越富，而穷人的收入没有增加，那么就会有大量资本可用于投资，但是有效需求却不会增长。④ 这将会导致生产过剩和资本寻求金融投资的趋势，后者将引发金融泡沫和更大范围的危机。20 世纪 20 年代的美国，恰恰是由这种不平等的加剧，导致了有效需求的"虚假"停滞（见图 11.1，该图还反映出 2007 年金融危机之前也有类似不平等加剧现象的记录）。

　　★ 还有一种**"金融周期"（financial cycle）理论**，力图解释金融泡沫是如何产生的，然后又如何从狂热发展为恐慌。该理论是由海曼·明斯基（Hyman Minsky）所发展的⑤，其在本质上是一个围绕发展的最后阶段的阶段性理论：当危急时刻来临时，能否渡过危机取决于是否形成了一个有效和全面的干预计划。

周期理论对于解释 20 世纪 20 年代末至 30 年代初所发生的事情特别有效。

---

① 在 *The Great Crash* 中，Galbraith 生动描绘了当时的经济学家所做的保证声明，即便在整个世界都已遭受危机之后，他们仍坚持认为不应当将其视为严重的危机。

② Van Duijn, *The Long Wave in Economic Life*; Zarnowitz, *Business Cycles*; Thygesen, Velupillai & Zambelli, *Business Cycles*.

③ 每种新的技术范式（technological paradigm）都需要在基础设施上进行投资，比如火车和铁路、汽车和公路、电力和水坝以及长距离传输、飞机和机场等。

④ 股东则获得了巨大红利。

⑤ Minsky, *The Financial Instability Hypothesis*.

但在解释之前，简要概述当时特定历史下的全球状况是很有用的。

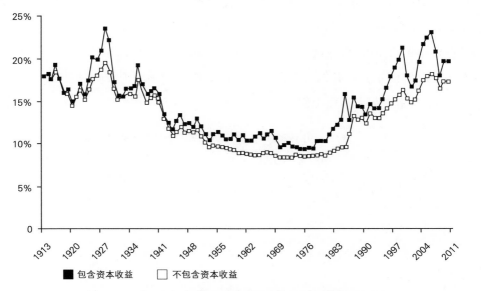

■ 包含资本收益　　□ 不包含资本收益

图 11.1　1913—2011 年美国最富有的 1% 人口的收入百分比

数据来源：Piketty & Saez，"Income Inequality in the USA 1913–1998"，*Quarterly Journal of Economics*.

11.2　事实和解释

　　人们历来认为，大萧条的起点是 1929 年 10 月 24 日纽约证券交易所一系列 "黑色交易日" 的股价暴跌。但其实更早的时候股市就已经有了下滑的迹象。而且我们应当重申后来演变为危机的第二个中心的德国，早在一年之前的 1928 年年底经济就已经陷入严重的困境。[①] 许多国家的经济在接下来遭遇了崩溃，直到 1932—1933 年才有所起色；[②] 尤其是工业部门出现了萎缩（见表 11.1），国际贸易额跌至原来的三分之一（由于价格下跌），贸易量则跌至原来

---

① Weder, *Some Observations on the Great Depression in Germany*.
② 正如奥地利、加拿大、美国、捷克斯洛伐克和波兰一样，西班牙相对而言并未受到危机波及，但是当 1936 年西班牙内战爆发时，其经济遭到了严重破坏。

的 40%。[1] 德国（以及奥地利）和美国是受影响最严重的两个国家。由于危机首先在德国爆发，我们可以说这是一次"双极"危机，一极在欧洲，另一极在美国，尽管对于后者的研究要更多。危机持续的时间和严重程度超过了在工业资本主义制度下以往任何一次危机。[2] 即便是那些似乎在收入方面经受住考验的欧洲国家，在其他方面也承受了很多的不利影响（我们将在第 12 章中看到）。日本在很大程度上得以幸免。

表 11.1　1932 年各国 GDP 和工业生产水平

国家	1932 年 GDP 指数 （1929 年 =100）	1932 年工业生产指数 （1929 年 =100）
奥地利	79	62
法国	84	74
德国	83	61
英国	94	89
意大利	94[*]	84[*]
荷兰	89	86
西班牙	93	84
日本	97	–
美国	71	62

注：*最近的一次修订将意大利的工业生产指数定为 74，GDP 指数定为 84。

数据来源：Maddison database；Maddison, *Monitoring*；Feinstein, Temin & Toniolo, *The European Economy Between the Wars*.

围绕这场大规模危机爆发的原因有大量文献，我们在这里不予评论，但有关以下几点存在一定的共识。[3]

---

[1] Findlay & O'Rourke, *Power and Plenty*, 450.

[2] 前工业化时代的危机并不具有很强的周期性，而与战争、饥荒和流行病有关，这些危机可能是毁灭性的，甚至能够消灭大部分人口或好几代人，让经济倒退几十年甚至几个世纪。

[3] Eichengreen 的著作对文献中所得出的结论进行了总结和说明，参见他在 *Essays in the History of International Finance 1919–1939* 和 *Golden Fetters* 中的文章以及 "The Origins and Nature of the Great Slump Revisited"；另参见 Rowland, *Balance of Power or Hegemony?* 以及 Temin, *Lessons from the Great Depression*。

★ 20 世纪 20 年代发生的经济结构变化使产品市场（通过提高垄断程度）   *171*
和要素市场（尤其是劳动力市场）比之前更加不灵活，这导致冲击之后自动
重建平衡更加困难。

★ 国际货币体系在 20 世纪 20 年代重新引入金本位制，但却是在高度失
衡的条件下（如第 9 章所述）。此外，美国的角色已从净债务人转变为净债权
人，但它并未遵循游戏规则以确保金本位制的正常运作，也不允许来自欧洲
的净转移支付（见第 9 章）。这导致货币体系变得不稳定，且几乎无法运作。[①]

★ 纽约证券交易所的崩盘作为导致危机的诱因和主要原因被过分强调。
美国的生产、收入、投资和物价至少在崩盘发生的三个月前就已经开始下滑，
而德国则早在一年前就已经开始。1929 年前后都发生过股市的暴跌，而且规模
也更大，但都没有造成如此严重的后果。[②]

★ 美国和德国紧缩性的货币政策让这场危机变得十分严峻[③]。在没有最后
贷款人的情况下，危机引发了金融恐慌，导致了一连串的破产和通货紧缩。[④]
（我们随后将会看到，有些国家从国家层面上或多或少地实施了及时、有效的
干预计划。）

★ 金本位制、经济体之间缺乏协调、对传统财政政策（危机期间当收益
减少迫使政府削减开支并增加税收时，人们仍然坚信平衡预算）理解不足导
致的价格下跌，以及日益加剧的贸易保护主义（在 1931 年，所有国家都大幅
提升了贸易保护水平，实施了所谓的"以邻为壑"政策，甚至包括并未出现   *172*
国际收支问题的美国），促使危机从引发危机的国家扩散到其他经济体。

---

① 参见 Boyce, *The Great Interwar Crisis*，他写道："最顶尖的国际银行家早在 1927 年 7 月就私下承认
国际支付体系已严重失灵"（第 243 页）。

② 1928 年 10 月至 1929 年 9 月之间的道琼斯指数的计量受到了质疑，原因是加入了许多新公司，从
而对指数本身产生了积极的推动作用，但是经济却显然正在失去动力。

③ 有关这一点，有无数文献进行了讨论，例如 Parker, *Reflections on the Great Depression*; White,
Crashes and Panics 中那些有趣的比较研究文章。

④ Kindleberger 在著名的 *The World in Depression 1929–1939* 中提出危机的主要原因是没有国际上的最
后贷款人。

可以说，一直以来所奉行的经济政策在总体上带来了积极影响，但这些政策此时已无法发挥作用，因为几乎同时发生的一系列事件使各国经济和国际经济无法实施补偿性措施。以贸易保护主义为例：如果一个国家加强贸易保护，其进口会减少，出口会增加；但是如果所有国家同时加强贸易保护，在全世界范围内的进口和出口相等的情况下，所有国家进口的减少将会造成所有国家出口的减少，出口的减少将导致收入减少，继而造成恶性循环。这也同样适用于财政政策。尽管一般而言，平衡预算是一项好的规则，但是当面对严重危机时，有必要实施反周期的补偿措施，正如凯恩斯在《就业，利息和货币通论》（*The General Theory of Employment, Interest and Money*）中在大萧条的戏剧性事件之后告诉世人的那样。

这一系列不利情况最终导致了通货紧缩，由于无法得到解决，进一步降低了物价。这甚至还给健康的企业带来了经济上的困难，因为它们以当时的价格和工资进行生产，但不得不以更低的价格出售。此外，由于缺乏面向失业人群的绝对或相对收入补贴机制，有效需求跌入了无尽的深渊。

11.3 银行业的影响

从前面介绍的内容中我们可以明显看出，银行在 1929 年的危机中并没有扮演主要角色；然而当危机恶化时，银行却无力承担如此大量的未偿还贷款。随之而来的银行业危机所引发的连锁事件令人震惊，它显示了全球经济所达到的一体化水平，以及对国际经济治理的需要，后者直到第二次世界大战结束后才得以确立。[1] 我们将对此进行详细介绍。1931 年春，随着奥地利最大的混合银行——联合信贷银行（Creditanstalt）在 5 月破产，银行业的情况开始恶化。[2] 正如 20 世纪 20 年代意大利的混合银行所经历的那样，国内困境

---

① 参见 Wicker, *The Banking Panics of the Great Depression* 中有关 20 世纪 30 年代金融危机的教训，另见 Minsky, *Can "It" Happen Again?*

② 有关两次世界大战期间欧洲银行的运行状况，参见十分精彩的作品集：Feinstein, *Banking, Currency and Finance in Europe Between the Wars*。

促使联合信贷银行——在奥地利政府的压力下——向与其有关联的企业提供越来越多的支持，结果是该银行获得了奥地利公众股份公司 60% 的股份。当联合信贷银行破产时，坏账占其损失的 70%。[1] 此外，与意大利的银行不同，联合信贷银行 50% 的股份在外资机构手中（根本上是由于奥匈帝国的解体），并且其 40% 的业务是在国外。[2] 由于外界对它的求援视而不见（我们已经谈到过当时并没有国际干预的机制），因此奥地利政府通过中央银行进行了干预，但是在此之前拖延了很长时间。直到 1931 年 10 月，奥地利政府才开始实行汇率管制，并决定成为联合信贷银行的大股东，此举让该银行得以东山再起，而且并没有改变其作为全能银行的运营方式。

奥地利政府无力阻止维也纳银行的破产，这造成了更为严重的后果。危机蔓延至匈牙利，匈牙利的银行最先陷入危机，然后德国的银行紧随其后。从 1931 年 5 月底至 6 月中旬，德意志帝国银行（Reichsbank）失去了一半的黄金储备（注意此时金本位制仍然有效）。美国不得不驰援德国，胡佛总统费尽周折地平息了法国的怒火，于 6 月 20 日同意暂停德国战争赔款和战争债务的支付。当时还试图安排国际贷款，但收效甚微。7 月，德国四大银行之一的丹纳特银行（Danat Bank）破产，引爆了银行业危机。德国政府决定关闭银行和股票市场一周，并准备了一揽子措施，其中包括将利率提高至 10%，并向混合银行注入流动性。丹纳特银行与德累斯顿银行（Dresdner Bank）合并，并且如德国商业银行（Commerz Bank）一样，其超过半数的股份为政府持有（相比而言，政府仅持有德意志银行三分之一的股份）。在这些情况下，银行的经营同样没有发生变化，到了 20 世纪 30 年代末这些银行再次被私有化[3]（见表 11.2）。

---

[1] 所有这些信息均来自 Schubert, *The Credit-Anstalt Crisis of 1931*。

[2] 这使得随后的纾困变得更加困难，必须将该银行的国外业务分离，随后该银行与其他银行合并，使其更像是该国的"冠军"。Stiefel, "The Reconstruction of the Credit-Anstalt".

[3] Temin 认为，这些困难并不是由德国银行管理不善造成的，而是由限制性的货币政策造成的。参见 Temin, "The German Crisis of 1931".

174

表 11.2　德国中央银行和政府对大型全能银行的紧急财政援助

紧急财政援助之后所有权占股本的比例	德意志银行（%）	德累斯顿银行 *（%）	德国商业银行（%）
私人	69	9	30
中央银行	31	23	56
国家	—	68	14

注意：* 与丹纳特银行合并后。

　　德国银行业危机的影响波及了整个欧洲，黄金的挤兑最终给英格兰银行带来了压力，这是因为 20 世纪 20 年代英国经济陷入困境，英格兰银行只有有限的黄金储备（见第 9 章）。[1] 人们就如何以最好的方式解决银行业危机存在广泛分歧，以至于引发了统治危机。1931 年 8 月 28 日新成立的英国国民政府通过增加税收、削减支出，想尽一切办法平衡预算。然而，9 月 16 日，驻守在因弗戈登（Invergordon）的皇家海军水手因抗议工资减少发动了罢工，被媒体夸大为兵变，引发了英格兰银行黄金储备的进一步流失。放弃金本位制的决定已迫在眉睫，英格兰银行于 1913 年 9 月 19 日向美联储和法兰西银行通报了该决定。9 月 21 日，英国退出了金本位制，对于留在该体系中的许多国家造成了非常不利的影响。

　　这场危机蔓延到了意大利。1931 年 9 月，意大利三大混合银行的董事不得不向墨索里尼求援。墨索里尼指示他的亲信阿尔贝托·本尼德斯（Alberto Beneduce，20 世纪 30 年代被称为经济独裁者）前去处理。[2] 本尼德斯制订了分两步走的救市计划。1931 年 11 月，他成立了一家新的长期公共产业信贷机构——意大利不动产银行（Istituto Mobiliare Italiano，IMI）取代混合银行直接向企业提供资金；接着他通过另一家公共机构——产业振兴银行（Istituto per la Ricostruzione Industriale，IRI）接管了混合银行的股权，并使产业振兴银行作为一家大型控股公司管理这些股份。最终，意大利在 1936 年颁布了一部新的银行法，废除了混合银行业务，并将原有的混合银行改为产业振兴银

---

① Williams, "London and the 1931 Financial Crisis".

② Zamagni, *Economic History of Italy*.

行所属的商业银行。正如我们将在第 12 章看到的那样，1929 年的意大利银行业危机给意大利经济带来了结构性的持久影响。

法国是唯一一个没有受到金融危机波及的欧洲国家，这是因为它拥有充足的黄金储备（占全球黄金储备的 24%）。法国最严重的问题似乎是在应当减少贬值的英镑储备时并没有减少太多。但是，这种相对的稳定并没有阻止法国经济的恶化。当其他国家经济缓慢复苏时，法国却没有（我们将在第 12 章中看到）。

1931 年的银行业危机也对美国造成了影响，破产的银行数量显著增加（见表 11.3）。1931 年 10 月 7 日，胡佛总统看到美联储无法解决危机，便向银行家们施加压力创建了国民信贷公司（National Credit Corporation，NCC），旨在通过直接干预来阻止银行破产，但收效甚微。一年后，他利用公共融资将国民信贷公司重组为复兴银行公司（Reconstruction Finance Corporation，RFC），但是仍然无法解决银行业危机，一直拖到了 1933 年年初，当时整个美国的银行体系正处于危险之中。新一届总统富兰克林·罗斯福（Franklin Roosevelt）于 1933 年 3 月初上任后不久，不得不宣布关闭银行一周。3 月 9 日颁布了《紧急银行法》（Emergency Act），并于同年 6 月纳入《格拉斯－斯蒂格尔法案》（Glass-Steagall Act），该法案坚持美国的银行应当维持在较小规模，对其经营活动范围进行了划分：储蓄银行不得进行长期投资，而投资银行由于无法吸收存款，只能以自有资本投资，从而风险自担。此外还有存款保险制度的采用、禁止向活期存款支付利息、美联储的干预权进一步扩大、新设立银行需要得到授权等措施。另外还成立了股票市场的监管机构，即美国证券交易委员会（Securities and Exchange Commission，SEC）。这些银行体系法规的效力一直持续到 20 世纪 80 年代。

表 11.3　1921—1933 年美国银行的发展

年份	银行总数（个）	破产银行数量（个）
1921	29,788	505
1922	29,458	366

（续表）

年份	银行总数（个）	破产银行数量（个）
1923	28,877	646
1924	28,185	775
1925	27,638	618
1926	26,751	976
1927	25,800	669
1928	24,968	498
1929	24,026	659
1930	22,172	1350
1931	19,735	2293
1932	17,802	1453
1933	14,440	4000

数据来源：Wicker, *The Banking Panics of the Great Depression*, 52.

11.4 缺乏国际合作和其他思想的出现

尽管在国际层面上，向不断增加的危机热点地区提供资金援助的勉强尝试得以实行，但是这些断断续续的援助在数量上完全不够，并且还需要双边谈判。正如我们所见，国际社会所采取的唯一重要举措是监督战争赔款的支付，从而推动了国际清算银行（Bank of International Settlements，BIS）于1930 年 1 月 20 日在苏黎世成立。当胡佛总统宣布暂停战争赔款的赔付后，国际清算银行便失去了意义；当希特勒（Hitler）下令终止战争赔款的赔付时，国际清算银行成为各国中央银行行长会面的地方，在这里他们可以筹措国际贷款。此外，国际清算银行还是培养具有国际专长的经济学家的特别之地，这些经济学家后来受雇于战后的国际组织；另外这里还是展现重组国际经济体系的构想和方案的地方。在战后，国际清算银行成为欧洲各国中央银行非正式协调干预措施的地方，提前承担了后来的欧洲中央银行（European Central Bank，ECB）的职能。

1933 年 6 月的伦敦经济会议也值得一提。举办这次会议的决定是在 1932 年年底做出的，该会议旨在探讨解决危机的对策。然而在会议召开前不久，美国于 1933 年 4 月也放弃了金本位制。作为"黄金集团"（gold bloc）[①] 成员的法国和意大利依然坚持金本位制。除此之外还有德国，由于《凡尔赛和约》的规定也未能放弃金本位制。此时，针对如何应对危机达成共识的希望已非常渺茫，尤其是因为所有国家都将其国内复苏作为头等大事。各国已无法讨论减少贸易保护主义、稳定货币，乃至启动共同的公共开支计划。该会议最终签订了一些无关大局的协议，例如粮食销售和白银价格。[②] 直到 1936 年，美国、英国和法国才达成了《三方货币协议》（Tripartite Accord），规定互相支持彼此的货币以稳定汇率。此外，在必要的情况下，美国同意以事先约定的价格向其他两国提供黄金或美元。这是一份有限协议，人们之所以通常会记得它是因为它是首份此类国际协议。正如我们将在第 13 章中看到的那样，第二次世界大战结束后所签署的国际协议更为重要和长久。

总而言之，我们可以说，一方面由于缺乏国际合作[③]，金本位制阻碍了最后贷款人的实施；另一方面，旨在平衡预算的国内政策只会让情况进一步恶化。自动机制和传统的经济正统观念不再能够控制紧密联系在一起的全球经济，此时的全球经济要比第一次工业革命时复杂得多。由于缺乏正确的治理，全球经济变得互相脱节和歧视，同时出现了经济集团，并最终陷入一场新的全球性冲突，我们将在第 12 章中探讨这一主题。

大萧条给工业化的世界上了重要的一课，尽管人们从中学到的东西在 20 世纪 30 年代并未付诸实践。可以说，凯恩斯在 20 世纪 20 年代就已经相当活跃，他从危机事件中得到启发，提出了一套有关经济政策的一般理论体系，成为当时主流正统观念之外的另一种选择。[④] 凯恩斯首先证明经济可能

---

① 20 世纪 30 年代，法国联合荷兰、意大利、比利时、瑞士、波兰组成的货币集团，共同维持金本位制。——译者注

② Clavin, *The Failure of Economic Diplomacy*.

③ 许多经济史学家基于博弈论谈到了"不合作的代价"，参见 Redmond, "The Gold Standard between the Wars".

④ Keynes, *The General Theory of Employment, Interest and Money*.

会陷入低水平的均衡陷阱，并且伴随长期失业和生产能力的浪费，进而建议采取反周期的经济政策，当面临需求下降时应当采用扩张性的货币政策和财政政策，而当面临需求过剩时则应当采取紧缩性的政策。凯恩斯的思想对战后工业化国家尤其是美国产生了深远的影响，尽管即使在今天仍有许多人在批评它。

第 12 章

20 世纪 30 年代
和第二次世界大战

20 世纪 30 年代，全球经济遭遇了自拿破仑战争以来的唯一一次衰退。表 8.1 显示自 1820 年以来，两次世界大战期间的年份是出口量唯一出现下降的年份。[1] 欧洲主要国家国内的事态朝着不同的方向发展，这是因为它们应对金融危机的手段不同，而且还拥有不同的重整军备战略。[2] 令欧洲陷入一个新的野蛮、暴力阶段的戏剧性事件值得细致分析，而幸好有美国的果断干预和决定性的帮助。在本章中，我们将评估几个关键步骤，它们导致德国走向希特勒独裁统治，意大利进行帝国主义冒险并在后来与希特勒结盟，以及法国对于战争毫无准备。尽管英国是唯一一个经济几乎恢复到正常水平的国家，但事实证明，如果没有美国决定性的帮助，英国并没有做好应对德国进攻的充分准备。

12.1 英国和金本位制

我们在第 11 章中看到英国在 1931 年 9 月被迫退出金本位制。在 1932 年

179

---

① Roselli, *Money and Trade Wars in Interwar Europe*.

② 有关包括英国、瑞典、德国、法国、美国和东欧在内的各经济体应对危机的比较概述，参见 Garside, *Capitalism in Crisis*。Overy, *The Interwar Crisis 1919–39* 中对 20 世纪 20 年代和 30 年代的文化和道德输入做了一些有趣的反思。另参见 Kaiser, *Economic Diplomacy and the Origin of the Second World War*。

180　这一年中，英镑兑美元和法国法郎均贬值了大约 30%，但是衡量这给英国经济带来的好处还应当考虑其他货币，因为相对于这些货币英镑几乎没有贬值。实际上，英镑在 1932 年平均贬值了 13% 左右，而到了第二年则贬值了 9%。[1]但是这并不是退出金本位制给英国经济带来的最重要的好处。放弃金本位制使英国可以在国内推行扩张主义的货币政策，通过低利率来刺激投资，特别是在建筑业。事实上，工业生产和建筑业显著复苏，让英国跻身 20 世纪 30 年代经济持续复苏的国家行列。[2]

尽管英国的失业率下降了，但是仍然保持在 20 世纪 20 年代的高位（见表 9.3），于是产生了大量对导致这种高失业率的原因进行推断的文献。有些学者认为，这是因为缺少凯恩斯主义的财政政策，他们指出一个事实，即公共支出在 1938 年以前一直没有增加，到了 1938 年英国不得不重整军备（从而加大了公共支出）。[3]另外一些学者则倾向于结构性原因：投资在很大程度上通过并购来提升公司效率，并且大部分集中在新兴产业，但是传统的老旧产业却没有从中受益，而这些产业也是失业率主要集中的地方。[4]

从 1938 年开始，英国才推动实施了重整军备的政策，当时英国人对于德国重整军备深感担忧。英国的政客们十分清楚，英国的军事资源与德国所积攒的武器储备并不在一个数量级。但是，英国认为它可以依靠与美国的特殊
181　关系。事实上，英国外交大臣哈利法克斯子爵（Viscount Halifax）在 1939 年曾表示："按理来说是安全的，如果假设当战争持续了一段时间，美国的态度

① Redmond, "An Indicator of the Effective Exchange Rate of the Pound in the 1930s". 有关总体的概述，参见 Hentschel, "Indicators of Real Effective Exchange Rates of Major Trading Nations from 1922 to 1937"。

② 英国 1937 年的工业生产指数比 1929 年高 30%，仅低于北欧各国，后者与英国和希腊一同放弃了金本位制。

③ 所有人都认为在这种情况下更广泛的公共支出政策可能会有所帮助，但是许多人对在 20 世纪 30 年代这样的环境中实施这种政策的可行性提出了质疑。Middleton, *Towards the Managed Economy*; Dimsdale & Horsewood, "A Model of the UK Economy in the Interwar Period"。

④ 在众多文献中，参见 Booth & Glynn, "Unemployment in the Interwar Period"; Peden, "Keynes, the Treasury and Unemployment in the Late Nineteen–thirties"; Hatton, "Unemployment Benefits and the Macroeconomics of the Interwar Labour Market"; Broadberry & Crafts, "The Implications of British Macroeconomic Policy in the 1930s for the Long Run Performance"。

足以让我们赢得战争。"[1] 战争最终获胜了，但却是美国人赢得了战争。在此过程中，美国在全世界建立了霸权，而英国则沦为一个实力较弱的国家。

20 世纪 30 年代英国经济还有最后一个方面应当被提到，因为它在战争结束后产生了重要影响。1931 年年底，英国也重返贸易保护主义；[2] 让英国继续作为自由贸易领袖的国际环境不复存在，但根据《渥太华协定》（Ottawa Agreement）[3]，英国给予英联邦国家贸易特惠地位。这样一来，英国的对外贸易进一步集中在与其殖民地之间：20 世纪 30 年代末，英国有一半的出口和大约 40% 的进口来自其殖民地。[4] Drummond（1995）认为，这是通过向殖民地让步的高昂代价换来的，标志着有利于殖民地独立的环境的发轫。[5]1938 年，英国只有 30% 的出口销往欧洲，在战争结束后下降到 20%。这使英国最开始对于欧洲一体化进程毫无兴趣。由于殖民地独立，英国经济在战后遭受了严重的冲击。

 德国的通货再膨胀和重整军备

我们在第 11 章中谈到，德国采取了与所有国家一样的通货紧缩政策，但是德国却走向了极端。税收残酷地增加，利率飙升到了无法想象的水平，这些预示着德国经济的崩溃（见表 11.1）。[6] 所有这一切激起了魏玛共和国民众对政府越来越多的不满。[7] 一些研究表明，随着失业的不断增加，人们对于 *182*

---

① Parker, "Economics, Rearmament and Foreign Policy", 645.

② 鉴于当时所发生的深刻变化，正如英镑贬值一样，重新引入贸易保护主义对英国国际贸易的影响很难评估。Capie, *Depression and Protectionism*.

③ 1929 年，英国和加拿大、澳大利亚、新西兰、印度等英联邦国家签署了《渥太华协定》，规定对成员国的商品降低或者免除关税，而在成员国之外实行高税率。——译者注

④ Rowland, *Commercial Conflict and Foreign Policy*. 需要注意的是，在两次世界大战期间，法国和日本的贸易也进一步集中于其殖民地。

⑤ Drummond, *Imperial Economic Policy 1917–1939*; Clayton, *The British Empire as a Superpower 1919–1939*.

⑥ Balderston, *The Origins and Course of the German Economic Crisis, 1923–1932*; James, *The German Slump*.

⑦ Von Krüdener, *The Economic Crisis and Political Collapse*.

极端主义政党的认同不断扩大，特别是由希特勒领导的德意志民族社会主义工人党。[1] 不足为奇的是，历史学家们想知道：事态是否可以朝不同的方向发展？不那么紧缩的经济政策是否切实可行？要了解德国统治者面临的困境，特别是布吕宁（Brüning）总理所遇到的困难，我们必须考虑以下几点：

★ 自 1928 年以来，德国再也没有外国资本的流入，因此为了支付战争赔款[2]，必须通过国际收支顺差支付赔款；为了能够实现这一点，德国必须比其他国家实施更加紧缩的经济政策，而对于其他国家而言，实现贸易平衡就足够了。

★ 德国经济的崩溃可能导致战争赔款的取消或中止（实际中也发生了）。

★ 根据《凡尔赛和约》对德国施加的条款，德国马克不能贬值（然而，1931 年 7 月德国实行了汇率管制，有效避免了因其他货币逐渐贬值所引发的马克相对升值的最坏结果）。

★ 德国马克贬值会增加德国的实际债务负担。

★ 德国的工资缺乏弹性（由于工会的力量强大），大大削弱了财政政策的效果。

★ 德国当时没有可供选择的有关经济政策的重要建议。[3]

基于以上这些考虑，Borchardt（1991）认为布吕宁除了采取极端紧缩的政策别无他法。[4] 正如上文中已指出的那样，该政策让魏玛共和国失去了信誉，

188

---

[1] Stögbauer, "The Radicalisation of the German Electorate".

[2] 有关这一点，参见 Houwink ten Cate, "Reichsbank President Hjalmar Schacht and the Reparation Payments (1924–1930)"。

[3] 实际上，有一小撮与凯恩斯接触的德国知识分子当时曾试图推动通货再膨胀的观念，但是这些观念对于公众舆论和政府的影响非常小。Garvy, "Keynes and the Economic Activists of pre-Hitler Germany".

[4] Borchardt, *Perspectives on Modern German Economic History and Policy*; Borchardt & Ritschl, "Could Brüning Have Done It?" 从不同的角度来看，运用凯恩斯理论模型能够为 Borchardt 的论点提供额外支持。Ritschl, "Reparation Transfers, the Borchardt Hypothesis and the Great Depression in Germany, 1929–1932".

甚至当 1932 年年中冯·帕彭（von Papen）接替布吕宁试图重振经济时，魏玛共和国的信誉也没能恢复。近来一项研究认为，如果这些重振经济的努力成功了，那么他们就能够有效地抵制纳粹主义。[1] 相反，纳粹党在 1932 年年底的选举中取得了重大胜利，1933 年 1 月希特勒上台。[2] 许多历史学家强调德国耻辱的战争赔款政策发挥了不当的作用，该政策最初与德国的恶性通货膨胀和经济不稳定有关，后来是经济危机，最后又与德国放弃民主、欣然接受复仇和暴力联系在一起。

过去的史学界认为，希特勒掌权后并没有立即投身于重整军备。相反，他致力于重振建筑业和运输业（纳粹成立了大众汽车公司）。正如 Overy（1996）的研究所表明的那样，德国在大规模重整军备之前便充分恢复了就业。[3] 经济增长强化和稳固了政权，就像之前的意大利一样，当 20 世纪 20 年代初墨索里尼掌权后，意大利的经济蓬勃发展。[4] 能够取得这一成果归功于德国大幅增加了公共支出，其占国民收入的比例从 1928 年的 15% 增加到 1934 年的 23%，以及 1938 年的 33%。这一增长是在德意志帝国银行行长沙赫特（Schacht）天才的信贷扩张中实现的。不同于简单地增加货币供给——这对于无法正式放弃金本位制的德国并不可行，沙赫特发行了仅限于银行支付和缴税使用的信用票据。如此一来便能够避免新增货币用于消费。而在 1938 年，德国的消费水平仅仅恢复到了 1929 年的水平。

1936 年，德国的"四年计划"（Four Year Plan）拉开了大规模重整军备的序幕，并随着 1938 年"西墙"（也称齐格菲防线）的建造进一步强化。从经济学的角度来看，德国提供了一个有趣的有关新型混合经济的案例研究：

---

[1] Stögbauer& Komlos, "Averting the Nazi Seizure of Power".

[2] Kershaw, *Weimar: Why Did German Democracy Fail?* 通过解答大型工业企业向纳粹提供了什么支持的问题，我们似乎可以说这些企业并没有采取集体行动，正如墨索里尼上台时的情况那样，但是确实有个别企业家支持希特勒。Turner, *German Big Business and the Rise of Hitler*.

[3] 参见他的调查成果：Overy, *The Nazi Economic Recovery 1932-38*.

[4] 正如 Van Riel & Schram, "Weimar Economic Decline, Nazi Economic Recovery and the Stabilization of Political Dictatorship" 中所指出的那样。

184 　一些资源通过"优先市场"直接由国家控制，而另外一些资源则留给市场。[1]
由于希特勒认为从国民经济中划拨太多的资源用于政治并不合适，因此他的
目标是建立武器储备，以便在将来发动无法抵挡的闪电战（Blitzkrieg）。然
而，由于戈林（Göring）的管理效率低下，还有希特勒决定比预期更早发动
战争，这一目标迟迟无法实现，重整军备也并不富有成效。[2] 不管怎样，正
如 Klein（1959）明确表示的那样，战争爆发时德国的武器储备足以让同盟
国从系统上高估德国的生产能力。[3]

　　除了计划，纳粹还通过另外两种手段调动资源用于重整军备，即经济上
的自给自足和对欧洲中南部国家的剥削，但是二者的结果均远不及预期。在
自给自足的情况下，德国的化学工业在生产替代材料方面取得了一些成功[4]，
但是在 1939 年，德国仍然严重依赖不受其控制的国家的资源，比如石油、铁
及许多其他金属，特别是制造飞机的合金中的金属。随着旨在寻求控制欧洲
中南部国家的"生存空间"（Lebensraum）[5] 政策的推行，德国于 1938 年吞并
奥地利，并于 1939 年吞并捷克斯洛伐克。毫无疑问，贸易转为对德国有利，
但影响有限。如果我们将保加利亚、希腊、罗马尼亚、土耳其、南斯拉夫、
意大利和西班牙这些国家放在一起来看，德国从这些国家进口的比例从 1929
年的 9.8% 上升到 1938 年的 18.7%，对其出口的比例从 11.2% 上升到 20.8%，
但这些并不能缓解德国对原材料的需求。然而，通过有利于德国的"清算"

---

[1] Schweitzer, "Plans and Markets".

[2] 有关这些和其他一些讨论，参见 Overy, *War and Economy in the Third Reich*。

[3] Klein, *Germany's Economic Preparation for War*.

[4] IG 法本（I. G. Farben）公司是一家巨型化学垄断集团，在第二次世界大战后被美国人拆分，因为
　美国人指控它曾支持纳粹。但是，事实似乎更加微妙。Hayes, *Industry and Ideology*.

[5] 1897 年，德国地理学家拉采尔（Friedrich Ratzel）提出国家有机体学说，之后提出了"生存空间"
　的概念。他利用生物学概念与当时流行的社会达尔文主义，通过生物类比的方式研究国家政治。他
　将国家比作具有生命的有机体，认为国家如同生物一样需要一定的生存空间，因此一个健全的国家
　通过扩张领土来增加生存空间是必然的现象。——译者注

机制，许多经济体最终为德国的战争提供了资金①，同时德国还在奥地利和捷克斯洛伐克建立了大规模的工业基地。

　　总而言之，可以说纳粹将经济作为其达到军事目的的武器。它既没有实现最优效率，也没有实现生产周期与军事行动的完美同步，尽管如此，它还是发动了强大且技术领先的战争机器。

185

12.3　意大利：贫穷帝国主义

　　当本尼德斯的银行救援行动于 1931 年建立了意大利不动产银行（IMI）②和 1933 年的产业振兴银行（IRI）后（如第 11 章所述），意大利政府发现自身拥有意大利股份公司全部股份的 21.5%，但却控制了这些公司 42% 的股份，尤其是在一些特定的行业。产业振兴银行控制了所有的武器生产，80%—90% 的造船、航运、航空和电话产业，还有 40% 的钢铁业，30% 的电力行业，25% 的工程行业和 15% 的化学工业——最大的企业蒙特卡蒂尼（Montecatini）仍为私有。产业振兴银行拥有之前的混合银行、意大利商业银行、意大利信用社和罗马银行，如果再加上其他的公共银行，大约 80% 的银行业掌握在国家手中。产业振兴银行还在各个行业拥有大量其他企业，并试图将这些企业出售给私人。

　　产业振兴银行的管理层通过创办控股子公司来优化管理，例如 1933 年创办了从事电话业务的 STET 公司，1936 年创办了 Finmare 航运公司，1937 年创办了 Finsider 钢铁公司。1937 年，之前被设计为临时机构的产业振兴银行变成永久机构。1936 年意大利开启了银行业改革的序幕，意大利银行（Banca d'Italia）成为公有银行，混合银行被废除；同时意大利放弃了金本位制，里拉

---

① "清算"（Clearing）机制是旨在避免进行国际贸易支付而建立的双边机制。该机制规定：如果一个国家的出口过多，且无法用进口来弥补，它不能要求以货币支付的形式来结清账款；假定该国第二年可以通过增加进口来减少结余，如果第二年这种情况没有发生，该国就会向进口过多的国家发放欠款凭证。这就是德国与上述大部分国家所发生的情况，出于某种原因，那些国家从德国的进口一直少于对德国的出口。

② Lombardo, *L'Istituto Mobiliare Italiano*.

与美元直接挂钩。银行业围绕短期银行和长期投资机构被组建起来，后者全部为公有。[1]这种方式一直延续到 1993 年，当时法律通过了欧洲银行业自由化的指令，不仅使银行私有化并对外国银行开放市场，而且又使银行重新变为全能银行。

虽然意大利银行和阿尔贝托·本尼德斯的及时行动避免了一系列破产，而且在所有国家当中意大利的经济衰退并不是最严重的，但是意大利的经济状况并没有明显改善。1926 年，意大利奉行强势里拉的政策，直到 1936 年法西斯政权掌权时才考虑将里拉贬值。强势里拉不可避免地导致了紧缩性的货币政策，尽管外汇管制和"清算"机制起到了一定的缓解作用。实际上，意大利政府制定了两项干预措施，希望能受到民众的支持并带来经济上的收益。但事实证明，这些措施产生的作用都十分有限。

第一项措施是在第 9 章中已经讨论过的"整体土地开垦"政策。该政策在危机时期仍在全力推进，但是只在土地开垦得到认可和支持的地方，因为实施该计划需要私人的参与。因此，该政策在意大利的南部和中部收效甚微，因为那里缺少私人团体的协作。随着公开征用土地的必要性的逐步显现，尽管政府并不想这样做，但还是在 1934 年撤掉了有能力的土地开垦负责人阿里戈·塞皮耶里（Arrigo Serpieri），于是土地开垦失去了影响力和经济意义，人们也不再热衷于土地开垦，具体执行起来拖拖拉拉。

第二项措施是引入"合作主义"（corporazioni）。"合作主义"于 1928 年被提出，并在经过了详细计划后，最终于 1934 年正式形成。与行会类似，"合作主义"被认为是化解劳资冲突的一种手段，而"职团院"（Camera delle Corporazioni）则代表劳资双方的共同利益。"职团院"是介于市场与计划之间实施"第三条道路"的战略主体，法西斯主义认为其具备"先进的"政治意识形态特征。[2]然而现实却是"职团院"并不十分奏效，只能监管卡特尔、投

---

① 1946 年，这三家混合银行在成为公有银行后，成立了一家意大利中期银行（Mediobanca），因此它们并没有完全脱离传统的金融工程活动。意大利中期银行由本尼德斯的女婿恩里科·库奇亚（Enrico Cuccia）负责经营，后来成为意大利最活跃、最著名的银行。参见 Petri, *Storia economica d'Italia*。

② 请注意，纳粹主义的"新经济秩序"模仿了法西斯主义的方法，尽管很难说希特勒有多么相信它。

资决定、价格和劳动合同。例如，产业振兴银行是单独管理的，其行长本尼德斯直接向墨索里尼报告；即使是其他银行的投资决定，也经常是在"职团院"之外做出，"职团院"只不过出面批准。1935 年后，意大利新的政治和军事环境也可能影响了"合作主义"的有效运作，从而进一步加强了政府对国民经济和社会的控制。

事实上，到了 1934 年，意大利经济仍未显示出持续复苏的迹象。墨索里尼和他的幕僚再也无法忍受，于是后来政权开始朝着邪恶、好战的方向发生转变。如果我们看一下 1933 年以前政府的军费支出对整个公共支出的影响，便会发现这组数据比战前自由政府时期的更少。1934 年，或许是为追随纳粹宣传的浪潮，又或许是因为国内的经济困难，墨索里尼开始讨论让更多的意 *187* 大利人进入非洲，并计划对那里进行军事入侵。意大利于 1935 年 10 月 3 日在埃塞俄比亚发动了战争，并于 1936 年正式宣告征服。所有这些都违背了国际共识，即不再对非洲进行殖民活动，于是国际联盟对意大利实施了经济制裁。[1] 埃塞俄比亚战争引发了一场军备竞赛，后来随着意大利支持西班牙内战中的佛朗哥将军（General Franco）以及与希特勒重新恢复邦交，军备竞赛得以升级；最后这场军备竞赛以 1938 年德、意两国签订《钢铁条约》（Pact of Steel）[2] 而达到顶峰。《钢铁条约》的签订预示了反犹太人的种族歧视性法律的通过和后来 1940 年 6 月意大利正式加入第二次世界大战。

墨索里尼试图模仿希特勒在经济上的自给自足，但效果却差强人意。1939 年，意大利国内经济所需的原材料只有 21% 是由本国生产的。与此同时，意大利的对外贸易也明显转向德国，从德国的进口占比在 1938 年增加到 27%，到了 1940 年增加到 40%。同时，意大利在生产替代材料方面启动了研究，并建立了新的工厂，虽然没有马上获得重要的成果，但是后来证明其对

---

[1] 并非所有国家都实施了制裁措施，因此制裁只是部分有效的，但确实造成意大利进出口的大幅下降，这给国际收支平衡带来困难。Ristuccia, "1935 Sanctions Against Italy".

[2] 也称《军事同盟条约》，象征了德意同盟，两国同意在国际威胁或战争中，互相提供军事支援，并加强军事与战时生产。而且，两国保证只有得到对方同意才会与他国议和。——译者注

意大利的战后恢复有着极为重要的现实意义。[1]

总之，不同于德国基于民用行业投资迎来的经济复苏，意大利的复苏主要建立在重整军备的基础上——然而对于第二次世界大战的特征和情况而言，这些成果是微不足道的。

 法国：从危机到失败

法国凭借着庞大的黄金储备和 20 世纪 20 年代相对繁荣经济环境下的低失业率，在危机之初并未受到大萧条的重创。然而，当英镑发生贬值后，法国的出口和旅游收入开始大幅下滑。[2] 对"普恩加莱法郎"（Franc Poincaré）的坚守不允许法郎贬值，这意味着持续的紧缩性货币政策，其导致工资和物价持续下滑，直到 1936 年年底法国决定令法郎贬值。令人不解的是，20 世纪 20 年代弱势法郎曾给法国带来了许多好处，而同时期英国则正遭受着英镑被人为高估的影响。但是法国却没有汲取英国的教训，并没有让法郎贬值与英镑贬值保持一致。事实上，法国在恶性循环中越陷越深，最终扼杀了经济的复苏。

当法国意识到当权者无力缓解这一状况时，曾试图通过选举来寻求改变：莱昂·布鲁姆（Léon Blum）领导下的左翼政府上台，同时获得了法国社会党和法国共产党（人民阵线）的支持。新政府做出的第一个决定并不是让法郎贬值；相反，根据《马提翁协议》（Matignon Agreements），新政府提高了工资，并减少了工人的工作时间。企业主们立即意识到这些措施并不适用于法国当时的经济状况[3]；由于担心最坏的情况出现，企业主开始对外输出资本，不可避免地导致了法郎贬值，当然这也无益于重启投资和生产活动。最终法郎贬

---

① Petri, "Innovazioni tecnologiche tra uso bellico e mercato civile".

② 有关两次世界大战期间法国经济的详细考察，参见 Sauvy, *Histoire économique de la France entre les deux guerres*。有关更一般的情况和最新参考书目，参见 Broder, *Histoire économique de la France au XXe, 1914–1997*。

③ 工资上涨导致物价在法国扩大国内市场前就已经上涨了，而缩短每周工作时间使得在一个失业率不高（尽管经历了危机）的国家很难组织起劳动力。

值了，但是形势依然紧张。1937 年 6 月，布鲁姆向议会申请特权来应对危机，但他的请求被拒绝了。^① 从 1937 年 6 月到 1938 年 4 月，法国的政治进程瘫痪了，出现了几届短命的政府，其中新的布鲁姆政府仅仅持续了一个月。最后到了 1938 年 5 月，一个真正果断的人——爱德华·达拉第（Edouard Daladier）执掌了大权，他任命保罗·雷诺（Paul Reynaud）去治理经济。^② 保罗暂停了每周 40 小时工作制，同时制定了投资激励的措施，加强了研究和统计数据编制，并启动了大规模的重整军备计划。尽管工业生产增加了，但是为时已晚，法国依旧无法抵挡德国在 1940 年发动的进攻。法国发现自身完全没有做好战争准备，并在经历 40 天的大规模进攻后沦陷。

法国的完败引发了大量争论。以布鲁姆为首的左翼政府的实践诚然是失败的，但是这并不是因为布鲁姆是一位极其平庸的政治家，而是因为他的顾问无法胜任，而且缺乏远见。所有精英阶层都参与其中，然而他们却没能提出重新激活经济的必要政策，并最终导致了无法避免的失败。^③ 当时不乏反对的声音，尤其来自一群受圣西蒙（Saint Simon）思想启发的技术官僚，但是却无人理会他们的声音，后来这群人活跃于各个政府当中，特别是在战后。^④ 在他们当中，我们应当提到安德烈·塔尔迪厄（André Tardieu）。他曾在 20 世纪 20 年代末担任法国总理，当时他制订了一项工厂现代化改造计划，但从来没有被批准。20 世纪 30 年代初，一群来自巴黎综合理工学院的毕业生成立了一个名为"X-Crise"或"Crisis X"的俱乐部，旨在研究摆脱危机的办法。^⑤ 在参与者当中，有人后来成为战后计划的倡导者，如雅克·鲁夫（Jacques

①有关这次事件的更多信息，参见 Minot, "La chûte du premier gouvernement Blum et l'action des commissions des finances 1936–1937".

②自 1934 年以来，雷诺是法国唯一建议法郎贬值的人。

③Kemp, *The French Economy 1913–1939* 中讨论了社会结构危机。Sauvy（1965）讨论了"马尔萨斯"观念的盛行。

④Kuisel, *Capitalism and the State in Modern France*. 吉恩·比切罗纳（Jean Bichelonne）、恩斯特·梅西埃（Ernst Mercier）、皮埃尔·里卡德（Pierre Ricard）、皮埃尔·门德斯·弗朗斯（Pierre Mendes France）、弗朗索瓦·布洛赫 – 莱内（François Bloch-Lainé）、米歇尔·德布雷（Michel Debré）和吉恩·莫内（Jean Monet）都是主要参与者。

⑤"X"表示未知，表明危机难以理解且需要找到解决方案。

Rueff)、阿尔弗雷德·索维（Alfred Sauvy）、吉恩·乌尔莫（Jean Ullmo）和保罗·雷诺（20世纪30年代末运气不佳的法国经济部长）。贝当（Pétain）政府的实践也值得一提。虽然贝当政府因为与德国占领地区的合作而广受指责，但是从经济的角度来看这确实给法国带来了一些好处。实际上，政府决定改进法国工业的生产方法，基于一项为期十年的工厂现代化计划和更准确、有效的统计数据来提高生产率。由吉恩·比切罗纳领导的工业生产部由各行业委员会（Comités d'organization）组成，同时企业主也参与其中；这种模式在战后再次被采纳。

12.5 美国与新政

新政（New Deal）之所以出名，是因为它深刻改变了美国的经济和社会。通过联邦政府增加支出，它极大地改变了美国的宏观经济实践。新政下，尽管各州、市的支出大致保持不变，但是在20世纪30年代联邦支出翻了两番[①]，这使得公共支出（对经济）的影响从1929年的11%上升到1939年的17%。到了30年代末，联邦支出（不包括国防支出和债务利息支付，这些在当时已经是单独的一项指标）对于公共支出的重要性翻了一番。到20世纪末，联邦支出已经占公共支出的一半以上。

除了《格拉斯－斯蒂格尔法案》（曾在第11章中讨论），新政还有哪些重要贡献？首先，在第一阶段，新政的主要目的是行使紧急干预。联邦紧急救济署（Federal Emergency Relief Administration，FERA）在公共工程和基础设施领域创造了就业机会；1933—1934年的冬天，有200万名工人从中受益。农业调整署（Agricultural Adjustment Administration，AAA）努力的目标是提高当时已经跌得令人无法容忍的农产品价格。国家复兴管理局（National Recovery Administration，NRA）对工业也采取了类似的措施。罗斯福新政的成功也让民主党人控制了国会。新政的第二阶段始于1935年冬，"百日新政"

---

① Dowd，*The Twisted Dream*.

的紧急条款成为美国宏观经济政策的永久组成部分。

在农业领域，新政再次提出将农业调整署作为支持农产品价格的永久机构；其措施包括控制产量，1936 年通过的《土壤保持和国内分配法》（Soil Conservation and Domestic Allotment Act）提供了这样的治理机制。工业部门的法规更加复杂和创新。国家复兴管理局被废除，取而代之的是三种不同类型的干预措施。第一项干预措施：1935 年通过的《瓦格纳法》（Wagner Act，即《国民劳动关系法》）建立了全国劳资关系委员会（National Labor Relations Board，NLRB），保证官方对工会的承认，使后者能够在劳资纠纷中代表工人。此外，1938 年通过了《公平劳工标准法》（Fair Labor Standards Act），设立了最低工资、工时限制和加班补偿机制。第二项干预措施：围绕当时在美国还未广泛接受的社会保障领域，1935 年通过的《社会保障法》（Social Security Act）[1]改革了养老金、失业保险，以及伤残和孤儿的救济制度。第三项干预措施：围绕公共工程领域，通过公共工程管理局（Public Works Administration，PWA）和不断成立的各种专门机构去实施各种项目，例如著名的田纳西河流域管理局（Tennessee Valley Authority，TVA）就进行了土地改良，并通过洪水控制（修建水坝）为多个州提供电力。

新立法所带来的有利影响并不是立竿见影的，部分是因为要从如此规模的危机中复苏并不容易，同时还因为欧洲政治正朝着一场新的战争方向发展。*191*为了应对这场后来证明比以往任何一次冲突都更具破坏性的战争，美国的投资再次转向了军工业。

12.6 第二次世界大战

正如我们所见，20 世纪 30 年代欧洲的经济复苏在各个国家的表现并不相同，因为它们很大程度上是由国内机制驱动的，这一状况至少持续至 20 世纪 30 年代末各国重整军备。同一时期，日本的重工业也取得了高速增长。1934

---

① 需要注意的是，美国是第一个使用"社会保障"一词的国家；参见 Silei，"Dalle assicurazioni sociali alla Social Security"。

年，日本三分之二的工业就业集中在纺织业（丝绸和棉花）；但是到了1942年，这一比例下降至20%，而60%的就业转移至重工业。这些变化全部是因为日本所谓的军界精英政策，该政策从发动侵华战争并于1931年占领中国东北三省开始。

最后我们可以总结六个主要国家的经济状况以及它们所采取的宏观经济政策，并汇总为一张表格（见表12.1），以便得出一些最终结论。从表12.1中，我们可以清楚地看到日本和德国是增长最快的国家。日本成功遏制了危机，而德国的经济复苏则令人瞩目。考虑到英国遭受的危机有限，英国的经济复苏表现一般。意大利的经济复苏乏力，或许这解释了墨索里尼进行帝国主义尝试的原因。法国和美国的经济表现较差。法国是因为经济复苏非常乏力；而美国则是因为经历了极其严重的危机，经济没有得到充分的复苏。

192

表 12.1　20 世纪 30 年代各国的经济状况和经济政策

国家	1932—1938 年国民生产总值增长率（%）	1938 年的国民生产总值指数（1929 年 =100）	货币政策	财政政策	干预计划
法国	2.0	95	紧缩性	中性	没有
德国	6.6	123	扩张性	扩张性	有
英国	3.3	114	扩张性	中性	没有
意大利	1.3	102	紧缩性	扩张性	有
美国	3.7	89	紧缩性	中性	没有
日本	3.7	121	扩张性	中性	没有

数据来源：Maddison database.

191

需要注意的是，经济表现较好的国家采取了扩张性的货币政策，而德国经济则从各个方面充分利用有效的经济政策。相反，当危机爆发之际，美国经济则被完全不适合的政策所摧毁，它的生产能力直到第二次世界大战爆发都没有完全恢复，而美国长期以来都在极力避免这场战争。

当第二次世界大战进入白热化的阶段时，资源的消耗尤为惊人（见表

12.2），甚至超过了第一次世界大战时的消耗。① 从表 12.2 中我们可以看出，意大利的战争动员最为有限，这可能是因为法西斯政权并不是那么相信战争，而且它也并不认为可以指望那些更不相信战争的人民做出重大牺牲；此外，意大利还缺乏能够扩大生产的原料。②

表 12.2　第二次世界大战军事支出占各国国民收入的比例（按当年价格）

单位：%

年份	美国	英国	苏联*	德国	意大利	日本
1939	1	15	—	23	8	22
1940	2	44	17	40	12	22
1941	11	53	28	52	23	27
1942	31	52	61	64	22	33
1943	42	55	61	70	21	43
1944	42	53	53	—	—	76

注：* 按 1937 年价格计算。

数据来源：Harrison, *The Economics of World War II* .

军事支出的增长显而易见，如 1942 年的德国和苏联，还有 1943 年的美国。德国、苏联之所以能够达到如此高的程度，特别是当后者还是一个较为贫穷的国家时，可以用二者能够依赖来自国外的额外资源进行部分解释；英国同样如此。英国和苏联得到了美国的援助，而德国从其占领的国家获得了资源。表 12.3 中估算了美国对同盟国的援助，还有英国和德国的资源流向。正如第 10 章所述，美国对苏联给予了重要援助，占后者国内生产总值的 10% 左右。

在战争席卷欧洲的漫长岁月里，德国和英国都在起草战后重新建构世界的计划。德国的基本思路是建立"新秩序"（New Order）；尽管纳粹自身对其的解释也并不一致，但无论如何"新秩序"都包含了以下几个方面：一个

---

① 有关战争的一般情况，参见 Overy, *The Origins of the Second World War*。第一次世界大战期间，英国将其国民收入的大约三分之一用于战争，而德国则动用了大约 40%。

② 参见 Zamagni, "Un'analisi macroeconomica degli effetti della guerra"。

法西斯的"合作主义"国家；计划经济，但是是一种"强国家存在"（strong state presence）的混合经济，而非苏联式的中央集权制度；还有"生存空间"，或者说是德国对整个欧洲经济的霸权。[1]

表 12.3　对外输出（－）和对内输入（＋）的资源占国民收入的比例

单位：%

年份	美国	英国	德国
1938	−2	5	−1
1939	−1	8	1
1940	−2	17	7
1941	−2	14	12
1942	−4	11	17
1943	−6	10	16

数据来源：Harrison, *The Economics of World War II*.

德国通过吞并和占领对"生存空间"进行了强制性的诠释，那些被吞并和占领的国家将被要求支援德国的经济。通敌叛国的法国贝当政府为德国的战争行动提供了最重要的支持，尽管大部分情况下所提供的商品只是供给民用市场，但却释放了德国武器装备的生产能力。挪威之所以重要是因为德国可以从那里获取战略原材料。而对于比利时和荷兰，德国更看重的是它们的生产能力。自 1943 年后期德国占领意大利北部以来，意大利就被要求支付沉重的战争赔偿。Milward（1979）认为，曾被德国寄予厚望的东欧国家实际上不堪重用，因为那些国家过于落后。[2]

德国试图实施一体化生产计划，重要的德国企业开办了新的工厂。然而，因为整个系统是建立在高压统治和暴力之上的，德国不得不面对需要经常将不服从管教的劳动力组织起来的严重问题。在纳粹的领导人中，绍克尔（Sauckel）提出将外国劳工在德国强制拘禁起来，以便更好地控制他们，那些自由的劳动力也不例外，但这却带来了艰巨的后勤保障问题；斯佩尔（Speer）赞成将生产工作留在德国境内，但这却给反法西斯同盟国的破坏留出了更大

---

① Barkai, *Nazi Economics*.

② Milward, *War, Economy and Society, 1939–45*.

的空间。事实上，由于每种选择都有其局限性，因此并没有最佳的解决方案。

在英国，主要的问题是获取资源来应对战争。随着法国的战败，这场战争拖得越来越久，花费也越来越高。事实很快便证明，来自英联邦的援助是不够的，正如人们所预料的那样，英国不得不求助于当时尚未参战的美国。1940年夏，美国建议英国清算海外投资，但这只为英国提供了暂时性的缓解。1941年 3 月，美国国会批准了一项法案——《中立法案》（Neutrality Act），其中规定：对交战国家的任何援助都将在无须补偿的条件下提供；其目的是避免再次出现第一次世界大战后盟国间战争债务纠纷的不利影响，这种影响直到后来才被认识到。

1941 年 5 月，英国派出了以凯恩斯为首的代表团前往美国商讨援助计划。凯恩斯原本预计会在美国待一个星期，然而由于美国和英国政府之间的分歧，他停留了三个月。美国人希望英国针对战后经济自由化和重建金本位制做出明确承诺；凯恩斯则拒绝签署这些条款，因为他认为在战后重建期间，英国需要采取大量控制措施来恢复经济的正常秩序。最终双方达成妥协，1941 年8 月《大西洋宪章》（Atlantic Charter）正式生效。[1] 该宪章明确阐述了多边主义的原则，呼吁建立一个互相协作的全球化体系以扩大生产、就业和贸易，并且取消歧视性条款，减少自由贸易壁垒。在此之后，1942 年 2 月《互助协定》（Mutual Aid Agreement）和租借援助计划（Lend-Lease aid plan）得以通过；美国一共提供了价值 300 亿美元的武器，如前所述其中有 100 亿美元的物资被提供给了苏联，其他国家得到了较少的援助。在这次事件中有趣的一点是凯恩斯（还有在他之后的许多人）依然对与美国进行平等谈判抱有幻想，但事实上自那时起，已经没有任何一个欧洲国家可以与美国相抗衡。[2]

---

① 稍后将对这一主题继续进行讨论。

② 不乏欧洲人意识到这一点，但是他们缺乏改变政策的能力。例如，1915 年 9 月，当被问及对德国与哈布斯堡帝国关税同盟的看法时，德国政客克莱门斯·冯·德尔布吕克（Clemens von Delbrück）回答道："我们不再为掌控内部 [欧洲] 市场而战，而是为了整个世界的市场，只有欧洲组建一个统一的海关，才会有足够的力量应对大西洋另一边过于强大的生产资源。"（引自 Milward, *The New Order and the French Economy*，147–148）。

196 　　1942年美国直接参战是整个战争的转折点，[①]战争局势很快得以扭转，开始朝着盟军最终胜利的方向发展。实际上，由于美国的加入，1942—1943 年同盟国可以依靠的资源储备是轴心国的两倍以上，这一差距到了 1944 年和 1945 年更是分别扩大到了三倍和五倍。[②]美国的决定性援助，使同盟国在击败德国和日本方面取得了主导地位，也为后来的和平奠定了基础。最终，战争造成 5500 万人死亡（其中苏联人占了将近一半），整个欧洲受到巨大破坏，特别是基础设施，而德国则出现了第二次崩溃。[③]

① 1941 年 12 月 7 日，日本偷袭珍珠港，美国对日宣战。

② 1943 年 7 月 25 日墨索里尼被捕后，意大利决定不再继续战争，并于 1943 年 9 月 8 日宣告停战。随后，意大利对德宣战，由此意大利分裂为两部分，其中北部的德占区建立了萨洛共和国。

③ Ferguson, "The Second World War as an Economic Disaster".

第 13 章
战后重建和去殖民化

13.1 美国和战后欧洲

通过深度介入第二次世界大战，美国立刻明白了不可能重返过去的孤立主义。相反，从 1943 年开始，美国启动针对平民的援助计划，并通过联合国善后救济总署（United Nations Relief and Rehabilitation Administration，UNRRA）加以实施。截至 1947 年，美国一共向欧洲提供了价值约 40 亿美元的粮食援助。[①] 此外，还有德国被割让领土的治理问题，那里的经济停摆，货币体系又一次遭到破坏。[②] 但是，最大的问题是研究一个比《凡尔赛和约》更为持久的欧洲重建方案。[③] 现实情况是，以法国为首的欧洲国家再次开始敦促

---

① 凭借联合国善后救济总署的资金创办了联合国的各种机构：联合国粮食及农业组织（Food and Agriculture Organization，FAO）、国际难民组织（International Refugee Organization，IRO）、世界卫生组织（World Health Organization，WHO）、联合国儿童基金会（United Nations International Children's Emergency Fund，UNICEF）和联合国教科文组织（United Nations Educational, Scientific and Cultural Organization，UNESCO）。

② 德国分裂为四个占领区，由英国、法国、美国、苏联分别控制；在柏林，四国各自占领一片地区。英国、法国和美国所占地区由美国占领区行政救济基金（Government Administration of Relief in Occupied Areas fund，GARIOA fund）进行统一协调管理。

③ 有关两次世界大战后阶段的比较，参见 Meier, "The Two Postwar Eras and the Conditions for Stability in Twentieth-Century Europe"。

198　战争赔款，同时继续拆除大量的德国工厂，但对每一项重建德国经济的提案都一再拖延。①另一个迫在眉睫的问题是苏联的扩张主义，它试图将尽可能多的国家纳入其势力范围。

为了应对这一局面，欧洲需要被重建。欧洲国家并不是没有努力，但它们缺乏原材料，并失去了外汇储备来为进口提供资金，因此欧洲各国很快便陷入了一个恶性循环：只有通过出口才能进口原材料，但是没有原材料它们无法生产出可供出口的任何产品。②在 1947 年，美国意识到它面临的选择：可以选择继续让欧洲在恶性循环中越陷越深，从而无法成功实现重建；也可以通过一项新的援助计划进行干预。在第一种情况下，美国将会发现自己没有贸易伙伴，同时面临再度爆发大规模危机的风险，还失去了能够对抗苏联扩张主义的坚实堡垒。在第二种情况下，显然必须将德国纳入新援助计划的受益国之列，因为该计划在很大程度上是多边展开的。

1947 年 6 月 5 日，美国国务卿乔治·马歇尔在哈佛大学发表演讲时宣布，美国已决定为所有希望加入这项多年重建计划的欧洲国家提供资金。该计划被称为"欧洲复兴计划"，又被称为"马歇尔计划"。其目的是利用美国的援助弥补欧洲国家的国际收支赤字，使其可以在不引发通货膨胀或政治动荡的情况下重启生产。美国向欧洲介绍了基于提高生产率和引入科学管理的增长模式，使其能够增加国民收入，避免严重的收入分配矛盾。③

美国人并不仅限于提供资金，他们还基于以下两个原则，设计了一套资金分配制度——至今在同类制度中仍是独一无二的：

200　　★ *所要求的货物直接送达；*

---

① 需要注意的是，德国问题对于美国人尤为严重，由于德国经济混乱，美国不得不真的支持德国民众。Gimbel, *The Origins of the Marshall Plan*; Turner, *Reconstruction in Post-war Germany*.

② 这种恶性循环被称为"美元缺口"（dollar gap），指用于进口商品的美元短缺。

③ Meier, "The Politics of Productivity"; Hutton, *We Too Can Prosper*.

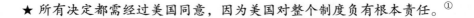

★ 所有决定都需经过美国同意，因为美国对整个制度负有根本责任。①

由于"马歇尔计划"是一项多边计划（即同时向多个国家提供援助），因此后来在相关各国都开设了办事处。美国与各国协商的商品清单是基于一项四年增长计划和年度工作计划来制定的。美国从国内市场或全球市场上寻找并直接购买商品，然后免费送往各个参与国。② 各国政府在本国市场上组织销售，并且使用当地的货币，取得的收益存放在"配套基金"（counterpart fund）③ 中，在使用这些收益时必须征得美国的同意。美国运往欧洲的商品种类清楚地反映出用于重启生产的物资占了绝大多数：33% 的原材料、29% 的食品和化肥、16% 的能源产品（煤和石油）、17% 的设备和车辆，还有 5% 的其他商品。从 1948 年年中到 1952 年年中，"马歇尔计划"正式实施了四年，期间价值 125 亿美元的商品被送往欧洲。④1952 年，由于朝鲜战争，"马歇尔计划"变为一个更为有限的军事援助计划：共同安全署（Mutual Security Agency，MSA）。⑤

表 13.1 显示了"马歇尔计划"的参与国的资金分配。需要特别注意的是，表中有两个国家——葡萄牙和土耳其——鉴于它们在战争中所扮演的次要角色，我们并没有想到会在表中见到它们。美国由于地缘政治的原因将这两个国家包括在计划内，但它们只获得了有限的资源。英国和法国是所有参与国中受益最大的国家，二者加起来获得了将近一半的援助；位列它们之后的是德国和意大利，这两个国家得到的援助数额相当；再往后是遭到严重破坏的荷兰；希腊同样也获得了一笔相对其较小的经济规模非常

202

---

① "马歇尔计划"向欧洲提供商品而非美元，这是为了避免金融投机和资金的滥用。有了这种机制，美国人就可以轻易地控制整个过程，从而避免市场失灵和囤积居奇。当然，这就意味着美国深度介入了所有参与国的发展项目，而这恰恰是苏联拒绝加入的原因。

② "马歇尔计划"的商品分销区域占比如下：美国 69%，加拿大 12%，拉丁美洲 8%，各参与国 5%，其他国家 6%。参见 Hogan, *The Marshall Plan*; Wexler, *The Marshall Plan Revisited*。

③ 其作用是将"马歇尔计划"的援助资金转换为当地货币。——译者注

④ 在这段时间里，美国对欧洲国家提供的资源相当于美国国内生产总值的 2% 以上。

⑤ 该计划为共同安全计划（Mutual Security Program）。——编者注

可观的援助，其中一部分被用于内战。[1] 在下文中，我们将仔细讨论"马歇尔计划"及其"配套资金"在欧洲最大的四个国家的重建历史中所发挥的作用。[2]

201

表 13.1 "马歇尔计划"参与国的资金分配（1948 年 4 月至 1951 年 12 月）

国家或地区	资金（100 万美元）	占比（%）
奥地利	634	5.1
比利时和卢森堡	546	4.4
丹麦	267	2.2
法国	2576	20.8
联邦德国	1317	10.6
希腊	614	5.0
爱尔兰	146	1.2
意大利	1347	10.9
荷兰	1000	8.1
挪威	241	1.9
葡萄牙	50	0.4
瑞典	118	1.0
土耳其	176	1.4
英国	2866	23.2
合计 *	12,384	100

注：* 不包括行政费用、分配给多边组织如欧洲支付同盟的费用，以及分配给其他小国的费用。

数据来源：Opie, *American Foreign Assistance*, 222.

202   最后，如果把"马歇尔计划"放在所有对欧洲的援助项目中进行比较，

---

[1] 在"马歇尔计划"结束后的很长一段时间里，希腊继续获得了美国的援助，参见 McNeill, *Greece: American Aid in Action 1947–1956*。

[2] 有关一般性的讨论，参见 Ellwood, *Rebuilding Europe*。

那么结果是十分有趣的（见表 13.2）。各个援助项目的现金流经过平减，虽然只得到了近似的数值，但也可以进行正确的比较。按照 1948 年的美元价值来计算，援助总额大约为 1000 亿美元，相当于 2015 年的 8500 亿美元左右，其中至少三分之二是武器。美国提供的这些资源主要被用来帮助欧洲打赢与德国的战争并重启欧洲经济，同时美国在组织方面的贡献也同样重要。只有像美国这样一直经营和管理超大体量公司的国家，才能够如此高效地解决这样大规模的战时动员，并在支持欧洲重建中扮演重要的协调者的角色，同时还建立了新的国际机构来提供之前所缺乏的国际经济关系治理。

表 13.2　1942—1952 年对欧洲的援助

项目	时间	当时价值 （10 亿美元）	换算成 1948 年的 购买力的价值 （10 亿美元）	来自美国援助 的比例
租借法案	1942—1945	44.6	62	98%
联合国善后救济总署	1943—1947	4.0	5	72%
占领区行政救济 （暂时援助）	1945—1948	16.3	20	100%
"马歇尔计划"	1948—1952	12.5	12	100%
合计			99	

 "马歇尔计划"和欧洲一体化进程的开端

在欧洲经济重建中，"马歇尔计划"除了在物质方面发挥了作用，还在战略上促成了欧洲国家之间的新合作。[1] 在美国宣布"马歇尔计划"后，英国和法国结盟，并视自己为参与国集团的领袖，试图从欧洲方面主导该计划。1947 年 6 月 12 日，欧洲经济合作委员会（Committee for European Economic Co-operation）在巴黎成立，各国均派代表出席。该委员会的任务是对欧洲经济进行技术上的研究，以帮助各国制订各自的四年计划，使其目标在总体上保

---

[1] Milward, *The Reconstruction of Western Europe 1945–1951.*

203 持一致。1948 年 4 月 16 日，该组织改组为欧洲经济合作组织（Organization for European Economic Co-operation，OEEC），以提升其国际形象和官方地位。①

美国人欣然看到欧洲经济合作组织是一种联邦制结构，并对其委以重任，例如让其负责在欧洲各国中分配"马歇尔计划"的资金。但是，由于欧洲国家努力坚守着它们的国家认同，并不希望把权力委托给一个超国家主体，因此欧洲经济合作组织不久就出现缺乏决策权的问题。该组织在政治维度上很快就变得完全次要；但它在技术和咨询层面上仍然继续正常运转，直到 1961 年被改组为经济合作与发展组织（Organization for Economic Co-operation and Development，OECD，简称"经合组织"），并将加拿大、澳大利亚和日本等其他发达国家纳入其中。

经济合作与发展组织并不是欧洲一体化进程中的制胜一步。事实上，美国低估了欧洲内部对通过类似美国的联邦制结构来解决欧洲政治冲突的强烈抵制。幸运的是，历史并没有就此结束，因为欧洲人有强烈的动机去寻求合作解决方案，部分是因为美国人的坚持，还有"马歇尔计划"的出现缓解了它们最迫切的需求。而后续的各种问题的出现让人们意识到创造性的解决方案的有效性。随着"马歇尔计划"的实施，显然重建德国和德国经济再也无法拖延下去。法国人担心德国会重建重工业，敦促建立了一个监视鲁尔地区的监督机构，但问题是由谁来领导这个机构并不明确。法国人不希望由美国人领导，但他们意识到，原本寄希望于能与其共同领导欧洲的英国，越来越觉得自身并不是欧洲大陆完整经济的一部分（原因见第 12 章）。

法国外交大臣罗伯特·舒曼（Robert Schuman）大胆地提出了一种完全创
204 新的解决方案。② 他并没有事先知会英国，正如 Milward（1984）所言，尽管

---

① 有关欧洲经济合作组织，参见 Griffith, *Explorations in OEEC History*。

② 但是，该方案是由吉恩·莫内起草的，他是统一欧洲思想的热情拥护者，也是欧洲煤钢共同体的第一位主席。莫内随后致力于欧洲共同市场（European Common Market，ECM）的筹备，我们将在第 14 章中进行讨论。参见 Preda, "The Schuman Plan"。（"舒曼计划"即欧洲煤钢联营生产的计划。——译者注）

他明知这将意味着英法合作的终结。[①] 舒曼的解决方案是直接与德国达成协议，成立一个具有全面决策权的超国家联合主体，并向其他国家开放，以便管理煤炭和钢铁行业。[②] 用舒曼的原话说，对法国和欧洲的影响是：

煤炭和钢铁联营生产应当立即为打造经济发展的共同基础做好准备，这是迈向欧洲联盟的第一步，也将改变那些长期从事军火生产的地区人民的命运，他们一直是战争最长期的受害者。[③]

1951 年 4 月 18 日，法国、联邦德国、比利时、荷兰、卢森堡和意大利签署了《欧洲煤钢共同体（European Coal and Steel Community，ECSC）协议》。[④] 在随后的几年里，欧洲煤钢共同体——最初由"马歇尔计划"提供资金——建立了煤炭和钢材的共同市场。它取消了关税、配额和其他限制，并协调了技术和工资，证明超国家联合主体能够为所有成员国的利益服务。[⑤] 正是这次成功合作，还有作为欧洲煤钢共同体建立基础的法德联盟，证明了该机构对开启欧洲经济一体化漫长而有效的渐近式道路具有战略意义。英国不愿参与其中，从而越来越孤立于欧洲，直到 20 世纪 60 年代末形势发生了变化（我们将在第 15 章中看到）。

1950 年 9 月 19 日，另一个机构——欧洲支付同盟（European Payments

---

① Milward, *Reconstruction of Western Europe 1945–51*，396 ："他有勇气迅速采取行动，甚至没有征询英国的意见。他充分明白这项提议的提出或许意味着法英两国合作的终止，自战争结束以来，法国对德国的政策都建立在法英两国合作的基础上。"另请参见 Dell, *The Schuman Plan and the British Abdication of Leadership in Europe*。

② 参见 Gillingham, *Coal, Steel and the Rebirth of Europe 1945–1955*。

③ 参见时任美国国务卿迪安·艾奇逊（Dean Acheson）在其著作 *Present at the Creation* 第 384 页中对"舒曼计划"进行的说明。

④ Ranieri 的文章记录了意大利加入欧洲煤钢共同体对其经济和外交方面的重要作用；参见 Ranieri, "Il Piano Marshall e la ricostruzione della siderurgia a ciclo integrale" 及其参考书目。

⑤ Milward 认为，成立欧洲超国家联合主体并不意味着国家已经被取代，它的存在是为了维护全球经济中国家的利益，全球经济不会让类似欧洲国家这样的小国在孤立中实现利益最大化。参见 Milward, *The European Rescue of the Nation State*。

205 Union，EPU）与欧洲煤钢共同体共同开始运作。当欧洲各国的中央银行储备金不足时，欧洲支付同盟会暂时为该国国际收支中的赤字提供资金，从而避免影响进出口（由于缺少支付方式）。[①] 由美国构想并通过"马歇尔计划"资助的欧洲支付同盟是货币合作的第一次实验。[②] 它改进了对金融市场的干预方式，但最重要的是，它让欧洲各国习惯了通过谈判来实现共赢，展现了欧洲人联合行动的卓越成效。欧洲支付同盟消除了许多贸易壁垒，但是贸易和货币不久将在一个新的全球环境中运行，我们将在下一节中进行讨论。

　　总之，我们可以说在战争时期双边主义的负面经历后，"马歇尔计划"重新引入了多边协定。它从战略上推动了欧洲一体化进程，开启了全球经济的大发展时代（我们将在第 14 章中进行讨论），同时扩大了国际谈判的领域，并在欧洲推广了美国的经济组织模式。由战胜国去帮助其盟国和战败国重建，这在人类历史上前所未有，也进一步巩固了美国在战场上赢得的主导地位。

13.3 国际机构的设立：《关税及贸易总协定》、国际货币基金组织和世界银行

　　1946 年，在联合国[③] 内部成立了一个筹备委员会，该委员会负责起草协议，旨在建立一个负责监督国际贸易的机构。1947 年，国际贸易组织（International Trade Organization，ITO）的组织章程发布，但却没有获得美国的批准，美国认为它过于苛刻。1948 年，《关税及贸易总协定》（General Agreements on Tariffs and Trade，GATT，简称《关贸总协定》）取代国际贸易组织，并取得了相当大的成功。《关贸总协定》建立了贸易谈判的三项标准：第一项是非歧视原则，尽管可以设立最惠国身份。一些例外情况也被考虑进

---

① 欧洲支付同盟只是一个临时机构，于 1958 年被撤销，随后货币的自由兑换被恢复。

② Kaplan & Schleiminger, *The European Payments Union*; Eichengreen, *Reconstructing Europe's Trade and Payments*.

③ 尽管联合国成立于 1945 年，但其起源可以追溯到 1942 年 1 月 1 日由 26 个国家签署的一项协议，在该协议中它们承诺将与轴心国对抗，直到赢得胜利。

来，包括反倾销条款和关税联盟，同时认可当时已经存在的特惠协定（例如英联邦之间的协定）。第二项是取消了贸易的数量限制，即配额。第三项是互惠，给予所有成员国相同的贸易条款和条件，虽然其对于最不发达的国家也有例外。①

　　1947 年，23 国在日内瓦举行了多轮谈判，达成了 123 项协议。各国同意继续进行谈判，并于 1948 年 1 月达成《关贸总协定》。1953 年，在安纳西（Annécy）②举行了另一轮谈判，随后在 20 世纪 50 年代又进行了四轮谈判，取消了大部分配额并降低了关税。20 世纪 60 年代，以时任美国总统的名字命名的"肯尼迪回合"，成功地将工业产品的关税降低了三分之一。最后一轮"乌拉圭回合"谈判于 1994 年结束，这次谈判取得了重要成果，例如将国际贸易谈判范围扩大至原先被排除在外的农业和服务业。此轮谈判还建立了一个起初曾在 1947 年被否决的更强大的机构主体——世界贸易组织（World Trade Organization，WTO），该组织于 1995 年开始正式运行，同时具备《关贸总协定》所没有的制裁权。③

　　在货币方面，当 1941 年美国和英国发表《大西洋宪章》联合声明后，④美国财政部官员哈利·德克斯特·怀特（Harry Dexter White）代表美国继续研究恢复金本位制的计划；该计划于 1943 年公布，建议成立一个具有干预权的基金来支持固定汇率。与此同时，凯恩斯准备了一份完全不同的相反提议（见表 13.3）。凯恩斯的计划涉及范围更广，指向真正的全球资本流动治理。通过集中监控，该计划试图通过对贸易不平衡国家采取遏制措施，彻底消除国际收支中的不平衡，其中既包括贸易逆差国家，也包括贸易顺差国家。在这个全球资本流动综合治理结构的最顶层有一个清算同盟，其自有资金仅用于中央银行之间

207

---

① 从 20 世纪 70 年代开始，随着发达国家正式通过了"普遍优惠制"（Generalized System of Preferences，GSP，即普惠制），这些例外越来越体系化；普惠制为发展中国家提供了明确的非普惠的一系列特许权。

② 法国东南部小镇。——译者注

③ 有关当前世界贸易组织的问题，参见 Jones, *Reconstructing the World Trade Organization for the 21st Century*。

④《大西洋宪章》是英国和美国于 1941 年 8 月 14 日发表的声明，明确了同盟国对于战后世界的目标，其中包括不违背人民的意志变更领土、民族自决、恢复那些曾被剥夺自治权的民族自治、减少贸易限制、为所有人谋求更好的经济和社会条件的全球合作。该声明成为联合国的基础。

的交易。美国政府不愿接受建立这样一个凌驾于当事人之上（super partes）的机构，因而选择支持自己的计划，即建立一个干预基金，由向其提供最多资源的国家（美国）所控制。美国的计划确实受凯恩斯观点启发进行了少量修改，其中之一便是建立世界银行（World Bank），尽管这与凯恩斯所想要的完全不同。

表 13.3　在布雷顿森林提出的两种可供选择方案的主要特点

清算同盟——班柯（凯恩斯计划）	平准基金——尤尼塔（怀特计划）
1. 通过设立国际信贷，提供初始配额	1. 通过一般资本认购提供初始配额
2. 配额代表有权对国际账户进行透支	2. 配额代表有权购买其他成员存款
3. 要求外汇交易统一由受国家控制的清算银行进行	3. 假定个人之间仍然能够自由地以"经常账户"进行外汇交易
4. 控制资本流动，意味着需要对所有交易进行事先审查并采取预防措施	4. 原则上控制资本流动，在实际中则采用事后纠正措施
5. 整改措施谨慎（至少平等地）适用于强势一方	5. 制裁适用于弱势一方
6. 大致目标是走向"扩张主义"	6. 大致目标是共享现有的国外资源，但要停止扩张
7. 弱小、贫穷的国家受到特别关注	7. 战争摧毁的国家仅获得了冻结账户余额的流动性

数据来源：Van Dormael, *Bretton Woods*, 69–70.

1944 年 6 月，联合国各成员国在美国新罕布什尔州的布雷顿森林小镇召开会议。美国的计划在会上进行了讨论，最终 45 个国家于 1945 年正式批准了该计划，成立了国际货币基金组织（International Monetary Fund，IMF）和世界银行〔当时被称为"国际复兴开发银行"（International Bank for Reconstruction and Development）〕；这两个组织从 1947 年开始正式运作。[1]需要注意的是，尽管被称为"世界银行"，但是根据《世界银行章程》（Statute of the World Bank）第十四条的规定，不允许其参与欧洲重建，因为欧洲重建已经有美国人发起的"马歇尔计划"。实际上，世界银行很快便成为发展中国家的开发银行，与

---

[1] Horie, *The International Monetary Fund*. 有关布雷顿森林体系的运作，参见 Bordo & Eichengreen. *A Retrospective on the Bretton Woods System*。有关凯恩斯，另请参见 Skidelsky, *John Maynard Keynes 1883–1946*; Piffaretti, *Reshaping the International Monetary Architecture*; Cesarano, *Gli accordi di Bretton Woods*。

208

凯恩斯构想的作为世界中央银行的清算同盟毫无关联。[1] 国际货币基金组织有两个主要任务：一是对新的固定汇率体系进行监督；二是向暂时出现困难的国家提供金融支持。1947 年，当金本位制重新恢复后，[2] 国际货币基金组织的监管是无可挑剔的。但是，它却未能阻止美国黄金储备的下滑，美国占世界黄金储备的比例从布雷顿森林体系（通常被称为固定汇率体系）开始时的超过三分之二，下降到 20 世纪 60 年代末的 20%，再加上其他一些因素，为1973 年废除金本位制创造了条件。金本位制的废除正式宣告了黄金和美元自由兑换的终结。从此之后，全球货币体系开始实行浮动汇率，从而不再需要干预基金。

国际货币基金组织的第二个任务的完成由于缺少可以利用的资源而受到了限制。于是，该组织发明了一种干预模式，指定其作为担保人和紧急援助人。国际货币基金组织负责审查申请贷款的国家，就政治、经济措施的方案表示认可，同时提供小额贷款；基于对债务国遵照国际货币基金组织各项要求的信任，之后还会提供其他资助作为补充。这是国际货币基金组织目前仍在扮演的角色。许多人希望国际货币基金组织能够做出改变，部分原因是它的资源已完全无法满足全球经济金融化的需要，我们将在第 16 章中讨论这一主题。[3]

总而言之，可以说在第二次世界大战之后，在经济、政治（联合国）和军事〔北大西洋公约组织（the North Atlantic Treaty Organization，NATO），成立于 1949 年〕层面上，国际制度的建设达到了一个很高的水平。人们在经历了两次世界大战和大萧条后，重新认识到需要对不可避免的自然灾难和冲突带来的冲击进行监控并做好准备，以便缓解所产生的影响。此外，国际机构的建立促进了多边谈判。由于利益相关各方都出现在了谈判桌上，因此所做的决策可以带来更加有效和公平的结果。如果说这个世界之所以能够享有半

---

[1] Baum, *Investing in Development*; Ayres, *Banking on the Poor*.

[2] 只有美元可以自由兑换黄金。其他所有货币都需要按照一个固定的汇率先兑换成美元，然后再兑换成黄金。

[3] 凯恩斯于 1946 年去世，无法亲眼看到——或者批评——布雷顿森林体系的运作。

个多世纪的相对和平与繁荣，那必定是因为有这些"灯塔"为那些在波涛汹涌的大海中航行的"船只"照亮了安全的港湾，为各方和平解决冲突建立了谈判的场所。如今，第二次世界大战后出现的机构仍有很大的改进空间，但是旨在解决特定问题的国际机构的建设方向已经不可逆转地设定完毕。

13.4 法国、德国、意大利和英国的重建

在这里，我们针对欧洲四大国的重建提供一些观察和评论。重建相关的具体事件也已被列入表中。[1] 我们可以注意到，最新的研究显示在第二次世界大战中各国生产能力所遭受的破坏要远远低于其基础设施遭到的破坏。意大利损失了不到 10% 的工业生产能力，战后机械制造业的生产能力甚至比战前水平提高了三分之一。[2] Abelshauser（1991）的研究表明，战争结束时德国工业部门的固定资本比 1936 年增加了 11%，其中大部分刚刚建成不久。[3] 法国尽管没有遭受重大损失，但整个工业饱受大萧条之后经济复苏乏力的困扰。英国几乎完好地从战争中走出来，但却伴随着固定资产的老化，这是由民用基础设施投资不足，以及所有之前与产业衰退有关的问题所导致的。

我们缺少的并不是工业生产能力，正如前文所说，我们缺少的是有利于恢复生产的国际环境。这恰好是各种国际组织所能提供的，[4] 它们开启了经济复苏，我们从表 13.4 中可以看到它们取得的成就。[5] 德国人的成就最令人印象深刻——尽管他们 1948 年起步于一个非常低的水平——排在德国后面的是

---

[1] 有关比较性的概述，参见 Dornbusch, Nölling & Layard, *Postwar Economic Reconstruction and Lessons for the East Today*; Di Nolfo & Vigezzi, *Power in Europe II: 1945–50*。

[2] Zamagni, *Come perdere la guerra*, 37.

[3] Abelshauser, "Germany: Guns, Butter and Economic Miracles".

[4] Abelshauser 对"马歇尔计划"对于德国所产生的作用有一个有趣的解释：他认为该计划在数量上影响不大，但在战略上意义重大，因为与以往不同，它让德国可以在没有政治和军事干扰的情况下，很大程度上利用自己的资源进行重建。参见 Abelshauser, "American Aid and West German Economic Recovery"。

[5] 1952 年所达到的水平已经超过了战前水平。1948—1949 年期间，除德国外，大部分国家都已经恢复到了战前水平。

奥地利、意大利和法国，而其他国家的增长则在 10% 至 17% 之间。简要回顾"配套资金"是如何使用的是十分有趣的（见表 13.5）。实际上，那些将"配套资金"更多用于生产目的的国家或地区取得了更好的效果，这也表明那些国家或地区特别重视加强工业产能和竞争力，以及供给侧的经济政策。特别是那些年，英国经济发展的迟缓就与它不重视扩大投资和更新技术有关[1]，或许还与它没有加入欧洲煤钢共同体有关，而这也预示了英国经济之后的缓慢增长。但是与此同时，英国受 1942 年《贝弗里奇报告》的启发[2]，颁布了《国民保险法》（National Insurance Act），新增国民保健服务、家庭补助和养老金，同时英国工党政府还对煤炭、钢铁、电力、天然气、航空和铁路运输、橡胶和电话普遍进行了国有化。虽然这并非英国所特有的（在其他欧洲国家有许多公共和国有企业）；但是，英国的国有化主要是出于意识形态的考虑；而在其他国家，国有化要么是从过去延续下来的（例如在意大利和德国），要么是为了达成明确的政治经济目标而实施的（例如在法国）。与法国不同，英国虽然拥有广泛的国有领域，却没有与之配套的强有力的产业政策，这阻碍了英国对这些通常由国家垄断经营的公共企业的全面利用。

表 13.4 1948—1952 年国民收入的增长

1948 年 =100

国家或地区	指数
奥地利	144
比利时	113
丹麦	113
法国	127
联邦德国	161
希腊	114
爱尔兰	113

---

[1] Tomlinson, *Democratic Socialism and Economic Policy*.

[2] 威廉·贝弗里奇（William Beveridge）是一位著名的进步分子和社会改革者，他支持建立一套完善的社会保障体系，以对失业、疾病、事故和老年等提供普遍的保障，从而消除其负面影响。他的建议本质上是俾斯麦曾经提出的基于北欧模式的社会保障体系的普遍化。

1948 年 =100（续表）

国家或地区	指数
意大利	131
荷兰	111
挪威	113
葡萄牙	106
瑞典	114
英国	105
美国	114

数据来源：Maddison database.

212

表 13.5　配套资金使用情况

单位：%

国家或地区	偿还公共或未使用的贷款	生产性目的
奥地利	46	54
丹麦	83	17
法国	8	92
联邦德国	9	91
希腊	45	55
意大利	14	86
挪威	100	0
荷兰	62	38
英国	100	0
所有其他参与国	46	54

数据来源：*American Foreign Assistance*, 244.

211　　　因此，欧洲四大国中的三个因其极为出色的表现而引人注目，这不仅仅归功于"马歇尔计划"，而且还与一系列的政治经济措施有关。在德国，应当突出强调三项措施：

★ 1948 年货币改革，让市场经济重新发挥作用，德国工业全面恢复运转。

★ 采用社会市场经济（social market economy）[1]，即一种混合经济，既尊重市场，又能谨慎地纠正那些令人无法接受的分配效应。[2]

★ 资本与劳动力之间的合作是考虑了共同管理〔"共决"（Mitbestimmung），于 1951 年提出〕的合作，或者工会代表出现在了公司董事会中。

德国因为上文所述的各种政策和国际环境，非常迅速地实现了复苏，并在之后创造了"经济奇迹"。我们将在下一章对此进行讨论。

在法国，由于经常性的国际收支和通货膨胀危机，管理宏观经济的问题并没有简单的解决方案，但是 1946 年 1 月，戴高乐（De Gaulle）决定基于一种计划体制，重启生产系统。在部长会议上，以吉恩·莫内为首的小型计划委员会（Commissariat du plan）得以成立。莫内围绕他的第一个五年计划（设备现代化计划）的基本生产目标，即最初的煤炭、钢铁、电力、水泥、农业机械和铁路生产目标，出色地发挥了他在获取国内和国际共识方面的才能。他所采用的方式也是创新的：他设定了实事求是且彼此相容的目标，对于涉及实施计划的各方建立了协调机制，还设置了适当的激励机制。1947 年开始实施的首个五年计划极富成效，以至于后来计划制永久性地成为法国政治经济的一部分，直到 20 世纪 70 年代末；计划制开创了法国政府大力参与经济发展的局面，即使在废除计划制之后，这仍然是法国的一大特征。[3]

意大利不得不努力恢复已经遗失了 20 多年的民主；尽管与此目标相反，强大的意大利共产党联手社会党，扬言要赢得选举。[4]1948 年 4 月 18 日，中间派的天主教民主党赢得选举。它选择了有利于生产和亲欧洲的"马歇尔计划"，并让意大利加入北约，从而将意大利的命运与先进的西方民主紧密地联

---

① 社会市场经济是一种以市场经济为主、国家调节为辅的经济政策，由联邦德国新自由主义者提出。——译者注

② Zamagni, "L'economia sociale di mercato nella storia".

③ Estrin & Holmes, *French Planning in Theory and Practice*.

④ 特别参见 Fauri, *Il piano Marshall e l'Italia*。

系在一起。[1] 对于意大利的企业家而言，一旦接触美国模式，他们就能够重组最大的企业，同时也能够创造性地重新组织大范围的手工业和小企业；从结果的影响程度来看，这开创了足以与德国媲美的"经济奇迹"。[2]

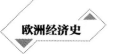 **13.5 去殖民化**

为欧洲构建一个新的框架是第二次世界大战后全球最重大的转变之一。还有一个转变是原来被殖民统治的国家赢得了独立，其所带来的长期影响一直持续至今。这一过程实际上从18世纪、19世纪就已经在美洲和大洋洲开始。1945—1975年，70多个新独立国家纷纷建立，其中主要分布在非洲和亚洲。《大西洋宪章》保护人民的自决原则神圣不可侵犯，早在第一次世界大战结束时伍德罗·威尔逊就已经提出。但是，完全实现这些原则遇到了严重的困难，部分是因为美国和苏联之间的冷战。[3] 而朝鲜和越南也爆发了战争。1949—1952年期间，朝鲜战争导致数百万人丧生，并以朝鲜分裂为朝鲜（北）和韩国（南）告终。越南战争持续了更长的时间，造成了更为严重的影响。中南半岛长期以来一直由法国人统治，直到在第二次世界大战中被日本侵略。当胡志明（Ho Chi Minh）率领军队解放中南半岛后，法国试图重新恢复统治，最终结果是在1954年建立了四个国家：老挝、柬埔寨、北越和南越。我们无法在这里追溯那些国家的复杂事件，但是却不能忽视美国深陷越南战争给全球政治和经济带来的深刻影响。越南战争于1975年结束，以南越政府的失败和北越政府在胡志明的领导下统一全国而结束。

印度是少数没有在独立的过程中遭受重创的国家之一，它与英国政府进行了谈判并于1947年独立。[4] 最初实现统一的计划因同年巴基斯坦的成立和

① Lombardo, *L'Istituto Mobiliare Italiano II.*

② 除了在 Zamagni, *An Economic History of Italy* 的第 11 章中讨论了重建过程中的产业政策选择，还可以参见 1996 年第一期的 *Studi Storici* 专刊："Italia, Europa, America. L'integrazione internazionale dell'economia italiana（1945–1963）"。

③ 有关总体概述，参见 Droz, *Histoire de la décolonisation au XX siècle*。

④ Darwin, *Britain and Decolonization*; Low, *Eclipse of Empire*.

后来 1971 年孟加拉国的成立而被部分搁置。后来的事实证明这些国家中的任何一个国家的政治和经济生活都不容易，尽管从长期来看，印度已表现出能够取得具有实质性进展的能力。

有关非洲形势的复杂变化，在这里我们仅仅谈论几点。首先是地中海沿岸非洲国家的独立。这些国家的独立由于法国不愿放弃主权而变得错综复杂，还引发了数场战争。①1948 年，以色列的成立进一步增加了该地区的不稳定因素。如果再加上之前由英美跨国公司开发、后来逐渐被新独立国家国有化的石油储备，还有不尽如人意的边界划分问题，我们便可以认识到这一地区不断爆发严重的冲突、内战、种族屠杀和人口外逃的原因了。

当撒哈拉以南的非洲新国家纷纷成立时，那里的"文化适应"②才刚刚开始。有些国家的边界线被错误地划分，而另一些国家则缺乏足够的领导力。但是所有国家都在努力把效忠部落放到效忠国家之后；这导致了地方性的内战、军事独裁统治和巨大的经济困难，这些问题至今仍然存在。在南非，白人的少数政权在独立中幸存了下来，并实施了种族隔离政策；作为回应，西方国家对其采取禁运，从而在经济上孤立这个国家。种族隔离政策是随着尼尔森·曼德拉（Nelson Mandela）被释放而废除的，曼德拉后来在 1994 年成为南非总统。但是，南非的未来发展依然存在很多问题。

尽管去殖民化的进程重新绘制了全球政治版图，但这并不意味着所有新成立国家的经济状况都会好转。前殖民国家所留下的遗产（见第 7 章）和当地的文化传统都会产生重要的影响。第三次工业革命（在第 7 章中曾做讨论）对于过去那些曾脱离全球发展的国家而言具有重要意义，因为这次革命会带给它们新的经济机遇，但即便如此，它们把握这些机遇的能力却受限于它们的历史。

215

---

① Pervillé, *De l'Empire à la décolonisation*.

② Gifford & Louis, *Decolonization and African Independence*; Hargreaves, *Decolonization in Africa*.

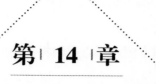

第 14 章
欧洲经济增长的时代
和不稳定的重现

在本章中，我们将讨论 20 世纪下半叶欧洲发生的重大事件，并充分利用 许多其他学者的研究成果。[①] 尽管欧洲经历了从战后重建到 20 世纪 70 年代中期的空前的"经济奇迹"的日益繁荣，但这一动态增长过程也曾被一些事件所打断。这些事件不仅极大地降低了经济增长率，而且触发了一系列后果，最终带来了另一场重大危机（我们将在第 17 章进行讨论）。在本章中，我们将探讨在一段持续的时间里欧洲经济增长的原因，还有导致接下来的困境的因素。

14.1 经济奇迹：事实和解释

首先要重申的是，当我们谈论苏联解体前的欧洲时，我们指的是西欧。东欧拥有截然不同的政治和经济历史。苏联在东欧实行消灭私有财产和实行中央计划的模式。东欧国家与苏联的经济联系主要是通过一个名为经济互助委员会（The Council for Mutual Economic Association，COMECON）的协调组织进行的；该组织类似于欧洲共同体（我们将在下一章中讨论），但实际上却远不如后者成功。有关苏联控制下的各国所发生的经济事件的研究并不多，由于苏联模式

---

① 其中一项最新的研究是 Eichengreen, *The European Economy since 1945*。

的失败和随后转型的困难，仅有的一些研究也被迫中断①，大部分甚至是被破坏了。②

重新回到对西欧国家的讨论，我们将首先记录生产力的高速增长，然后再考虑其背后的机制和存在的问题。表 14.1 显示了欧洲在 1973 年之前经济高速扩张时期所取得的成果。正如我们稍后将看到的，即便全球经济增长率显

219

表 14.1　1950—1973 年欧洲各国人均 GDP 水平（以 1990 年的美元价格计算）

国家或地区	人均 GDP 年增长率（%，1950—1973）	人均 GDP 水平（美国 =100）	
		1950 年	1973 年
奥地利	4.9	39	67
比利时	3.5	56	73
丹麦	3.1	70	84
芬兰	4.3	43	66
法国	4.0	55	79
德国	5.0	45	72*
意大利	5.0	36	64
荷兰	3.4	61	78
挪威	3.2	52	67
瑞典	3.1	70	81
瑞士	3.1	93	109
英国	2.4	72	72
希腊	6.2	20	41
爱尔兰	3.1	37	46
葡萄牙	5.7	22	44
西班牙	5.8	25	52
美国	2.4	100	100
日本	8.0	20	69

注：＊仅指联邦德国。

数据来源：Maddison, *The World Economy*.

---

① 东欧国家重新上演了苏联曾经发生的事情，我们将在第 17 章进一步讨论。

② Zamagni, "Institutional Innovations and Economic Growth in Europe in the Post-world War II Era"中对东、西欧国家进行了比较。

著下滑，欧洲经济还是保持了稳步增长。我们可以看到，西欧国家和日本在   *218*
追赶领先国家——美国。实际上，欧洲和日本的平均增长率要高于美国，到了
1950 年，欧洲和日本的相对经济水平已经十分接近美国，尽管差距尚未完全
消除。尽管西欧经济在总体上有了显著提升，但是需要注意增长较多的国家是
那些起点较低的国家，虽然增长率和起点高低之间并不是完全负相关的[1]（见
图 14.1）。英国是一个典型案例：1950 年，它位于欧洲发展最好的国家之列，
人均 GDP 相当于美国的 72%，并且将这一水平保持至 1973 年，而在这一年
大部分西欧国家达到甚至超过了这一水平。因此，我们不难理解为什么英国
的持续衰落始终是许多研究的主题了。[2] 爱尔兰的相对表现也令人失望，人均
GDP 仅从相当于美国的 36% 上升到 46%；挪威也同样如此，从 52% 上升到

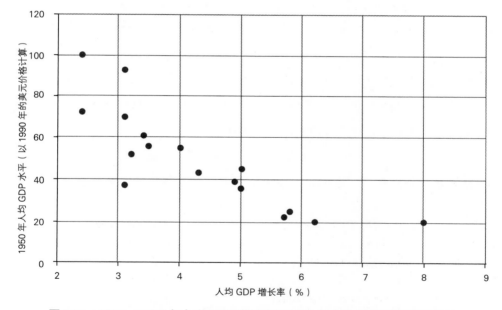

220

图 14.1　1950—1973 年人均 GDP 增长率与 1950 年人均 GDP 水平的相关性

数据来源：Maddison, *The World Economy*.

---

① 有关收敛过程的深入分析，参见 Broadberry, "Convergence: What the Historical Record Shows"。
② 在这些研究中，参见 Pollard, *The Wasting of the British Economy*; Crafts & Woodward, *The British Economy Since 1945*。另请参见 Comfort, *The Slow Death of British Industry*。需要注意的是，从 1980 年起，英国经济的相对表现有所改善。

219　67%；而意大利的绝对增长率名列前茅，与德国齐平。希腊、葡萄牙和西班牙这三个地中海国家，从与日本接近且低于其他西欧国家的水平起步，其经

220　济增长幅度高于任何其他欧洲国家，[①]但仍低于日本；[②]1973年，它们的经济水平与西欧其他国家之间仍然存在差距。

在定量说明西欧战后"黄金年代"的强劲增长后，我们可以回顾一下其背后的原因：

★ 正如第13章所述，战后建立的国际机构后来被证明在推动和协调经济政策方面尤为有效。除了这些国际机构，欧洲一体化进程也起到了很大作用，我们将在下一章中进行讨论。[③]

★ 当时有大量未充分就业或未就业的劳动力储备，特别是在农业部门，他们随时能够涌向工业部门，而且并不要求增加工资。这使得工业部门可以

221　不断累积资本并扩大规模，从而开启了资本广化（capital widening）[④]的进程，提升了生产率的中位数，因此促进了消费。[⑤]

★ 后发优势——回想一下格申克龙的说法：技术差距——使得欧洲可以效仿美国，并通过各种不同的方式"美国化"。[⑥]

★《关税及贸易总协定》极大地推进了国际贸易的自由化。一方面使更好的劳动分工成为可能，另一方面加强了竞争。二者都提高了全球资源的利用

---

① 许多著作对欧洲主要国家进行了比较分析，其中包括 Graham, *Government and Economies in the Postwar World*; Grafts & Toniolo, *Economic Growth in Europe Since 1945*; Schulze, *Western Europe: Economic and Social Change Since 1945*。

② 有关日本的经济转型，参见 Dore, *Taking Japan Seriously*; Flath, *The Japanese Economy*。

③ 有关这些机构对战后欧洲影响的正式分析，可以在 Eichengreen, "Institutions and Economic Growth" 中找到。

④ 资本广化是指在经济增长过程中，资本积累与劳动力增加保持相同的速度，从而虽然资本 – 劳动比率或人均资本保持不变，但占有人均资本量的人数却已增加。资本广化与资本深化（capital deepening）相对应。

⑤ 这种解释源于 Lewis 在 1954 年发表的一篇文章 "Development with Unlimited Supplies of Labour"，后来经 Kindleberger 系统组织后写在 *Europe's Postwar Growth* 中。

⑥ 有关欧洲的"美国化"有大量的文献，Zeitlin & Herrigel, *Americanization and its Limits* 对此进行了讨论和总结。另请参见 Gourvish & Tiratsoo, *Missionaries and Managers*。

效率。

★ 原材料价格保持低位增长，因此"贸易条件"（terms of trade）较为有利，"贸易条件"是指出口价格与进口价格的比率。

★ 金融投机维持在较低水平，这是由于布雷顿森林体系的固定汇率制，以及跨国公司的发展强有力地带动了对外直接投资。

★ 扩张性的国内经济政策，主要是通过产业扶持政策——尽管少数（并不是最幸运的）是支持需求端的纯粹的凯恩斯主义政策——来实现的。

这些有利条件以前所未有的方式汇集在一起。在这些年间，经济日益繁荣也带来了累累硕果：福利制度得以出现和发展、不平等加剧得到了遏制，并且人们在一定程度上相信增长从本质上能给全人类带来福祉——这一想法如今已不幸被丢掉了。

14.2 福利国家

社会不平等从最开始就是社会的典型特征，但是欧洲文明相信通过基督教所固有的团结（solidarity）原则可以解决这个问题。无论是在中世纪还是在现代，宗教慈善机构都在向穷人、孤儿和其他弱势阶层提供救助。随着工业革命的兴起，这种团结原则逐渐演化为一种制度保障，例如累进税制（富人比穷人纳税的税率更高）使教育可以得到公共资助，以及旨在抵御风险的越来越普遍的保险措施——由雇主缴纳费用，同时政府提供一部分补贴。

第二次世界大战结束后，为了追求一个更加公平、公正的社会，此类措施得到了进一步发展。涉及的主要领域有公共教育、国民健康服务体系、失业贫困救助、养老金，以及针对特殊群体的援助（到 19 世纪末，工作相关的意外保险已得到普及）。其他相关方面还包括学习的权利——图书馆、博物馆、剧院和有组织的公共活动，以及环境保护。可以理解为出于道德、审美和健康的原因，为了全民的利益要保护生存空间。

222

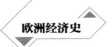

欧洲有两种福利模式：德国模式和北欧模式。[①]德国的福利模式被称为"社会市场经济"（social market economy）[②]。它最显著的特点是主要由企业提供资金，同时工人有限参与，政府投入更为庞大的资金，主要用于向工人之外的人的援助和捐赠。俾斯麦在19世纪80年代引入了这一模式，主要服务于大型企业员工，后来该模式在第二次世界大战后得到普及；当时德国还引入了"共决"，以确保工人在大型企业董事会中的存在。

如果从公众普遍、坚定地承诺保护公民的意义上来看，"普遍主义福利国家"（universal welfare state）的北欧模式在架构上与德国模式很像，但二者却建立在不同的基础上。在德国，社会福利来自工业发展；在瑞典则是反过来的，即全民的社会福利被视为引发经济增长的手段。此外，法律规定社会救助是一项公民权利，而并不是与工作相关的福利，因此它完全由税收提供资金。1946年，瑞典社会民主党政府制订了一项改革计划，包括以高水平的政府负债来支持社会福利建设。这对生产体系产生了十分积极的影响。新一代工人接受了更好的教育，并做了更充分的准备，使瑞典企业的生产率有了质的飞跃。人们的生活水平更加稳定且不断提升，反过来又扩大了国内市场。不断增加的收入带来更高的税收，抵消或降低了最初的政府债务。

长期以来，美国一直批评欧洲的福利模式，并始终坚持认为通过个人努力来获得充分的幸福感是个人的责任，与此同时，可以由慈善家、基金会、宗教团体和协会向那些不幸的人提供帮助。[③]只有在1929年危机之后，随着《社会保障法》的颁布，罗斯福"新政"才提出了对困难人群的援助（见第11章）。即便如此，这依然是一个旨在减少政府义务的体制：除了那些贫困人口，社会风险全部留给了个人。只有在巴拉克·奥巴马（Barack Obama）执政期间，

---

① Esping-Andersen, *Politics Against Market*.

② "社会市场经济"是一种以市场经济为主、国家调节为辅的经济政策，由联邦德国新自由主义者提出，认为：一方面，市场经济在价格机制的作用下可以提高经济效率，实现资源的有效配置；另一方面，国家在不妨碍企业自主经营的前提下，对经济进行某些干预和控制，可以充分发挥对市场经济的调节作用。——译者注

③ Brandes, *American Welfare Capitalism, 1880–1940*.

美国政府才试图去帮助那些不够政府援助贫困标准，但又无力承担保险和养老金的公民，但奥巴马的政策却遭到了强烈反对。

尽管有反对的声音，但是欧洲福利国家本身并不是造成经济体系效率低下的原因——至少只要财政资助与经济增长率相适应，并且福利制度不是在政府预算高赤字的情况下实施的。在表 14.2 中，我们可以评估福利制度对公共支出造成的影响，表 14.2 包括了从 1980 年至 2013 年的数据（由于数据来源不一致，因此省略了 1980 年之前的数据）。这一时期的福利制度对公共支出的影响在不断增加，有些国家出现了大幅增加（注意葡萄牙和希腊）。而美国则是一个例外，它的社会支出比例低于其他国家。在爱尔兰和英国这两个欧洲"盎格鲁－撒克逊"国家，社会支出比例低于其他欧洲国家，但高于美国。在所有国家中，法国的福利制度对公共支出的影响最大，其次是比利时、芬兰和丹麦。有趣的是，作为传统上福利制度对公共支出影响最大的国家，瑞典在 2005 年后有所收敛。只有德国在 2005—2013 年间降低了社会支出比例，这归功于一次非常激烈却十分有效的改革，这次改革同时也提升了德国的竞争力。[1]

表 14.2　1980—2013 年社会支出占 GDP 的比例

单位：%

国家	1980 年	1990 年	2005 年	2013 年
奥地利	22.1	23.4	26.8	28.3
比利时	23.5	24.9	25.6	30.9
丹麦	24.4	25.0	27.3	30.2
芬兰	18.0	23.8	25.0	30.6
法国	20.6	24.9	29.6	32.0
德国	21.8	21.4	27.0	25.6
意大利	18.0	21.4	24.9	28.7

---

[1] 有关 2008 年经济危机之后对福利制度削减所造成的影响，参见 Atkinson, *The Economic Consequences of Rolling Back the Welfare State*。

单位：%（续表）

国家	1980 年	1990 年	2005 年	2013 年
荷兰	24.8	25.6	21.8	24.6
瑞典	26.0	28.5	28.7	28.2
英国	16.3	16.3	20.2	22.5
希腊	10.3	16.5	21.1	24.3
爱尔兰	16.0	17.2	15.8	21.9
葡萄牙	9.6	12.4	22.8	25.8
西班牙	15.4	19.7	20.9	27.3
美国	12.8	13.1	15.5	18.6
日本	10.3	11.1	18.4	23.1

注：日本的最后一列是 2011 年的数据。

数据来源：OECD database.

 ## 20 世纪 70 年代的政权更迭

许多维持经济奇迹的条件无法永远存在。随着 20 世纪 60 年代末至 70 年代初工会抗议的爆发，工资很快就充满了变数。1968 年 5 月的法国、1969 年年底意大利的工人暴乱，还有许多其他抗议运动标志着增长的中断。这些抗议更多与增长方式有关——对于增长方式，我们应当更加注重提高生产率（以支付更高的工资），而不是通过投资来扩大产能。

1973 年，随着美国宣告停止美元自由兑换黄金，采用固定汇率制的金本位制（布雷顿森林体系）被废止。这为浮动汇率开辟了道路，许多期货市场的投机活动卷土重来，并因相关经济变量预期的改变而迅速增加。

最重要的是，某些原材料的价格急剧上涨（特别是石油，其价格在 1973—1974 年间翻了两番），导致贸易条件恶化，贸易变得极其不稳定。最后，悄然兴起的第三次工业革命（我们将在后文深入讨论它所带来的影响）结束了欧洲经济的高速增长阶段，并为重回一个更加动荡的全球经济铺平了道路。

这引发了贯穿 20 世纪 80 年代的局部危机，并在 2007 年引发全球危机，我们将在第 17 章中进行讨论。欧洲试图通过继续推动欧洲一体化进程（见第 15 章）来应对全球局势的变化，而欧洲以外的国家则开始快速增长和发展，我们将在第 16 章看到。表 14.3 记录了这些全球变化对欧洲人均收入的影响。1973—1995 年，尽管欧洲的人均收入增长率下跌超过了一半，但总体上仍保持了高于美国的水平。欧洲与美国的差距继续不断缩小，然而速度要慢得多。但是，在 1995—2007 年期间，这一情况发生了变化：许多欧洲国家的增速要低于美国。因此，欧洲的人均收入排名相比美国没有发生太大变化，但人均收入水平在各国之间上下浮动。

这些数据有力地说明，在欧洲和日本实现收入追平美国的终极目标之前，这一过程似乎已经中止了。但是，这需要进一步的解释。我们需要牢记 GDP 是不同变量共同作用的结果；它当然包括了生产，但同时也包括了就业率和年工作时长。这些不同变量因国家而异，特别是在欧洲与美国之间存在显著不同，于是可以得出结论：美国与主要欧洲国家（必然不是全部，尤其是新加入欧盟的国家仍然比较落后）的生产率在 20 世纪末之前就达到了相同的水平。但是，这并不能从人均 GDP 的数据中明显反映出来，因为通常欧洲的工作时长要少于美国，而且就业率也更低，这也是欧洲更为普遍的兼职就业所造成的结果。[①]我们在这里无法仔细分析欧洲的人均收入水平低于美国的原因，但欧洲与美国每小时工作生产率水平的高度一致说明欧洲模仿美国技术的过程已基本结束。欧洲必须为创新做好准备，然而到目前为止，除了欧洲大陆个别地区，创新在欧洲一直很迟缓。

20 世纪 90 年代以来，欧洲地位的下降与全球经济金融化（见第 14 章），以及最近的全球危机密切相关，我们将在第 17 章进行讨论。

226

---

① 在 Van Ark, O'Mahoney & Timmer, "The Productivity Gap Between Europe and the United States" 中可以看到这些观察的最新进展。

表 14.3　1973—2013 年人均收入发展趋势（按照购买力平价）

国家	人均收入增长率（%）			人均收入水平（美国 =100）			
	1973—1994 年	1995—2006 年	2007—2013 年	1973 年	1995 年	2007 年	2013 年
奥地利	2.2	2.1	1.1	67	84	81	85
比利时	1.8	2.0	1.1	73	80	76	79
丹麦	1.7	1.9	0.8	84	82	81	83
芬兰	1.6	3.5	−0.2	66	69	78	75
法国	1.7	1.6	0.5	79	76	71	71
德国	1.7	1.3	1.4	72	79	77	81
意大利	2.2	1.2	−0.6	64	77	70	66
荷兰	1.6	2.1	−0.2	78	79	90	87
瑞典	1.4	2.8	0.3	81	78	85	85
英国	1.7	2.5	−1.0	72	72	78	73
希腊	1.4	3.8	−1.4	41	47	60	49
爱尔兰	3.4	6.0	−2.8	46	65	97	87
葡萄牙	2.2	1.8	0.3	44	52	52	53
西班牙	2.4	3.6	−1.1	52	58	68	63
美国	1.8	2.1	0.5	100	100	100	100
日本	2.5	1.0	0.2	69	80	70	69

　　注：由于计算购买力平价的标准略有不同，欧盟的数据与 Maddison database 的数据（截至 2006 年）并不完全一致。表中 2006 年之前的人均收入增长率和 1973 年的人均收入水平引用了 Maddison database，其他数据来自欧盟的官方资料。

　　数据来源：1973—2006 年的人均收入增长率，Maddison database；2007—2013 年的人均收入增长率，欧盟官方数据；1973 年的人均收入水平，Maddison database；1995 年、2007 年、2013 年的人均收入水平，欧盟官方数据。

 第三次工业革命和全球化

　　正如第 7 章所述，随着 20 世纪 70 年代全球经济变得再度不稳定，第三次工业革命广泛兴起，引发了生产体系的重大变革，固定的流水线生产逐渐被淘汰，所谓的"柔性制造"（flexible manufacturing）被引入生产。机器人和自动化系统的采用让工厂变得更加灵活，不仅可以制造出各种不同型号产品，

而且可以将机器用于繁重而危险的工作。工厂还可以灵活分散在许多不同的地方，每个工厂专注于特定的生产工序。全球贸易大部分变成了中间产品的贸易，最终这些中间产品会在其他地方进行组装。这便是生产的全球化：生产的各个阶段遍布全球，以至于对于较为复杂的产品，谈论它们的原产地已变得没有任何意义，因为它们是在"全世界"制造的。母公司完成产品设计，然后将生产的各个部分分配给子公司或独立供应商——要么选择最专业的，要么选择成本最低的，一切都取决于合适的机会。

对于那些曾经有能力单独完成所有生产流程的公司而言，它们现在必须通过外包来获取新的优势。在第二次工业革命期间，公司会选择最好的区位，然后便再也没有搬迁的动力。但是，随着电子工业使远程控制成为可能，同时交通运输也变得更加便利，一家公司被拆分成多家公司，甚至将高度专业化的中小型公司或发展中国家的低成本劳动力公司纳入产业链。第三次工业革命的一个特点是，公司是通过网络组织起来的，它们之间的联系超出了市场，涉及各种契约关系。这一过程一方面使发达国家之间在能够支付高薪、同时又没有新进入竞争者的高附加值产业和环节上展开较量，另一方面引发了低附加值产品外包给低劳动力成本国家的趋势。

第三次工业革命的另一个特点是，通过开发专门的软件，办公室工作变得更加高效，即便是最不专业的员工也会使用这些软件。这对劳动力市场的影响是巨大的：在第二次工业革命期间，劳动力结构基本上呈金字塔形，普通工人构成广大的基础，白领阶层组成大量的中间层，管理层占据狭小的顶层。现在的劳动力结构则呈现出像沙漏一样的形状：普通劳动者仍是不可或缺的，管理层也得到了极大扩展，但是中间层却收缩了。模仿的过程变得更加迅速——带来了"金砖四国"经济的飞速发展（见第16章），同时这一过程还开启了名副其实的生产创新竞赛，以适应前所未有的技术急剧变革。因此，企业如果想在高端市场领域竞争，就必须拥有研究实验室，并参与国际研究网络，还要通过触达全球不同的市场"走向世界"。

毋庸置疑，第三次工业革命意味着生产活动更加复杂，发达国家的企业家之间的竞争更加激烈，而"走向世界"至少需要一家中等规模的公司。

228

去监管和经济金融化

随着 1963 年欧洲美元市场的出现，尽管当时各国普遍实行金本位制，但国际金融流动管制的缺口还是打开了，那一年苏联首次将美元存入西方国家的银行，并且并不打算将它们兑换成当地的货币。从此以后，西欧的银行发现没有法律明确禁止其持有美元存款并以美元的形式进行放贷。由于各国中央银行仅有权管理本国货币，而美联储又无法将控制权伸出国界，因此该信贷渠道不受任何监管。20 世纪 70 年代，随着海湾国家石油收入的增长，欧洲美元市场爆发性增长。1973 年，欧洲美元市场规模达 3150 亿美元，并在 10 年后达到了 22,780 亿美元。欧洲美元市场使许多银行意识到在缺乏监管地带可以获得更高的回报，尽管存在更高的风险。由于欧洲美元市场向几乎不可能还款的国家发放了过多的信贷，因此引发了 20 世纪 80 年代初的一系列金融危机。

正是因为无法还款的问题，一系列"金融创新"被创造出来以使贷款更具流动性。贷款被证券化，使其可以按照应收金额折价出售，从而回收了流动性以便用于其他用途。在此之后出现了大量复杂的金融工具——衍生品、对冲基金、资产支持证券（Asset Backed Securities，ABS）、信用违约互换（Credit Default Swaps，CDS）和债务抵押债券（Collateralized Debt Obligations，CDO）等——这些都旨在为银行和储户提供更高回报的同时，抵消掉高回报所隐含的风险。银行通过金融工程，从生产和消费信贷的服务提供商转变为利润生产商。这些证券所提供的高回报引发了购买的热潮——在监管越少的市场，投资的速度就越快——直到 1990 年国际资本市场自由化。

美国发生的巨大变化使全球金融活动激增。自 1933 年《格拉斯－斯蒂格尔法案》（第 11 章中曾有讨论）以来，美国的金融体系一直没有太大的变化，直到 20 世纪 80 年代初，当时很明显美国已越来越孤立于金融世界中的新发展。里根总统于 1980 年开启了被称为"去监管"（deregulation）[1]的金融自由

---

[1] 在 Sherman, *Short History of Financial Deregulation in the United States* 中可以找到事件的梗概。

化进程，并在此后持续推动。自由化进程取消了行业的规模限制，有利于金融机构合并或设立分支机构。最终，《格拉斯－斯蒂格尔法案》于 1999 年被废除，从此银行可以将客户存款用于投资活动。有人认为，从欧洲模式（在第 5 章和第 8 章中有关德国的部分进行了讨论）的意义上来说，自由化进程使美国的银行成了"全能"银行，但是欧洲和美国的"全能银行"存在很大差异。事实上，德国的全能银行可以将存款用于工业投资，同时还为企业客户提供各种服务。因此，这些是具有生产性的长期投资。然而，美国银行由于缺乏工业投资的固有传统，在成为"全能银行"后，乘着投资证券的东风，纯粹是为了获得短期利润进行买卖，因此，它们的投资是出于投机目的，而不是为了支持生产活动或个人储蓄。"去监管"甚至在 1999 年之后仍在继续，大量不受监管的金融活动导致系统变得极为不透明——很大程度上使评估 2007—2008 年投机泡沫规模变得十分困难，我们将会在第 17 章中进行讨论。

第 15 章

欧洲一体化进程

15.1 《罗马条约》和关税同盟

在欧洲煤钢共同体（见第 13 章）之后，欧洲立即设法建立欧洲防务共同体（European Defence Community，EDC）。然而，这是一次失败的尝试，使人们进一步相信经济是欧洲一体化进程的基础。经过过去建立关税同盟的尝试（比利时、荷兰、卢森堡三国关税同盟是其中唯一取得成功的）后，欧洲煤钢共同体的六国外交部长在西西里岛的墨西拿（Messina）举行会晤；会上提议建立关税同盟，并共享在运输和能源领域的其他经济政策。英国再次被邀请参加谈判，然后再一次拒绝了让出一部分国家主权给超国家机构的想法。1957 年 3 月 25 日，两个极其重要的条约在罗马签署[1]：其中的一个成立了欧洲经济共同体（European Economic Community，EEC），当时被称为欧洲共同市场；另一个成立了欧洲原子能共同体（European Atomic Energy Community，Euratom）。尽管欧洲原子能共同体有助于保持欧洲在核能领域的竞争力，但并不是很成功。[2]而欧洲共同市场却至关重要，它不仅废除了六国的关税壁垒，

---

[1] 即《欧洲经济共同体条约》（European Economic Community Treaty）和《欧洲原子能共同体条约》（European Atomic Energy Community Treaty）。

[2] 欧洲人在核物理领域还建立了其他一些合作机构，其中欧洲核子研究组织（European Organization for Nuclear Research，CERN）尤为重要。

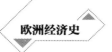

首次扩大了欧洲内部市场，而且还使欧洲作为一个整体参与国际贸易的谈判。

　　欧洲共同市场于 1958 年正式生效，之后废除内部关税壁垒的过程举步维艰，耗费了整整 10 年才于 1968 年 7 月最终实现。在此期间，六国贸易蓬勃发展。欧洲共同市场内的贸易占成员国对外贸易的比例从不足三分之一增加到了一半以上。欧洲共同市场的成功是有目共睹的，作为回应，那些不属于其中的西欧国家成立了欧洲自由贸易联盟（European Free Trade Association，EFTA），取消内部成员国之间的关税，但是成员国可以自行协商对外关税，而这对于较小的国家而言成了一个永久性的问题。但是如上所述，经过最初的一番犹豫之后，欧洲共同市场决定作为一个整体参与国际贸易谈判，并在《关税及贸易总协定》的谈判中首次亮相。[①] 随后，欧洲共同市场制定了对发展中国家的"普遍优惠制"（Generalized System of Preferences，简称"普惠制"，1971 年起实施）的贸易政策，并发起了与一些前殖民地国家——后来更名为"非洲、加勒比海和太平洋地区国家集团"（African, Caribbean and Pacific group of states，ACP group of states）的谈判，并于 1963 年在雅温得签署协定[②]，自 1975 年以后改在洛美继续签署协议。

　　随着其他欧洲国家的相继加入（在第 15.2 节中将进一步讨论），欧盟（European Union，EU）[③] 逐渐成为国际贸易最重要的参与者之一，甚至超过了美国。尽管欧盟保持了对农业的高度保护（见第 15.4 节），并对面临危机的行业（钢铁、汽车）、成熟产业（纺织、服装）或具有战略意义的行业（飞机、电子）采取了一系列保护或补贴措施，但它仍然推动了国际贸易的自由化。许多贸易保护措施招致了严厉的批评，特别是来自美国的，因为美国对于失去全球贸易的领导地位十分介意，甚至明确表示欧盟就像一座堡垒那样封闭。

─────────────

① 欧洲共同市场作为一个整体参加的首轮《关税及贸易总协定》谈判是 20 世纪 60 年代初的肯尼迪回合。这一回合拖延了一段时间，部分原因是欧洲共同市场国家在委派唯一授权代表时意见并不一致，特别是法国。

② 即《雅温得协定》。——译者注

③ 从这里开始将始终使用"欧盟"一词来表示作为一个整体的欧洲成员国，尽管这一称谓直到 1992 年的《马斯特里赫特条约》〔即《欧洲联盟条约》（Treaty on European Union）〕才被正式提出；之前所使用的是"欧洲经济共同体"。

这种评价是不公平的，因为欧盟显然并非实行贸易保护主义的唯一发达经济体（日本贸易保护的历史更为悠久，美国同样如此），而且欧盟对于国际贸易的开放程度，要比美国和日本大得多。[1]欧洲对外贸易的另一个重要特征是，与美国的巨额逆差以及日本的顺差相比，欧洲的进口和出口相当均衡。

尽管如此，事实上取消内部关税并没有马上导致一个真正自由的欧洲市场被建立。许多非关税壁垒的存在阻碍了商品的自由流通，直到 1986 年《单一欧洲法案》（Single European Act）通过，这些壁垒才在很大程度上被消除。对于资本流动的全面管制，一直持续至 1990 年的资本自由化。在金融领域，《罗马条约》（Treaty of Rome）建立了一家发展融资机构——欧洲投资银行（European Investment Bank，EIB），但是并没有将欧盟内部的银行或货币体系统一起来。由于受到来自意大利方面的压力，欧盟内部实现了劳工的自由流动，劳工在各国享有同等待遇并拥有累积社会福利的权利，尽管尚未努力去制定一个泛欧洲的社会政策（见第 15.4 节）。为了帮助移民适应新的国家，欧洲社会基金（European Social Fund，ESF）得以成立，然而收效甚微。

《罗马条约》标志着欧洲一体化进程迈出了重要一步，因为它解决了大部分成员国经济发展最为重要的环境问题，但是它也保留了欧洲煤钢共同体在不对宏观经济政策进行协调的情况下，部分地解决问题的途径。

15.2 后续成员国的加入

20 世纪 60 年代初，欧洲共同市场六国的成功和英国经济的衰退促使英国改变了它对于欧洲一体化冷眼旁观的政策。1961 年 8 月，英国及其经济上的附属国——爱尔兰和丹麦共同递交了加入申请。但是，在戴高乐执政时期，法国以英国长期以来的不合作态度为由否决了这一申请。1967 年，同样的申请再次被否决，这次是因为英国的经济困难及由此引发的英镑贬值。很显然，只有在戴高乐时代过去之后，与英国的谈判才可以继续。

---

[1] Hanson, *Limits to Free Trade*.

1970 年 6 月，这一幕终于发生了，挪威与英国、爱尔兰、丹麦一同递交了申请。这一次的谈判颇有成效，这些国家于 1972 年 1 月签署了入盟协议。然而该协议在挪威并没有获得通过，因为遭到全民公投的否决，所以欧盟在 1973 年 1 月 1 日扩大为 9 个国家。由于布雷顿森林体系瓦解带来的混乱以及石油危机的爆发，一时间国际局势动荡，因此英国的加入并不容易，特别是当英国发现其中的"共同农业政策"（Common Agricultural Policy，见第 15.3 节）会让其花费巨大代价却得不到任何利益。直到后来在玛格丽特·撒切尔（Margaret Thatcher）的坚持下，针对削减英国对欧盟的收入贡献达成一致，这一问题才得到解决。不管怎样，英国都需要时间将其贸易转向欧盟，并再次成为一个"欧洲国家"，但在这一过程中它坚持不完全合作的独特态度，直到 2016 年全民公投退出欧盟。[①] 对于丹麦和爱尔兰这两个国家而言，融入欧盟经济的一体化过程更为迅速和简单。特别是对于爱尔兰而言，加入欧盟标志着开启了一段举世瞩目的发展历程，使其摆脱了数百年的贫困和对英国的依赖，其人均收入在欧洲的排名也显著提升。

欧盟的第二次扩大是与希腊的合作。希腊是第一个与欧盟达成《联系国协定》[②] 的国家，并获得了多项特权，其中有一项是欧盟单方面取消了希腊制成品的进口关税。当 1967 年希腊爆发军事政变后，该协定遭到冻结。随着 1975 年重新恢复了民主制，希腊提出了加入欧盟的申请。尽管希腊的收入水平远低于欧盟国家的平均水平，但是谈判取得了成功。1979 年 5 月 28 日希腊正式签署《入盟协议》，自 1981 年 1 月 1 日正式生效。加入欧盟对于希腊经济的影响多少有些矛盾，既没有带来对欧盟出口的大幅增加，也没有纠正其经济中过时的缺陷，但是希腊确实设法与欧洲其他地区保持了联系，尽管它往往处在最后的位置。

在希腊提出加入欧盟后不久，结束了独裁统治的西班牙和葡萄牙也于

---

① 在撰写本书时（2017 年年初），英国的脱欧流程还尚未开始，因此本书相关表格中指的仍是"欧洲 28 国集团"。

②《联系国协定》是欧盟与非欧盟国家之间签署的一种协议，旨在建立一个全方位的合作框架，许多情况下签署《联系国协定》的非欧盟国家将来会成为欧盟成员国。——译者注

1977 年提出加入申请。这次的决定耗费了更长的时间，因为当时欧盟自身发展停滞不前，担心增加西班牙的负担会改变欧盟此前得来不易的平衡。1982年，菲利佩·冈萨雷斯（Felipe Gonzales）出任西班牙首相，其上任伊始便重启谈判，最终伊比利亚半岛上的两个国家成功加入欧盟，于 1985 年 6 月 12 日签署协议，自 1986 年 1 月 1 日起正式生效。这两个国家很快便适应了欧盟的规则，完全参与到欧盟的经济进程中，当时的欧盟拥有非常好的发展势头。

至此，欧盟已经有 12 个国家加入，其他一些国家也敲响了欧盟的大门。那时欧洲自由贸易联盟已濒临瓦解，联盟中其他一些不属于欧盟的国家在 20世纪 80 年代末至 90 年代初纷纷决定申请加入欧盟。这些国家得到了欧盟的迅速回应，当时欧盟即将于 1992 年 5 月 2 日签署建立欧洲经济区（European Economic Area，EEA）的协议，该协议自 1993 年 1 月 1 日起正式生效。1994年，欧盟同意将前欧洲自由贸易联盟国家纳入欧盟，并于 1995 年 1 月 1 日生效。但是，实际上只有奥地利、芬兰和瑞典加入了欧盟；挪威（第二次）和瑞士由于国内未能通过入盟协议，仍然留在了欧洲经济区。[①] 此时，除少数外围地区外，整个西欧都成为欧盟的一部分。

在实现这一历史进程的同时，苏联解体了。由此引发的结果是 1990 年德国统一，同时其他东欧国家的新政府转向欧盟寻求援助，希望签署《联系国协定》，并在最后提出正式加入欧盟的申请。1990 年 5 月，欧盟与欧洲投资银行共同组建了欧洲复兴开发银行（European Bank for Reconstruction and Development，EBRD）。之后，欧盟为许多东欧国家和其他申请加入欧盟的国家启动了入盟程序。这需要欧盟巨大的投入。它不是一项新的"马歇尔计划"，但却包含比"马歇尔计划"更多的内容：除物质援助外，欧盟还参与了体制建设的过程，以帮助那些国家向市场经济转型。2005 年，有 10 个国家（包括不属于东欧的塞浦路斯和马耳他）加入了欧盟；2007 年，随着罗马尼亚和保加利亚的加入，欧盟成员国总数达到 27 个。而克罗地亚成为第 28 个欧盟成员国。另一个候选国土耳其的入盟程序已进行了一段时间，但截至 2016 年仍

---

① 确切地说，冰岛也留在了欧洲经济区。

然待定。土耳其的主要问题本质上并不是经济上的，而是政治上的，因为成为欧盟成员国的其中一项要求是要有坚实的民主制度。

表15.1反映了各成员国在欧盟中的GDP指数情况。需要注意的是，除斯洛文尼亚和塞浦路斯外，其他新加入国家的名次在2002—2013年期间得到了提升，人均GDP趋于欧盟的平均水平，其中爱沙尼亚、拉脱维亚、波兰、斯洛伐克和罗马尼亚的提升尤为显著。相反，一些早期成员国的相对状况却恶化了，特别是意大利、希腊和英国，同时还有法国、比利时、西班牙和荷兰；只有德国和卢森堡有所改善。总体而言，除少数情况外，我们注意到存在一个明显的趋向于平均水平的过程。[1]

表15.1　2002—2013年人均GDP指数（购买力平价）

国家或地区	2002年	2013年	国家或地区	2002年	2013年
欧盟（28个成员国）	100	100	立陶宛	43	73
欧元区（18个成员国）	111	107	卢森堡	241	258
比利时	125	119	匈牙利	60	66
保加利亚	31	45	马耳他	82	86
捷克	74	82	荷兰	137	131
丹麦	128	124	奥地利	127	128
德国	115	122	波兰	47	67
爱沙尼亚	48	73	葡萄牙	78	79
爱尔兰	139	130	罗马尼亚	29	55
希腊	91	73	斯洛文尼亚	82	82
西班牙	100	94	斯洛伐克	53	75
法国	116	107	芬兰	115	113
克罗地亚	53	61	瑞典	125	127
意大利	113	99	英国	122	109
塞浦路斯	93	89	美国（非欧盟国家）	155	150
拉脱维亚	41	64	日本（非欧盟国家）	111	103

注：有改善的国家以斜体显示。

数据来源：欧盟统计局（http://ec.europa.eu/eurostat，访问时间：2022年10月1日）。

---

[1] Baldwin & Wyplosz, *The Economics of European Integration.*

15.3 共同农业政策

早在《罗马条约》中就已经规定，欧洲共同市场所有成员国的所有现行贸易保护措施应当统一。按照从业人数和产值来说，当时的农业要比今天更为重要。对于农产品的保护，法国的态度尤为坚决，其目的就是为了避免重蹈英国农业的覆辙——由于 1846 年《谷物法》的废除，英国不再采取贸易保护主义政策，英国的农业部门近乎消亡。农业关乎粮食安全问题，具有重要的战略意义。为了达到这一目的，有必要对农民收入进行补贴，可以通过直接的收入一体化方案，也可以通过对农产品公司进行价格补贴以保证其拥有足够的利润。

20 世纪 60 年代初，欧洲共同市场开始制定共同农业政策，[①]并就贸易保护主义达成共识。该共识基于对某些战略性农产品（谷物、肉类和奶制品）的价格补贴，还有按照国际市场上的价格变化征收的补偿性关税，而非固定的从价税（ad valorem）。每年春季，各种农产品的干预价格[②]都会设定好，并在接下来的一年中保持不变；这些价格会按照当时的固定汇率折算成各个国家的本国货币。各国市场上按照设定价格卖不出去的产品，会以干预价格被收购，并贮藏在公共仓库中。该制度于 1962 年 1 月 1 日开始运行，由欧洲农业担保基金（European Agricultural Guarantee Fund，EAGF）进行管理，该基金也有一小部分用于欧洲农业的结构调整。事实很快证明，该计划耗费巨大，消耗了欧盟有限预算的很大一部分，[③]因为它在不同程度上将受保护农产品的价格维持在远高于国际市场价格的水平。在随后的几年里，应欧盟新成员国的要求，对农产品的价格保护还扩展至其他产品，特别是橄榄油、葡萄酒、柑橘类水果和烟草等地中海产品。该政策的成本主要落在了因购买受保护食品而支付了高于国际市场价格的广大消费者身上，只有很少的一部分落在了

---

① Patel, *Fertile Ground for Europe?*

② 也即共同价格。——译者注

③ 该项目预算大约占欧洲共同体 GDP 总值的 1%，或欧洲共同体成员国公共支出总额的 2%。

给欧洲农业担保基金提供运营成本的纳税人身上。

然而，该制度却出乎意料地将欧盟从传统的食品进口经济体变为出口经济体。该制度不仅限制了欧盟与发展中国家的大部分贸易往来，后者发现出口到欧洲市场变得越来越难；也削弱了美国作为世界头号农产品出口国的地位。事实上，由于贮存在欧盟没有卖出去的产品让仓库面临超限的威胁，欧洲农业担保基金决定通过对出口进行补贴，补足欧洲共同体[①]内部价格与世界价格之间的差额，从而售出了原本可能烂在仓库里的库存。表 15.2 给出了欧洲农业政策对生产、出口和进口的整体影响。

表 15.2　1965—1994 年世界三大发达经济体的农业指标比较
（物量指数：1979—1981 年 =100 ）

项目	年份	欧盟（15 个成员国）	美国	日本
产量	1965	73	69	78
	1985	107	108	108
	1994	105	116	102
出口	1965	37	37	38
	1985	129	76	39
	1994	169	84	46
进口	1965	63	72	45
	1985	106	130	110
	1994	122	204	130

数据来源：Food and Agricultural Organization.

需要注意的是，这些政策成功增加了产量，还成功保持了欧盟的总产量，这与美国和日本的情况类似。但是，在出口方面，欧盟展现出了美国或日本无法比拟的活跃的出口表现，而在进口方面则采取了相应的限制。这不免引起了发展中国家和美国的负面回应，后者一再威胁，并且不时采取报复措施。

① 欧洲共同体简称"欧共体"，包括欧洲煤钢共同体、欧洲原子能共同体和欧洲经济共同体。——译者注

该制度在固定汇率被废止（见第 15.5 节）后遭遇了第一次危机，20 世纪 70 年代中期在管理共同价格时出现了困难。为此，欧盟引入了所谓的"绿色货币"（green currencies）；同样每年都会设定这些绿色货币的价值，并将市场干预价格转换为当地的绿色货币。但是，由于真实货币会有价值波动，绿色货币与由市场决定的各国货币之间的价值差异导致了货币补偿支付，在原有的价格扭曲之上又增加了新的价格扭曲，这使人们对于欧洲农业担保基金运作的不满情绪不断发酵。第二次危机发生在 20 世纪 80 年代中期，当时欧盟意识到农业在其预算中过分占据了主导地位，而与欧洲农业不可避免的衰退形成鲜明对比的是，许多其他亟待解决的问题需要更多的关注。此外，在《关税及贸易总协定》上一轮谈判（即乌拉圭回合）中，美国人施加了相当大的压力来削弱欧洲的农产品保护，并且将更多农产品纳入《关税及贸易总协定》的谈判当中。欧盟决定对共同农业政策实行全面改革，于 1992 年开始了麦克萨里改革（MacSharry reform）。其中包括：逐步降低干预价格，向对农民直接进行收入补贴的方案过渡，对剩余量最高的农产品实行生产配额，对退耕还林进行补偿，鼓励种植没有剩余的产品，以及提高产品质量和更加重视环境。

1994 年 12 月，乌拉圭回合贸易谈判通过了成立世界贸易组织（简称"世贸组织"）的协定，并于 1995 年正式生效。谈判各方达成以下共识：将各种形式的农产品保护改为关税以简化谈判，逐步取消出口补贴，实行最低进口配额，以及对发展中国家实行优待（遵循先前约定的对制成品的普遍优惠）。随着 2001 年多哈谈判的展开，欧盟意识到 1992 年对降低农产品保护的改革还不够，于是在 2003 年启动了费什勒改革（Fischler reform）。这是一项更为激进的改革，其彻底放弃了市场价格补贴的方式，而是直接对农民收入进行补贴。在过渡阶段，这种补贴考虑了原有体系下的历史支付，尽管这一体系导致了国家之间和产品之间的一系列长期失衡，但它至少让欧盟内部的价格与国际价格逐步趋于一致。[1]

---

[1] Cunha, et al., *An Inside View of the CAP Reform Process*. 有关这一改革的结果，另见 Shucksmith, Thomson & Roberts, *The CAP and the Regions*。

2005 年，欧盟新成员国的加入使原有的成员国必须减少直接干预以便有利于新成员国。因此从 2014 年开始，一系列与环境治理、生物多样性、技术改良和景观保护相关的指标被确定为整个欧盟（2015 年大约有 1200 万名农民）的支付依据。与此同时，在世贸组织主持的谈判中，欧盟将继续大幅降低关税。但是截至 2016 年，谈判所达成的只是有限的一般性协议，并没有全面削减关税。[①]

正是在经历了这些重大变化后，共同农业政策才有了转机。数十年时间过去，农产品保护让欧盟拥有了良好的农业基础——但又没有阻碍大量的劳动力从农村外流——如今可以考虑降低这种保护的成本，放弃对产量的过分关注，从而更多地关注产品质量和环境，还有重新向发展中国家开放欧盟的农产品市场。实际上，共同农业政策的成本影响也得到了控制，从占欧盟预算的 75% 左右降到了 40% 左右，但共同农业政策仍然是欧盟的支柱之一。

15.4 地区和社会政策

在 1974 年的第一次石油危机中，所有国家不得不应对放弃布雷顿森林体系后的通货膨胀压力、油价上涨、国际收支和公共账户的严重赤字等问题。为了避免因欧洲欠发达地区的情况恶化而导致国际性的问题，欧洲区域发展基金（European Regional Development Fund，ERDF）成立了。最初它是一笔金额很小的资金，按照国家的配额进行分配，最高可以承担项目成本的 30%，当时主要由意大利和爱尔兰使用。当希腊、西班牙和葡萄牙加入欧盟后，成员国有关如何通过欧洲区域发展基金重建区域平衡的兴趣陡然增加。在 20 世纪 80 年代初，欧洲区域发展基金开始通过地中海综合计划（integrated Mediterranean programmes，IMPs）尝试进行规模更小但更为全面的干预。该计划是伴随 1985 年欧洲区域发展基金第一次改革实施的，原来常常没有被完全使用的固定配额改为给各国设定最高和最低分配额的定量指标；

[①] Swinnen, *The Political Economy of the 2014–2020 CAP*.

同时它还更明确地确定了项目的纳入标准，很明显优先考虑综合性的干预方案。

1988 年成功实现了一次真正的改革，所有的结构基金[①]（包括社会基金和欧洲农业担保基金的结构部分）进行了重组，并制订了统一的计划，该计划除了发展落后地区和减少失业，还设定了各种其他目标，其中包括扶持衰落地区和促进人口稀少地区的发展。改革最重要的方面是资金不再按国家进行分配，而是按地区来分配；并附带一项自动条款，即人均收入低于欧洲平均水平 75% 的地区可以提交项目供审议。项目的筛选程序也发生了变化，对当地政府和地区政府给予了更多重视，并引入了评估项目执行阶段及其成果的综合体系。

在社会领域，除了为专业培训和再培训课程提供资助，还启动了各种社会行动计划，旨在改善工作条件、实现工人平等、促进不同社会团体的对话，以及相互承认学位。最终在 1989 年通过了《工人基本社会权利共同体宪章》（Community Charter of the Fundamental Social Rights of Workers）。它被视为实现欧洲社会统一立法的一种手段，尽管这一目标的实现仍然遥遥无期。[②]

《马斯特里赫特条约》（见第 15.7 节）将致力于改善欧共体最贫困地区的发展水平目标摆在了更加重要的位置上。它大幅增加了结构基金的资助，并在 1993 年为那些人均收入低于欧洲平均水平 90% 的国家发起了凝聚基金（cohesion fund）。此时，许多欧洲国家搁置了对本国困难地区的干预计划以开展共同资助的欧盟项目。[③] 随着新成员的加入，结构基金变得越来越重要，占欧盟预算的 40%。这部分是因为跨国项目得到了资助，目的是从基础设施的

---

① 欧盟出于深化和扩大一体化的需要，为了降低其内部区域经济发展的不平衡，专门设立了欧洲结构和投资基金（简称"结构基金"，structural fund），主要任务之一就是支持落后地区或产业衰退地区的经济发展与产业结构调整。——译者注

② 英国是唯一一个没有签署《工人基本社会权利共同体宪章》并反对《马斯特里赫特条约》的国家。1997 年，布莱尔政府撤销了反对决定，《工人基本社会权利共同体宪章》于同年的 10 月 2 日被纳入《阿姆斯特丹条约》（Treaty of Amsterdam），成为其中的第 118A 条。

③ 回想一下，欧共体的项目始终是共同出资的，欧盟与国家、地区和共同体各级政府的"合作"拥有一般性的准则。

角度（尤其是高铁）统一欧盟，并通过推广新能源和扩大电信网络实现欧盟的现代化。

鉴于对结构基金的关注日益增加，还有欧盟内部众所周知的巨大收入差距，追问趋同过程是否已经发生非常重要。由于缺乏可以进行实际比较的区域数据，在这一点上始终有很多悲观情绪。有些人认为，欧洲经济与美国经济有着截然不同的状况；在美国，人口的高流动性相对而言有助于抑制区域之间的差距；而在欧洲，中心地区享有特别优待的同时却对周边地区造成了伤害。随着欧盟区域数据的发布（来自欧盟官方统计局 Eurostat 的 REGIO 数据库），人们对 1970 年以来的数据进行了纵向分析。从这些分析中得出的结论是，趋同过程是在持续进行的，并且带有一种共同的倾向：许多最初较为发达的地区出现了相对的倒退，而最初较为落后的地区不管是绝对意义上还是相对意义上都取得了进步。1950—1970 年，人均收入排名前十位和后十位的地区（欧盟 9 个成员国的 74 个地区）之间的差距从 3.7 降到了 2.8。[1]1970—1995 年，用购买力平价重新计算欧盟 9 个成员国排名前十位和后十位的地区之间的差距，该差距从 2.4 降到了 1.8。对 20 世纪 80 年代加入欧盟的 3 个国家进行同样的计算，我们发现在 1981—1995 年期间，在组成这 3 个国家的 36 个地区中，相比欧洲平均水平，只有 4 个地区相对于其初始时的状况发生恶化，还有一个地区没有变化。正如我们在第 15.2 节中所看到的，随着后来欧盟的进一步扩张，趋同的过程仍在继续。还有一点可以确定的是，尽管各个国家之间有明显的趋同趋势，但是各地区之间却并非如此，尤其是在 2008 年之后。事实证明，各国的中心地区都非常有活力，而一些较外围的地区则表现出持续的衰落，其中就包括意大利南部的一些地区。[2]

确定这种趋同在多大程度上是欧洲经济一体化给较为落后地区带来新机

---

① 在所考虑的时间段内欧盟只有 6 个成员国，但是为了与后面的时间段进行比较，在计算中加入了其他三个国家。事实上，在欧盟拥有 6 个成员国的时期，意大利是唯一一个表现出强趋同趋势的国家。参见 Leonardi, *Convergence, Cohesion and Integration in the EU* 和 *Cohesion Policy in the EU*。

② Wozniak Boyle, *Conditional Leadership*.

遇的结果，又在多大程度上归功于专门为趋同与融合制定的政策，这些已经超出了本章的范围。但是毫无疑问，到目前为止，在区域政策的支持下所开展的大量基础设施项目和投资已经让人们无法否认它们一直以来的决定性贡献。[1] 我们还应该补充一点，近些年来，一部分结构基金已被用于资助连接欧洲各国的大规模基础设施项目，例如高铁。

15.5 欧洲货币体系

1971 年，由于美国单方面中止了国际上美元与黄金的直接兑换（1973 年，美国彻底停止了美元和黄金的自由兑换，从而导致自 1947 年启用的固定汇率制被废除），第一场危机席卷外汇市场，欧盟国家立即采取行动以维持（与美元）紧密挂钩的汇率。1972 年 3 月欧盟推出"蛇形浮动（Snake Floating）汇率制"，规定欧盟货币之间的汇率在 ±2.25% 的范围内浮动，与美元之间的汇率在 ±4.25% 的范围内浮动。这种"蛇形浮动汇率制"没有持续多久，原因是英镑和爱尔兰镑不得不退出；意大利里拉也于一年之后退出；法国试图坚持下去，屡屡退出后又屡屡重新加入，但却徒劳无益，于 1976 年最终放弃。当时，作为欧盟支柱之一的法、德同盟正面临瓦解的威胁，共同农业政策的管理也面临崩溃。面对不稳定因素的出现和投机活动的激增，通过适度的通货膨胀和灵活的汇率来重新恢复国际收支平衡，同时又不造成重大不良后果的愿望破灭了。

不久之后，欧盟成员国围绕建立一种更加成熟和灵活的蛇形汇率制展开了磋商。1978 年春，德国总理赫尔穆特·施密特（Helmut Schmidt）提出了欧洲货币体系（European Monetary System，EMS）。该体系以欧洲汇率机制（European Exchange Rate Mechanism，ERM）为前提，将体系中的各种货币平价与参考货币即欧洲货币单位（European Currency Unit，ECU）相挂钩，欧洲货币单位相对于欧共体以外货币的价值由构成欧洲货币单位的各国货币的

---

[1] Bradley, Petrakos & Traistaru, *Integration, Growth and Cohesion in an Enlarged European Union*.

加权平均值来确定。[①] 当一国货币背离平价超过 ±2.25% 时，该国政府就必须进行干预；[②] 如果事实证明负担太过沉重，还可以从专门设立的基金那里获得一些暂时性的援助。如果这还不够，那么汇率还可以重新进行调整。为了避免竞争性贬值和对其他货币带来意想不到的影响，汇率调整是通过协商来进行的。

欧洲货币单位于 1979 年 3 月正式开始使用，之所以被推迟是因为法国和德国有关如何最好地组织农业补偿基金持有不同意见。在当时组成欧共体的国家中，英国选择不加入欧洲货币体系，爱尔兰和意大利则商议将浮动范围扩大到 ±6%。随后，西班牙于 1990 年加入欧洲货币体系。同年英国也正式加入。而意大利和爱尔兰也放弃了扩大浮动范围。葡萄牙于 1992 年加入；奥地利和芬兰于 1995 年加入；只有希腊还在这个体系之外。

欧洲货币体系经历了多次调整（见表 15.3），但总体而言，它成功地降低了许多欧洲国家的通货膨胀水平并提升了欧洲货币的稳定性。当欧盟决定建立货币联盟（见第 15.7 节）时，从 1992 年夏至 1993 年夏爆发了货币投机风暴，迫使意大利里拉[③]和英镑先后脱离欧洲货币体系，最终被迫将浮动范围扩大至 ±15% 以避免更多货币退出——尤其是法国法郎——然而到那时欧洲货币体系的尝试已然走向终结。欧洲货币体系无疑使人们更好地认识到欧洲货币稳定的好处，言下之意甚至可以让欧洲永远受益。但是，在探讨随后的货币联盟之前，我们必须先介绍一下欧洲一体化进程的其他方面。

[①] 此权重是基于欧盟各成员国的国内生产总值和对外贸易额进行计算的，并定期进行更新。1990 年各国货币所占权重为：比利时／卢森堡 8.1，丹麦 2.5，法国 19.3，德国 30.2，希腊 0.7，爱尔兰 1.1，意大利 9.8，荷兰 9.4，葡萄牙 0.8，西班牙 5.3，英国 12.8。

[②] 请注意，通过这种方式，不仅货币贬值的国家需要干预，而且货币升值的国家也需要干预，这使系统运行得更加均衡。

[③] 里拉于 1996 年 12 月重新加入欧洲货币体系。

表 15.3　1979—1993 年欧洲货币体系中间价的调整

货币	1979年9月24日	1979年11月30日	1981年2月22日	1981年10月5日	1982年2月22日	1982年6月14日	1983年3月21日	1985年7月20日	1986年4月7日	1986年8月4日	1987年1月12日	1990年1月12日	1992年9月13日	1992年9月16日	1993年2月2日	1993年5月14日	1993年8月2日
比利时法郎					-8.5		+1.5	+2	+1		+2		+3.5				**
丹麦克朗	-3	-4.8			-3.0		+2.5	+2	+1				+3.5				**
德国马克	+2			+5.5		+4.25	+5.5	+2	+3		+3		+3.5				**
法国法郎				-3.0		-5.75	-2.5	+2	-3				+3.5				**
爱尔兰镑							-3.5	+2		-8			+3.5		-10.0		**
意大利里拉			-6	-3.0		-2.75	-2.5	-6				-3.75	-3.5	*	-	-	-
荷兰盾				+5.5		+4.25	+3.5	+2	+3		+3		+3.5				**
西班牙比塞塔（1989年6月19日加入）												+3.5	-5.0	-6.0	-8.0	**	-7.0
英镑（1990年10月8日加入）													+3.5	*	-	-	-
葡萄牙埃斯库多（1992年4月6日加入）														-6.0	-6.5	**	-3.5

注：* 退出欧洲货币体系；** 浮动范围为 ±15。

数据来源：General Report on the Activities of the European Union.

15.6 产业政策和单一市场

20世纪70年代中期以来，增长放缓促使欧盟对产业进行干预。最初，欧盟所关心的是核心产业的保护措施，在这些行业中，生产过剩让大型企业面临破产的威胁。最先是钢铁部门，于1974年陷入危机。欧盟一方面出资对工厂进行改造和关停，另一方面为数千名工人的再培训或提前退休提供补贴。后来，合成纤维行业遭遇危机，促使欧盟在1978年达成一项分配限额和削减产能的协议。从1981年开始，欧盟向海军造船厂提供援助，将其产能减半的同时提升了生产质量，同时还鼓励石化企业针对引入流水线生产达成共识。

然而，这些仅仅是防御性的举措加剧了人们的不满。同时，有分析表明，由于欧盟国家力量分散，欧洲企业的规模太小，因此很难在科研领域取得突破性的进展，而这导致了在某些核心产业的落后。由此产生了一个构想：启动由欧盟支持的研究项目，将欧洲各国的合作伙伴不加限制地召集在一起，特别是企业和大学的研究中心。1980年9月，在欧洲相对薄弱的电子领域，第一个项目被提出，即欧洲信息技术研究与开发战略计划（European Strategic Programme for Research and Development in Information Technology，ESPRIT）。该计划于1982年12月获得了欧洲委员会的批准，截至1983年9月，一共收到600家公司和智库的200个提案。这次计划的成功确立了一条新的路线，大量研究计划涌现，这些计划通常会使用富有想象力的首字母缩写，例如EUREKA（尤里卡计划），RACE[1]，BRITE[2]，BRIDGE[3]，COMETT[4]和SPRINT[5]。从1987年开始，欧盟针对其希望达成的主要目标，建立了未来

---

[1] R&D in Advanced Communications Technologies in Europe. ——译者注

[2] Basic Research in Industrial Technologies for Europe. ——译者注

[3] The Building Radio Frequency Identification Solutions for the Global Environment. ——译者注

[4] European Community Action Programme for Education and Training for Technology. ——译者注

[5] Space Research and Innovation Network for Technology. ——译者注

5年配套资助的计划框架。①同年，"欧洲地区大学学生流动行动计划"（European Region Action Scheme for the Mobility of University Students，ERASMUS，简称"伊拉斯谟计划"）项目获得批准，欧洲大学里通过选拔的学生可以前往其他大学学习。欧洲研究理事会（European Research Council）在 2006 年正式成立。该理事会负责对整个欧盟的学者和智库的申请进行研究上的筛选和资助奖学金。

由此，人们认识到要在更深层的基础上重建欧盟。1985 年 1 月雅克·德洛尔（Jacques Delors）担任欧盟委员会主席时促成了此事。最宏大的计划是建立所谓的单一市场。单一市场取消了许多剩下的非关税壁垒，而正是非关税壁垒才使欧洲共同市场仅仅实现了部分统一。1985 年 12 月，欧洲理事会批准了《单一欧洲法案》，其主要目标是实现单一市场（在 1992 年 12 月之前）。欧盟理事会还采取了其他措施来改革《罗马条约》，其中最重要的一项是将决策时的大约四分之三表决改为多数表决，②并使欧盟参与到新的区域、社会、产业、技术、环境和货币政策当中。③对于像推动欧洲统一的阿尔蒂埃·斯皮内利（Altiero Spinelli）那样的人，他们认为这些只是很小的成就。在欧洲一体化进程中有太多的阻力，就像《单一欧洲法案》一样，其经过几次艰难的批准，直到 1987 年 7 月 1 日才正式生效。不管怎样，尽管对于统一而言，没有任何步骤被证明是决定性的，但是统一的进程一旦开始就不会停止或逆转，最终将会带来划时代的改变。

实现单一市场需要遵循两项指导准则。第一项准则规定了欧洲在一系列根本性的重要领域统一立法，在这些领域不宜继续存在分歧。为了达到这一目的，欧盟达成了 300 多项决议，这些决议之后分别被成员国政府所采纳。第二项准则设想在不需要统一立法的情况下，可以采用"相互承认"（mutual

---

① Mosconi, *The New European Industrial Policy*.

② 每个国家按照其规模被分配不同的投票权重：4 个最大的国家每国 10 票，西班牙 8 票，比利时、希腊、荷兰和葡萄牙各 5 票，丹麦和爱尔兰各 3 票，卢森堡 2 票。

③ 第 102A 条规定，货币合作应考虑"在欧洲货币体系框架内的合作经验，以及在开发欧洲货币单位方面所获得的经验"。

recognition）^①的原则：在欧盟任何一个国家按照该国现有法律所生产的产品和服务，都可以在欧共体内的所有其他市场无差别地进行销售。市场将决定顾客的满意度，最终使各国当局采纳成功的模式。

欧盟内部的商品边境检查逐步减少，并于 1997 年 1 月 1 日全部取消；间接税^②重新回到了可比范围；公司补贴得到统一；公共项目面向欧盟各地的竞争者公开招标；在银行业，各个分支机构由银行总部所在地的国家负责管理，并且放宽了对开设分支机构的限制。^③ 后来，其他服务领域也放宽了限制（通常被私有化），例如航空运输业和电信业。

欧洲市场第一次真正成为一个"内部"市场，剩下的语言、财政政策和货币障碍并不小，但后来的事态发展表明它们不再是不可克服的。事实上，在 1986—1990 年期间，欧洲经历了一段高速增长时期。欧共体内部的公司之间达成了一系列的协议和收购，以至于引发了有关反托拉斯立法的辩论，在此之前这从来不是欧洲所关注的焦点。《罗马条约》中的第 85 条和第 86 条规定，禁止滥用市场支配地位，但过去这两条很少被使用。在为单一市场进行准备的过程中，人们认为建立更加坚决的手段来保护共同市场免受行业集中和收购的损害至关重要，于是在 1989 年 12 月 21 日第 4064 号法规《兼并控制法案》（Merger Control Act）得以通过，并于 1990 年开始正式生效。^④

令许多人感到惊讶的是，不仅所有这些改变到 1992 年都已完成，而且随着苏联的解体，德国在 1990 年实现了统一，雅克·德洛尔也推动欧洲走向了一体化。在同样的时间段内，随着《欧洲共同体宪章》（Community Charter）的正式通过，资本市场实现了自由化，社会统一加速推进，货币统一正式开

---

① 该原则是由欧盟法院在 1979 年 2 月 20 日所作的一项判决（"Cassis de Dijon"案件）得出的；它从原则上确定了：在共同体任何一个成员国合法制造或销售的产品可以在所有成员国的市场上进行销售。

② 纳税义务人能够通过提高价格或提高收费标准等方法把税收负担转嫁给别人的税种，例如消费税、增值税、关税等。——译者注

③ 由原产国当局管理和相互承认的原则扩展至许多其他服务领域，其中包括了运输业和保险业。但是在银行业，2008 年爆发的国际金融危机显示出了它的局限性（见第 15.9 节）。

④ Amato, *Antitrust and the Bounds of Power*.

启，并且最终达成了一项新条约，其中涉及的政治和经济部分首次明确谈到了"欧盟"。最后这几项进展尤为重要，且有待进一步发展。

15.7 《欧洲联盟条约》和欧盟的诞生

早在 1988 年，有关欧洲货币联盟和政治、军事联盟的讨论就已经展开。在接下来的历届欧洲理事会会议上，人们提出了不同的看法和斡旋方案，直到 1991 年 12 月 9 日和 10 日在马斯特里赫特新的《欧洲联盟条约》被提交。该条约包括了对欧洲经济共同体、欧洲煤钢共同体、欧洲原子能共同体等相关条约的新增或修订共计 252 项，还有 17 项议定书[①] 和 31 项宣言。除了系统地对之前所有的经济立法进行重新制定，这份创立欧盟的新条约还纳入了实施货币联盟〔欧洲经济货币联盟（Economic and Monetary Union，EMU）〕、外交政策和共同安全政策〔共同外交与安全政策（Common Foreign and Security Policy，CFSP）〕，以及涉及警务和司法合作〔法律事务委员会（Committee on Legal Affairs，JURI）〕的安排。欧洲货币联盟具有明显的前联邦（pre-federal）属性；共同外交与安全政策具有邦联（confederational）特征[②]；而法律事务委员会仅具有政府间属性。但是，正如欧洲一体化的历史所证明的那样，重要的是迈出了会进一步带动其他方面向前迈进的步伐。[③]

1992 年 2 月 7 日，所有成员国[④] 的外长和财政部长正式签署了《欧洲联盟条约》。该条约在接下来的一年中得到了各成员国的批准。丹麦遇到了一些

---

① 指条约的附件。——译者注

② 联邦（federation）指多个邦（国家）放弃各自独立的地位，组成一个统一的邦（国家），如俄罗斯联邦、美利坚合众国；邦联（confederation）指多个不放弃自己独立地位的邦（国家）组成的联合体，如独联体。——译者注

③ 实际上，《阿姆斯特丹条约》已经强化了外交政策和安全的共同机制，而一些内部和法律事务中的合作事项则受欧共体政策的约束，例如移民政策和外部边境管理。采用多数决定原则的领域也得到了扩展。

④ 即原欧共体的 12 个国家：比利时、丹麦、德国、希腊、西班牙、法国、爱尔兰、意大利、卢森堡、荷兰、葡萄牙和英国。

困难，其直到 1993 年才克服了 1992 年 6 月公投所造成的负面结果①。在英国的坚持下，其他大多数成员国勉强接受了加入"选择退出权（opt out）"②的条款，允许某些成员国可以不遵守正在逐步形成的新决议的个别方面，但也明确了这些都属于特殊情况。

可以说《欧洲联盟条约》中新增的最重要一项是第 8 条，其指出：欧盟的公民身份在此确认。每一个欧盟成员国的公民即为欧盟公民。但正如所有评论员指出的那样，事实上本应表达欧洲公民身份的欧洲议会（European Parliament）却无法自主做决策。《欧洲联盟条约》在明确规定的领域向欧洲议会和欧洲理事会（包括成员国首脑，他们当时在决策中拥有绝对的权威）授予了"共同决策权"，加强了欧洲议会已经拥有的司法权。通过这种方式，依照《欧洲联盟条约》第 3B 条阐述的辅助性原则，欧洲议会朝着最终成为欧洲政治联盟的行政主体迈进了一步。

250 最后，有关法律事务委员会方面，欧盟各国的警务合作得到了加强，部分是因为成为申根国集团（Schengen Group）③的国家废除了边境和机场的警察检查，④直到 2006 年成立欧洲边境与海岸警卫队（European Border and Coast Guard Agency）来负责管理联盟的外部边境。然而，这些措施后来证明并不足以解决地中海南部严重的安全危机，这些危机是由伊拉克战争、巴以冲突，以及叙利亚、利比亚、索马里和其他非洲国家的内战等所造成的。截至 2016 年，欧洲仍然没能设计出一个可以接受的、可持续的解决方案——保卫欧盟外部边境的同时，不会导致事与愿违的、非人道的和基本无法持续的封锁（另见第 17 章）。

---

① 丹麦在 1992 年的全民公投中否决了《欧洲联盟条约》。1993 年，在欧盟同意丹麦不参加货币、防务、司法等领域的合作后，丹麦才再次公投通过了该条约。——译者注

② "选择退出权"是指选择性地不加入或不执行某项欧盟法律或者条约的权利。——译者注

③ 从 1995 年开始，大部分欧盟国家加入了《申根协定》（Schengen Agreement）。两个最典型的例外是英国和爱尔兰。还有一些非欧盟国家也加入了《申根协定》，其中包括挪威和瑞士（后者仅限于人员而非商品）。

④ 《阿姆斯特丹条约》所附议定书将这一结果修改为欧共体的法律。

货币联盟和欧元

《欧洲联盟条约》最重要的创新是创建了欧洲货币联盟。它提出分三步来实现单一货币。首先，建立各个经济体的趋同标准（convergence criteria），应在 1998 年完成。[1] 然后，建立欧洲货币管理局（European Monetary Institute，EMI，1994 年 1 月成立），它是欧洲中央银行（European Central Bank，ECB）的前身，同时还通过了使欧洲货币联盟的各国央行更加独立于其财政部的法规（但事实并非如此），以及欧洲中央银行体系（European System of Central Banks，ESCB）的章程。最后，在欧洲货币联盟的各国货币之间建立不变的平价（1998 年 12 月 31 日），并创立欧元。欧元于 2002 年开始正式流通，最初与美元平价。[2]

在所有 15 个欧盟国家中有 11 个承诺遵守《马斯特里赫特条约》，并在规定的时间框架下完成。希腊未能达到趋同标准，同时瑞典、丹麦和英国由于多方面的原因决定不加入欧洲货币联盟。[3]

欧元在 2002 年发行之初很平静，但是不久便显示出相对美元的疲软。后来欧元重新成为强势货币，但其表现不值一提，直到 2008 年全球金融危机爆发（我们将在第 17 章进行讨论）。在那场危机中，国际投机者利用了欧元区

---

[1] 趋同标准（前面已提到）概述如下：通货膨胀率不高于通货膨胀率最低的三个国家平均水平的 1.5 个百分点；长期国债利率不高于通货膨胀率最低的三个国家平均水平的 2 个百分点；加入欧洲货币体系的货币至少两年不调整；政府赤字总额不超过 GDP 的 3%；政府债务总额不超过 GDP 的 60%，或降低至该值。随着欧元的生效，所有货币变量（汇率、利率、货币供给、通货膨胀目标等）都要在欧洲央行的控制下通过。在 1996 年的都柏林会议上，人们同意就财政变量（政府支出、收入税率、出口税率）达成永久性协议，即所谓的《稳定与增长公约》（Stability and Growth Pact），但直到后来人们才发现该公约有多么不严格（2010 年以来在欧洲部分国家爆发了欧债危机，但迄今没有一个债台高筑的欧元国家受到制裁——译者注）。

[2] 有关一般性的讨论，参见 De Grauwe, *The Economics of the Monetary Union*。

[3] 其他相继采用欧元的国家及时间是：希腊 2001 年、斯洛文尼亚 2006 年、塞浦路斯和马耳他 2008 年、斯洛伐克 2009 年、爱沙尼亚 2010 年、拉脱维亚 2014 年、立陶宛 2015 年。这使得欧元区成员国总数上升为 19 个。

内部存在的许多不平衡，欧元遭受重创。希腊的危机最先爆发，然后是爱尔兰、葡萄牙和西班牙，最后是意大利的公共债务危机（其债务在危机之前就已经开始积累）[①]。欧元区的结构性问题除了在危机中有所发展，还与欧元区各国之间差异过大的财政政策和竞争力有关。这些带来了物价、工资、公共支出和国际收支的不同趋势，而这在单一货币区内是无法持续的——早在创立欧元时就已经明确，但没有强制规定。欧元面临崩溃的风险，因为它没有重新恢复平衡的手段；欧洲央行维持货币稳定的唯一目标过于狭隘，其应对危机使用的典型的央行工具也过于有限和缺乏灵活性。[②]

2012 年实施的几项重要改革避免了崩溃的发生：（a）欧盟层面强化金融监管体系；（b）建立大约 1 万亿欧元的巨额反投机干预基金〔欧洲稳定机制（European Stability Mechanism，ESM）〕；（c）《财政协定》[③]（Fiscal Compact），一种强制性的财政趋同机制；[④]（d）银行业联盟，于 2014 年年底正式生效，将 130 个"系统性"银行（拥有许多分支机构的大型银行）置于欧洲央行的直接控制下。[⑤]事实上，尽管《财政协定》在解决危机的同时给欧洲带来了不合时宜的经济紧缩，但是凭借精明的管理，它可以让货币联盟长期持续下去。自 2015 年以来，欧洲央行通过注入流动性对市场进行大力干预以应对通货紧缩，与此同时欧盟也采取措施以鼓励新一轮的投资。

不管怎样，当下，在许多经济学家中普遍流行着这样的观点：为了保证

---

① 自从欧洲主权债务危机爆发后，在欧洲央行的支持下，意大利银行不断买入意大利国债，充当着"边际买家"的角色，这种状况持续多年，并形成一个恶性循环——政府不断发新债还旧债，而银行则不断买入政府债券，主权债务未能缓解，债务反而越积越多；反过来，持续的购买让银行机构不堪重负。——译者注

② Sinn, *The Euro Trap*.

③ 正式名称为《经济货币联盟下的稳定、协调和治理条约》（Treaty on Stability, Coordination and Governance in the Economic and Monetary Union），亦简称为《财政稳定条约》（Fiscal Stability Treaty）。——译者注

④ Cottarelli & Guerguil, *Designing a European Fiscal Union*.

⑤ De Haan, Oosterloo & Schoenmaker, *Financial Markets and Institutions*.

有效运作，货币联盟要求采用财政联邦制（fiscal federalism）①，目前它被认为是最好的自动稳定器。（人们总是将它与美国和加拿大的联邦财政制度所扮演的有效"缓冲器"的角色相比较。）财政统一可以避免推行有风险的财政政策，此类政策会破坏共同货币的稳定。但是，财政联邦制要求集中各国的财政盈余和相应的支出决策；现阶段在缺乏政治一体化的情况下，欧洲各国不太可能放弃对财政收入和支出的控制权，哪怕只是其中的一部分。

联邦主义的理想激励了政治家、政府官员和老百姓，他们的想法越来越一致地趋向于必须实现政治统一。但是，即使自 20 世纪 70 年代中期以来，欧共体有关政治统一可能性的项目研究，都在将理论理想与国家主义现实相结合的时候遇到了同样的困难。② 未来有必要重新发现这一驱动力，以便形成和发展一种对欧洲的归属感、对欧洲身份的认同感，就像当下普遍的国家认同感一样。欧洲经济一体化漫长而艰辛的道路需要有新的目标，一个能够汇集所有人的共同努力去实现的野心勃勃的计划，而联邦欧洲（Federal Europe）无疑是这些新目标中最重要也最富有争议的。无论如何，与欧洲历史上持续数世纪的战争相比，60 年的和平仍然是不稳定平衡中的反常现象（巴尔干地区的冲突可以证明这一点），而不是统一的结果。因此，欧罗巴合众国（United States of Europe）是实现长久"和平统治"的重要一步。模仿 Wyplosz（1997）的一句话，③ "选择不是在联邦欧洲和天堂之间"，而是在一个强大的统一与合作的政府体系下，在容易分裂与和平发展的必然之间。④

总而言之，在大概 60 年的时间里，欧洲一体化进程确实取得了非常显著的成就。对于那些没有经历过欧盟决策的拖沓过程的人们而言，每一步似

① 从某种意义上，财政联邦制就是财政分权制——赋予地方政府一定的税收权力与支出责任范围，并允许地方政府自主决定其预算支出的规模和结构。——译者注
② 有关《丁德曼报告》（Tindemans Report，由比利时总理丁德曼于 1976 年提出）及其之后的项目，参见 Urwin, *The Community of Europe*。
③ "不是在欧洲货币联盟和天堂之间做选择，而是在一个逐步融合得像美国一样紧密的地区，货币政策可能协调不力的情况下，在欧洲货币联盟与自由浮动汇率之间做选择。一个世纪前的美国会通过货币区域的考验吗？假如它失败了，从整体上看，一国采用单一货币就是错误的吗？" Wyplosz, "EMU: Why and How It Might Happen", 10.
④ Jensen & Miszlivetz, *Reframing Europe's Future*.

乎都太慢了。但是要记住，数百年来的冲突与分隔造成了国民群体的普遍分歧，这些只能通过合作和信念来解决，因为没有任何一种专制的方式能够与欧盟现行的民主共存。最重要的是要确保每一步都改善了欧盟的状况，即便不是立竿见影的，同时也要确保没有一步是向后倒退的。我们也应该回想起，除了欧盟所保证的人员、商品和资本的安全和自由流动，还有一个重要事实：当下的全球竞争是以"洲"为量级来展开的，只有一个统一的欧洲才能让外界感受到它的存在。

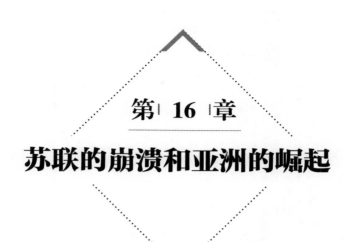

第 16 章
苏联的崩溃和亚洲的崛起

如果说 20 世纪 70 年代中期以后，西欧经济并不像之前那样令人满意，那么我们应回想起它还见证了苏联的解体和东欧集团的开放。尽管转型造成了一系列困难，特别是在苏联和原南斯拉夫国家，但人们欢迎这一切，因为它们避免了欧洲可能爆发的一场全面战争，并且使大量欧洲人过上了富裕的生活。随着贸易自由化、资本流动和旅游业的发展，去殖民化和经济全球化进程使越来越多的国家和地区参与其中，从"亚洲四小龙"（新加坡、韩国，以及中国的台湾和香港地区）到中国内地、印度，甚至越南，还有迄今仍被边缘化的一些国家。这是一个极其重要的现象，尽管本书只是稍有涉及，但是它对于我们理解欧洲发展模式对世界产生的巨大影响尤为重要。

在本章中，我们将会详述亚洲经济的崛起和苏联的衰落。首先从日本开始，日本是唯一一个在 19 世纪实现经济起飞的非西方文化国家。然后我们将简要回顾"亚洲四小龙"的成功。在探讨印度和中国这两个巨人的崛起之前，我们将简要讲述苏联的崩溃。国家所扮演的角色要远比 18 和 19 世纪的欧洲、北美和澳大利亚更加重要。

我们可以辨别出在 20 世纪下半叶一共有三种国家干预模式，其中亚洲模式是迄今为止最为成功的（见表 16.1）。事实上，苏联的国家模式（见第 4 章）消灭了市场，最终失败了，使采用该模式的地区的发展遭受了阻碍。拉丁美

图 16.1 俄罗斯（苏联）和主要亚洲国家（地区）的人均收入变化（按购买力平价计算）

国家或地区	指数（美国=100）					增长率			
	1951 年	1973 年	1989 年	2000 年	2010 年	1951—1973 年	1973—1989 年	1989—2000 年	2000—2010 年
俄罗斯（苏联）	28	36	31	16	25	3.5	1.0	-2.9	5.4
中国内地	5	5	8	12	26	2.4	4.9	5.3	8.5
印度	6	5	6	7	11	1.4	2.5	3.6	5.8
日本	21	69	78	71	72	6.7	2.8	1.1	0.7
韩国	8	17	35	52	71	5.8	6.5	4.9	3.7
中国台湾	9	21	41	58	76	5.9	6.4	4.6	3.4
中国香港	23	43	74	77	101	5.1	5.5	2.4	3.3
新加坡	22	36	58	74	95	4.4	5.1	3.8	3.1
美国	100	100	100	100	100	2.2	2.0	1.9	0.6

数据来源：Maddison database.

洲主要采用"进口替代"模式，即通过贸易保护来替代进口。这种模式仅取得了有限的成功，主要是因为它们推动的工业部门长期以来缺乏竞争力，资源利用效率低下。日本最先开创了亚洲模式，然后被其他国家和地区相继采用，该模式对于工业发展计划中的长期投资给予优待，试图让国内企业在国际市场上变得有竞争力，从而可以出口商品。外国公司遭到了排挤，特别是在日本经济起飞的早期阶段，政府鼓励本地企业扩张和获得垄断利润，然后将这些利润用于购买技术以及后来的独立技术研发。[1]

16.1 日本：从成功到停滞

在一场极不明智的战争中日本向美国发起了挑战，战后日本的经济复苏在很大程度上得到了美国人的帮助（他们需要在亚洲有一个对抗苏联的堡垒）。美国对日本推出了类似欧洲"马歇尔计划"的干预计划。[2]"财团"（见第6章）被解散，但是日本人没过多久便重建了类似的企业集团——"经连会"（cheiretsu）[3]。"经连会"延续了亚洲（及亚洲以外地区）典型的企业间合作，尽管没有之前的家族那么有名。银行和保险公司处于企业集团的中心，它们随时准备为集团的发展计划提供金融上的支持。[4]贸易公司与外界合作，为整个集团的生产提供综合的贸易服务。日本正是采用了这种方式在钢铁、交通工具（汽车、摩托车和轮船，但不包括飞机）、工厂设备，特别是电子产品上进行了大量投资，从而在与美国公司的竞争中取得了胜利。[5]

258

---

① Romano & Trogir, "Il ruolo delle istituzioni nello sviluppo manifatturiero del mondo emergente".

② Allinson, *Japan's Postwar History*.

③ Molteni & Pecorari, "I Kinyuu Keiretsu in Giappone"；另参见 Lincoln & Gerlach, *Japan's Network Economy*。

④ Aoki & Patrick, *The Japanese Main Bank System*.

⑤ Dore, *Taking Japan Seriously*.

258　　　　一直以来，日本的经济体制在运作方式上都不同于美国。首先，日本的大型、高效的出口企业不同于其他企业，后者大多为本地企业且规模要小得多。其次，相比资本而言，日本的企业更加重视劳动力，于是便有了终身雇佣制、与职业晋升挂钩的工资、管理层与普通工人薪酬有限的差距、公司内部工会，以及优厚的公司福利。最后，国家通过贸易保护政策、基础设施建设和外交上的支持，给"经连会"实施的工业政策提供了辅助性的支持。这种与美国类似的组织系统，能够支持长期的投资计划并推动公司内部重要的组织创新，例如通过持续的产品改进（kaizen）和零库存生产来提高产品质量，以及通过精确计算材料需求量和加工时间来逐步减少原材料库存和中间产品的浪费。[1] 日本在电子和交通工具领域的成功始终是许多研究的对象。[2]

　　　　然而，20 世纪 80 年代末，正当美国和欧洲担心可能会被日本超越时，日本经济陷入了一段严重困难的时期，尽管它仍然保持着国际竞争力。为了扩大国内市场，之前疯狂升值的日本货币——日元，被人为贬值；面对全球化的压力，外国投资不断增长，日本的资本市场也实现了自由化。所有这些都极大地增加了金融投机，特别是房地产泡沫，涉及日本大部分主要银行。1990 年年初，日本股市的市值超过了美国，崩溃在所难免。股市的崩盘不仅造成失业，而且导致数家银行破产。这些银行需要纾困并裁员，耗费了大量

259　的公共资金。日本政府的负债率[3] 上升至 250%。从此之后，日本再也没能重现"奇迹"。[4] 日本仍然是一个备受推崇的经济大国，但后来的几届政府一直没能找到正确的战略来振兴经济。这部分是因为公共债务的负担，但同时还因为日本遇到了所有国家在模仿过程结束时都不得不面对的问题（即创新不足所导致的投资受限；有关这一主题，见第 17 章）。

---

① Imai, *Kaizen: The Key to Japan's Competitive Success*; Aoki, Jackson & Miyajima, *Corporate Governance in Japan*.

② 在这些研究中，参见 Chandler, *Inventing the Electronic Century*。

③ 日本极高的公共债务一直没有引发国际投机，只是因为这些债务大部分来自日本国内。

④ Wakatobe, *Japan's Great Stagnation and Abenomics*.

"亚洲四小龙"

第二次世界大战结束后,四个亚洲国家及地区深受英国和日本的影响。19 世纪中叶,中国香港成为英国的租借地,直到 1997 年中国对香港恢复行使主权。第二次世界大战后,香港经历了经济的快速发展,人口也大大增加。由于城市空间有限,香港成为世界上最"垂直"的城市。香港经济主要以服务业为基础,其中金融业最为重要。新加坡从 19 世纪上半叶开始归属英国的东印度公司管辖[①],后来成为英国重要的海军基地。经过第二次世界大战期间日本短暂的统治后,新加坡重归英国统治,并于 20 世纪 60 年代中期独立。从此之后,新加坡发展起强大的制造业和航运经济,同时吸引了大量游客和外国工人。中国香港和新加坡都拥有高度集中的政治体制,并带有一种强烈的干预倾向,同时伴随着经济的高度自由。

中国台湾和韩国的历史更为复杂。中国台湾于 1894 年被日本占领,之后很快便按照自己的模式开始了工业化和基础设施扩建的进程。第二次世界大战结束后,日本人被驱逐出了台湾。"台湾当局"参照日本的模式,大力支持私营产业集群的经营活动。这些产业集群比其他地方更加"水平",主要由中小企业组成;产业高度多元化,在电子、机械、石化和纺织领域具有明显优势。

韩国是"亚洲四小龙"中最大,也最具创新力的经济体。[②]朝鲜于 1910 年受日本的殖民统治,日本开始对朝鲜进行工业化改造,主要集中在北部地区。第二次世界大战结束后,朝鲜一分为二:人口更多且以农业为主的南方(韩国)受到美国的控制,而工业化程度更高的北方(朝鲜)则受到苏联的保护。1950 年 6 月 25 日,朝鲜战争爆发,战争造成数百万人死亡和广泛的破坏,最终于 1953 年 7 月 27 日结束。美国为韩国的重建提供了一定援助,但直到 20 世纪 60 年代朴正熙领导的军政府上台,并通过了一项五年计划后,韩国经

_260_

---

① 1826 年起,新加坡归属东印度公司管辖。——译者注

② Goldstein, *Il miracolo coreano*; Eichengreen, et al., *The Korean Economy*.

济才迎来了起飞。这项五年计划主要围绕促进轻工业的发展，尽管人们并没有对其寄予厚望，但它和随后的计划却取得了成功。

这些成就打消了朴正熙政府的顾虑。1973 年，韩国开始发展重工业，包括钢铁、石化、造船和核能。这些投资得到了国有控股银行的大力支持，促进了高级机械和电子行业的兴起。韩国的公司组织沿用了日本的企业集团模式，即所谓的"财阀"（chaebol）。它是一种典型的基于家族的垂直型结构，围绕一种核心业务展开，但同时包含多达上千种不同的经营活动。在韩国的财阀中，有五大"财阀"拥有最显赫的地位：现代、三星、大宇、LG 和 SK 集团。现代集团从 1940 年的一家小型修理厂起步，进入造船和民用建筑领域，并于 1967 年开始生产汽车。三星集团已成为通信设备和电子产品的全球领导者。大宇集团是一家拥有许多不同产业和制造业务的企业集团。SK 集团是韩国的主要电信提供商。LG 集团主要生产电视和其他电气产品。

朴正熙于 1979 年死于一场暗杀，他的半独裁式统治随之结束，于是韩国开启了缓慢的民主化进程。20 世纪 80 年代，工会被部分地组织了起来，这在之前从来没有出现过；民间团体也开始涌现，1987 年还举行了民主选举。韩国于 1996 年加入 OECD。1998 年的亚洲金融危机导致韩国部分银行破产，凸显出对银行监管的必要性，也引发了大量的私有化，但同时也限制了"财阀"过于膨胀的权力。韩国缺少一个由经营良好的中小企业所构成的强大的经济基础，以及一个完善的国家福利体系，但毋庸置疑，韩国与一个世纪前的日本一样，是另一个经济"奇迹"。

16.3 从苏联到俄罗斯

苏联在第二次世界大战中的胜利对其国际关系产生了重大影响，同时也给国内带来了意想不到的结果，其中包括：军队力量保持不变，直到 20 世纪 70 年代；维持了较为低效的经济体制；在一段时间里，继续从西方购买技术。

苏联在第二次世界大战中赢得了胜利，战后，苏联实行计划经济体制，鉴于该体制存在的固有缺陷，当军事力量终结时，苏联经济的不可持续才得以显现，并最终迫使苏联彻底放弃了计划体制。苏联用市场经济取代计划经济的过程是缓慢而艰难的，下面我们会更加详细地探讨整个事情的发展。[①]

20 世纪 70 年代中期以前，苏联经济一直保持良好增长。当困难最早出现时，苏联政府曾尝试进行改革[②]，但却无法提高生产率，相关改革也没能进入大众消费领域。列昂尼德·勃列日涅夫（Leonid Brezhnev）将军于 1982 年去世后，在随后的几年里，苏联的领导层不知何去何从，直到 1985 年米哈伊尔·戈尔巴乔夫（Mikhail Gorbachev）成为苏联共产党总书记。戈尔巴乔夫认识到计划体制使经济停滞不前，于是开始慢慢放弃计划体制，重新回到类似列宁时代的混合经济（第 10 章所描述的"新经济政策"），但是当时的国际环境已不再是 20 世纪 20 年代的国际环境。尽管如此，他的改革政策还是带来了变化，由于开放政策（glasnost）和经济改革（perestroika），冷战得以结束。1987 年美国、苏联签署了销毁中程核武器的条约，使苏联重新回归民主成为可能。1990 年 9 月，戈尔巴乔夫当选苏联领导人；同年 10 月，他被授予诺贝尔和平奖。

但是，戈尔巴乔夫却无力掌控国内局势，并于 1991 年年底宣布辞职，苏联国内经济则继续走向崩溃[③]。鲍里斯·叶利钦（Boris Yeltsin）的上台带来了"短暂的自由化"（instant liberalization），我们在此不做过多解释，[④] 但是它引发了苏联深度的系统性衰退，随后在 1998 年又导致了另一场严重危机[⑤]。直到 1999 年，俄罗斯经济才重新开始增长，尽管严重依赖于以石油和天然气为主的原材料出口。直到 2007 年，俄罗斯的人均收入才恢复到 1989 年的水平，但又立即遭受了全球金融危机的影响。这就解释了为何自斯大林去世后一直

---

① Harrison, *The Rise and Fall of the Soviet Economy*.

② Graziosi, *L'Unione Sovietica*.

③1991 年 12 月 26 日，苏联正式解体。——译者注

④ 除了之前所引用的文章，参见 Hanson, "The Economic Development of Russia"。

⑤ 1998 年 8 月俄罗斯爆发了金融危机，最终导致卢布大幅贬值，国债违约并暂停向外国债权人支付还款。——译者注

到 2010 年，俄罗斯相对于美国的人均收入并没有改善（见表 16.1）。俄罗斯人口的预期寿命大约为 66 岁，仍然明显低于许多其他国家，而且它还是世界上人口增长率最低的国家之一。俄罗斯的现代化之路才刚刚起步，其现代化并不是维持军事力量的手段，而是改善民生的手段。

16.4 觉醒的巨人：中国和印度

在第 1 章中，我们探究了为何是欧洲，而不是其他地区领导了世界经济的发展。中国甚至对模仿的过程都不感兴趣。发达的农业文明和广阔的国土面积使中国没有动力摆脱帝国统治的政治结构。儒家哲学支撑了这个垂直社会，在这个社会中，对社会等级制度的效忠、服从和遵守是和谐生活的基本原则。建功立业的观念非常普遍，但商人的经济活动仍处于边缘地位，因为皇帝和农民阶层之间的联盟是中国古代社会的核心。清政府极其缺乏远见，正是在这段时期，中国的发展停滞不前，输掉了与外国列强的战争。1911 年，由孙中山领导的革命党首先在中国南方发动起义[①]，并于 1912 年宣告"中华民国"（Republic of China）正式成立。中国共产党创建于 1921 年，在抗日战争结束后，由毛泽东领导的共产党军队与国民党军队展开了内战，战争持续至 1949 年，最终中国共产党获得了胜利。

中华人民共和国最初决定遵循苏联的计划经济体制，并启动了主要基于基础设施建设的第一个五年计划；以及第二个五年计划，旨在扩大重工业，并试图实现农业集体化。在此之后，全国经历了"三年困难时期"。中国在 20 世纪 50 年代末中断了与苏联的联系。随后爆发了"文化大革命"（1966—1976）。对于中国而言，这是一次巨大的、不可持续的冲击。

1976 年，中国与西方重新恢复邦交，中国的经济也开始发生改变。最初发展较慢，随后则迅猛发展。农业实现了自由化，不再由国家经营，而是采用家庭联产承包责任制。中国意识到引进技术的必要性，并建立了经济特区

---

① 即 1911 年 4 月在广州爆发的广州起义。——译者注

（Special Economic Zones，SEZs），使外国投资和对外贸易成为可能。从那时起，对外开放和民营浪潮席卷全国。1992 年，中国正式提出经济体制改革的目标是建立社会主义市场经济体制，中央计划经济被混合经济所取代，所有企业都必须接受市场的检验，不论是外国企业、合资企业、民营企业还是国有企业。

中国的统计数据整理起来并不容易。中国企业中，存在一定比例的国有企业。社会主义市场经济不仅使中国发挥了更大影响力，而且它还遵循了中国上千年的传统，自上而下地引导经济发展。到目前为止，中国经济还没有发生过重大问题，未来仍有待观察。

中国的金融体系进行了深刻的改革。早期的人民银行在 20 世纪 80 年代初转变为一家中央银行和四家专业银行。20 世纪 90 年代中期，中国金融系统实现了对通货膨胀政策的控制。自 1994 年中央银行制度完善以来，中国的货币政策一直相当稳定，当出现通货膨胀苗头时，就会出台重要且及时的干预措施。

这些改革使中国开启了重要的工业化进程（2010 年，中国的制造业创造了近半数的国内生产总值），大量商品被销往国际市场，实现了人均国内生产总值惊人的增长率（见表 16.1）。[1] 中国取得成功的主要原因之一是中国（以及大多数东亚国家，但不包括南亚国家或印度，后面我们将会看到）可以相对容易地对人力资本进行投资。[2] 中国为提升教学质量、建设研究实验室和综合性大学做出了巨大努力，特别是在科学领域，1995—2007 年，中国的研究人员数量翻了一番，研发支出占国内生产总值的比例从 0.5% 上升至 1.42%，许多科技园也建立了起来。

但是中国仍然面临许多挑战：资本市场、消除各地区的城乡差距、市场监管、人口增长、推动国内消费、可持续的福利体系（尤其是养老金）、污染，以及原材料和粮食的采购。但是由于中国已经表现得十分出色，世界不再由

----

① 2001 年，中国成功加入了世界贸易组织。

② Chow, *Interpreting China's Economy*.

西方世界所主宰。

与中国相比，印度有一段截然不同的历史。印度没有中国的团结和统一，其国内情况更加纷繁复杂和多灾多难。正如经济学家阿马蒂亚·森（Amartya Sen）所指出的那样，印度的商业活动有着悠久的传统，最早的记录来自公元前3世纪考底利耶（Kautilya）的一部著名作品，其中谈到了工作、利润、投资，以及对商业和农业活动的必要支持。[1] 然而，由于印度无法建立中央集权的政府和军队来抵挡外来入侵，许多地方被占领，其中中亚人统治了北方，来自中东的穆斯林则统治了沿海地带。整个15世纪至16世纪，印度被划分为几个苏丹国[2]，与阿拉伯地区和意大利商人的贸易十分繁荣。1556年，这些苏丹国被统一为莫卧儿帝国，这一局面一直持续到1739年。印度继续沿着沿海地区商业化的方向发展，以此来促进制造业，特别是纺织业的发展，但是内陆地区十分落后。随着末代皇帝的去世，印度重新分裂为几个苏丹国，这使得英国东印度公司（见第2章）可以更加轻易地进行商业渗透和征收消费税。最终，印度的贸易直接依附于英国，英国女王于1858年废除了东印度公司，并吸纳了其所有特权。

殖民化并没有解决印度农村地区的问题。印度密集的人口意味着印度人民始终处于生产不足的状态，无力应对持续困扰该国的饥荒。1765—1858年间一共发生过12次饥荒，而在1858—1947年英国结束统治期间，则发生了20次饥荒。但是，英国对印度的统治在工商业领域却并没有那么失败。印度当地的企业家们不断积累财富和专业知识，以至于到了印度独立的时候，他们已经掌控了印度大约70%的经济活动。[3] 另外需要注意的是，英国政府并没有废除影响印度的种姓制度。直到印度独立后，新宪法才正式废除了种姓制度，但实际上如今它依然存在。1947年，甘地的非暴力抵抗运动使印度最终成为共和立宪制（constitutional republic）国家，并最终承认1947年巴基斯

[1] Sen, *The Argumentative Indian*.

[2] 其中包括德里苏丹国（Delhi Sultanate，1206—1526）和孟加拉苏丹国（Bengal Sultanate，1338—1576）。——译者注

[3] Bhagwati & Panagariya, *Why Growth Matters*.

坦的独立和 1971 年孟加拉国的独立。在经济上，一个严格的自上而下的计划经济体制被建立起来，政府通过广泛的干预对企业进行管理（工业提供了大约 70%—80% 的就业）。这种经济体制并没有取得积极的成果（见表 16.1），却被一直维持至 1980 年。印度从未正式放弃市场机制，政府仍然秉承民主的精神，但带有一种印度色彩（从甘地本人开始，印度领导人很少可以善终）。随着中国实行改革开放，印度也到了做出改变的时刻，但是直到 1989 年之后印度才迎来了真正的转折点。

印度在许多方面实现了自由化，外国投资和金融领域逐步开放。这些可以提高印度的经济增长率，但仍然比不上中国，[1]部分原因是印度的工业化在中国的工业化之前很早就已经停止了，第三产业和农业部门以极低水平的生产力吸纳了大部分的劳动力。如今，印度大约有一半的人口仍在从事农业。尽管在独立之后印度再也没有发生过饥荒，但是农村地区的受教育水平和技术应用水平仍然很低。近年来印度在种子库采选、灌溉和引进更耐受当地气候的转基因品种方面取得了一定的进展。

印度在工业领域有一些大型企业，但绝大部分劳动力还是受雇于出口廉价商品的中小企业，尤其是纺织业，在所有行业中我们应该提到印度十分活跃的电影产业"宝莱坞"（Bollywood）。印度的服务业比较特殊，因为印度可以为全世界的公司提供低成本的计算机与其他信息服务，也因此吸引了大量的外国投资。如今，印度仍然面临许多严重的问题[2]：受教育水平很低，全国有三分之一的人口是文盲；人口的预期寿命是 64 岁；种姓观念依旧存在；妇女仍然未能受到良好的对待，尽管有些妇女在政坛中已经身居高位；除了严重的经济不平等[3]，绝对贫困（基本生活水平线以下）的比例仍然很高，大约占总人口的 20%。正如表 16.1 所示，印度的现代化之路依旧漫长。

总之，值得重申的是，亚洲经济体的崛起作为 21 世纪最重要的发展，大

267

---

① Rodrik & Subramanian, "From 'Hindu Growth' to Productivity Surge".

② Jalan, *The Future of India*.

③ Banerjee & Piketty, *Top Indian Incomes, 1922–2000*.

多建立在模仿西方模式的基础之上。这些亚洲国家和地区比其他国家更为成功，可以归因于复杂的历史传承和相互关联的文化。在这些国家和地区中，社会凝聚力和政府所扮演的积极角色使它们能够把握文明进步的关键：使自身参与到人员、商品和资本的全球流动当中。

第 | 17 | 章

第二次重大国际危机
和增长的极限

 新自由主义的崛起和美国银行业危机

在第 14 章中，我们概述了美国金融体系"去监管"的过程。这个过程导致了巨型银行的出现，以及越来越复杂的金融创新。这些使得世界上任何一个角落的短期资本都可以快速地流动起来，通过强大的计算机支持，人们能够以前所未有的速度下单和买卖订单，官方却很少进行干预。即使存在干预，金融机构也可以通过所谓的场外交易（over the counter）来规避，这些操作仅在交易完成时被记录在账户中；甚至可以通过特殊目的公司（特殊目的载体，special purpose vehicles，SPV）[①] 来躲避监管，因为从形式上它们不是银行。欧洲的银行纷纷效仿，将杠杆推升至远超可持续的水平（30 至 40 比 1），在某些情况下甚至近乎无限杠杆，意味着实际所使用的资本几乎为零。

这一切如何成为可能？从根本上应当归因于新自由主义的经济理论。基于这种理论，市场能够进行自我调节，信用风险下降至近乎消失的程度，它们不再保留原来的形式，而是分散给了大量的债务人和债权人。基于这些前提[②]，一套强大的建模系统被建立起来，同时建立者还获得了诺贝尔经济学奖

---

① 这些公司形成一个"影子银行系统"（shadow banking system），据估计在 2011 年，美国影子银行的规模大约为 16 万亿美元。

② Zamagni, "The Lesson and Warning of a Crisis Foretold".

提名；新自由主义的经济理论为金融机构不加限制的行为提供了理论基础，并让官方认为对其放松管制是正确的。如果我们在此基础上再加上长久以来的观点，即公司的目标是实现股东利润最大化，那么就可以理解为什么银行会纷纷涌向无担保贷款、100% 的房屋抵押贷款，以及国际资本转移，试图无情地利用国家（通过公共债务或货币）或公司的弱点攫取利润。衍生金融市场的规模从 1998 年的 80 万亿美元猛增至 2007 年的近 600 万亿美元，相当于全球国内生产总值的 10 倍以上（见表 17.1）。只要系统之间相互打通，金融机构就可以获得丰厚的利润[1]，同时这让金融机构和投资者们相信，它们发现了一种无须工作就能致富的新途径：金融市场。这甚至诱导非金融企业通过将资金从生产性投资转向金融来增加其微薄的利润。

表 17.1　1998—2013 年金融衍生品的发展

时间	衍生金融（万亿美元）	全球 GDP（万亿美元）	衍生金融市场规模 /GDP
1998	80	31	2.6
1999	88	32	2.8
2000	95	33	2.9
2001	111	33	3.4
2002	142	34	4.2
2003	197	38	5.2
2004	252	43	5.9
2005	298	46	6.4
2006	415	50	8.3
2007	596	56	10.6
2008	548	62	8.9
2009	604	59	10.3
2010	601	64	9.4
2011	648	71	9.1
2012	632	72	8.8
2013	710	74	9.6

注：可能存在进位误差。

数据来源：国际清算银行。

---

[1] 甚至到了这样一种程度：在危机爆发前，美国每年 40% 的利润来自金融行业。

在讲述 2007—2008 年系统性的崩溃之前，我们应当回顾一下，即便是在 20 世纪 90 年代，我们也曾亲历了放松金融管制带来的危机。当系统失灵时，或许只是暂时的，其会在全世界范围内引发严重的金融危机。保罗·克鲁格曼（Paul Krugman）描述了 1990 年欧洲金融市场自由化后的一系列危机。[1] 正如第 15 章中所详细描述的那样，1992 年，欧洲货币体系中的几种货币遭到了投机性狙击，这些货币最终被迫退出体系，这些货币的国家启动了强化本国财务状况的计划。在同一时期，日本经历了猛烈的金融危机（主要是内部危机）（见第 16 章）。在 1994—1995 年期间，委内瑞拉、巴西和墨西哥也爆发了金融危机（被称为"龙舌兰酒"效应[2]），这些国家都存在严重的财政失衡。1997—1998 年，亚洲金融危机紧随其后（印度尼西亚、马来西亚、菲律宾、韩国和泰国），发生的主要原因是这些亚洲国家脆弱的金融体系，而非增长强劲的实体经济。1998 年，金融危机蔓延至俄罗斯，当时它正在从苏联解体所引发的危机中复苏。最终在 2002 年，由于与美元挂钩的比索被高估，阿根廷爆发了金融危机。

　　在上述的每一次事件中，各国政府都采取了临时性的干预措施，却从来没有将这些事件联系起来并反思它们的共同特征，而这原本可以对全球金融的审慎监管提出建议。[3] 许多人都清楚，全球金融市场的自由化已经将投机所造成的负担转嫁给了当时那些脆弱且无力抵抗的经济体，甚至包括美国在内，从而带来了广泛的破坏。这需要国际组织设法解决，但是采取的措施却并没有消除导致这些事件反复发生的根本原因。美国经济在崩溃事件发生前也陷入了投机泡沫，这为那些意识到金融正在变得过分投机的人们提供了更多的证据。美国陷入的是"互联网泡沫"。在这场泡沫中，新技术公司的价值不断

---

① Krugman, *The Return of Depression Economics and the Crisis of 2008*.

② 20 世纪 90 年代开始，在金融市场迈向全球化的趋势之下，当某一地区或国家发生严重金融震荡甚至危机时，会对邻近地区乃至全球造成影响，媒体为增加报道的吸引力，便从此地区或国家取一代表物名直接冠于其上。当 1994 年墨西哥爆发严重的金融危机时，媒体便用当地著名的代表物"龙舌兰酒"作为名号，在此之后人们普遍将此次金融危机称为"龙舌兰酒效应"（Tequila Effect）。——译者注

③ 有关 1929 年危机与亚洲金融危机在经济层面的重要比较，参见 Eichengreen, *Hall of Mirrors*。

被高估，最终在 2001—2002 年间泡沫破裂。再加上 2001 年 9 月 11 日世界贸易中心的袭击事件，导致了一波失业浪潮，美国政府通过降低利率来应对，却为下一场泡沫埋下了隐患。

人们认为是局部的金融危机引发了全面的崩溃，但这种路径在很大程度上是经济学界无法预料的。我们目前所知的是，引发危机的诱因是所谓的次级抵押贷款（subprime mortgages）的不可持续性，这种贷款被提供给了信用记录差的个人，因此存在较高的违约风险。由于这些抵押贷款十分普遍且很容易获得，大量低收入家庭通过此贷款购买住房，从而导致了房屋价格的上涨。然而，当出现大量的还款违约事件后，银行试图通过出售抵押房屋来收回贷款时，房价暴跌，许多金融机构——其中甚至包括一些最大的机构——走向了破产。那时，建立在次级抵押贷款之上的巨大的空中楼阁的基础动摇了；许多其他更高风险的操作也卷入其中，从而引发了比危机出现时更具灾难性的多米诺骨牌效应。系统的不透明使泡沫的规模直至严重的间接危害显露时方才变得清晰起来。银行自身并不知道其同行持有多少"有毒的"证券（价值接近于零的证券），于是停止发放短期贷款，而短期贷款支撑了银行的许多业务，这最终导致不必要的破产成倍地增加。

那些完全遵循了美国模式的欧洲国家，如英国、冰岛和塞浦路斯开始出现类似的危机迹象。爱尔兰和西班牙出现了普遍的房地产投机现象。我们将看到，葡萄牙、希腊和意大利发生的事件各不相同。但是，遵循美国模式的欧洲各个银行都遭受了同样的后果。

正如各方评论员所言，[1] 我们必须强调这次危机的根源是一个鼓励个人去承担超出合理范围的债务的金融体系；它在引发严重的公共债务危机之前就已经存在很久了，而后者只是救市所带来的结果，我们将在下一节中讨论这个话题。

---

[1] Vague, *The Next Economic Disaster*.

17.2 国家债务如何避免出现类似 1929 年的崩溃

由于投机泡沫出现在私人银行体系中，因此许多人宁愿看到这些造成投机泡沫的银行破产。但是，政府十分清楚，银行破产会对经济造成成倍的毁灭性打击（见第 11 章），而当下没有任何政客愿意承担这个责任。因此，所有政府都决定启动实质性的救市行动，只有雷曼兄弟（Lehman Brothers）这一例外，它的破产导致了整个事态的恶化，因此雷曼兄弟遭到广泛的批评。但这次事件其实是可以避免的，因为实际上雷曼兄弟遇到的只是流动性问题，其并没有失去偿债能力。雷曼兄弟公司由雷曼兄弟三人于 1847 年成立，长期以来一直专注于原材料贸易，直到 1906 年与高盛（Goldman Sachs）合作后，才开始从事证券交易。雷曼的最后一位后裔于 1969 年去世，从那之后，公司通过并购不断壮大，名称也频繁变更，最终成为美国第四大投资银行。经历了 2001 年恐怖袭击的影响后，雷曼兄弟以非常激进的手段实现了触底反弹，最终其所从事的次级抵押贷款超出了审慎的数量。雷曼兄弟不断用会计手段掩盖其困难，到了 2008 年 8 月，这种情况再也无法持续。不同于其他金融机构，有多种原因导致了雷曼兄弟没有找到"安全港"（safe harbour）。2008 年 9 月 15 日，雷曼兄弟被迫宣布破产，其银行债务为 6130 亿美元，债券债务为 1550 亿美元，其所声称的无法立即收回的款项为 6390 亿美元。这是美国历史上最大的一宗破产事件。

甚至以反对救市而著称的美国政府也无法接受这次破产事件，因为它可能会引发其他类似的破产。美国国会在 2008 年 10 月 3 日紧急通过了不良资产救助计划（Troubled Asset Relief Program，TARP），允许动用 7000 亿美元——后来被美国财政部缩减至 4750 亿美元——进行救市。再加上其他渠道（特别是美联储）所提供的资金，救市资金总计 27,920 亿美元。其中，16,500 亿美元用于救助两家从事次级贷款的半公共银行房利美（Fannie Mae）和房地美（Freddie Mac），2560 亿美元用于半公共保险公司美国国际集团（AIG），其余用于 1000 家包括摩根大通（J.P. Morgan）、美国银行（Bank of America）

和花旗集团（Citigroup）在内的金融机构。表17.2列出了欧洲各国政府所实施的干预措施（统一的计划直到2014年才正式实施）。值得注意的是，英国、爱尔兰和冰岛的银行得到了大力支持，德国、荷兰和比利时政府的救市规模也很大。[①] 所有这些国家的公共债务飙升，包括美国在内。意大利、希腊和西班牙并没有受到这次危机的影响，它们所遇到的问题是由欧元危机引发的，我们将在下一节中进行讨论。

表 17.2　2010 年之前欧洲各国政府对银行救市的资金

国家	金额（10 亿欧元）	涉及机构数量（个）
奥地利	28	8
比利时	142	6
丹麦	33	59
法国	85	8
德国	417	13
英国	901	18
希腊	3	9
爱尔兰	105	6
冰岛	1	3
意大利	4	4
卢森堡	7	4
荷兰	143	14
葡萄牙	6	7
西班牙	11	2
瑞士	43	1

数据来源：Mediobanca, *Piani di stabilizzazione finanziaria*.

这场金融海啸对实体经济的影响不久便到来了。金融行业裁员、信贷紧缩、许多国家的需求下滑、福利国家难以维持收入，所有这些都极大地降低了投资和消费，全球经济开始陷入下滑的恶性循环。一些国家对银行进行纾困并采取反周期措施，这无疑减少了金融危机对全球经济的影响，但是却无

———————

① 随后塞浦路斯也爆发了危机，其银行资产达到 GDP 的 7.8 倍。

法完全消除所有的困难，部分原因是在 2010—2011 年，当金融泡沫问题似乎已经得到解决时，欧元危机爆发了。

 ## 17.3 欧元危机

当上述银行业遇到的危机逐渐明朗之时，一系列严重的问题却在欧洲酝酿，甚至包括了那些尚未处于银行破产第一线的国家。在银行业危机爆发之前，欧元作为单一货币投入使用。这导致采取工资约束并重视生产流程竞争力的国家和没有这样做的国家之间产生了差异。后者的国际收支逆差和公共预算赤字（通常作为一种补偿方式）不断增加，形成很高的公共和私人债务。2009 年 10 月，希腊政府透露其财政预算赤字占国内生产总值的 12%，极高的债务水平导致利率暴涨，政府无法为其债务融资。2010 年年初，欧洲央行首次尝试通过"证券市场计划"（Securities Market Programme，SMP）来打击投机活动。该计划实际上意味着购买政府债券，但由于德国的反对，实际购买数量很少。与此同时，爱尔兰和葡萄牙的利率也经历了快速上涨，导致其政府无法再为其债务进行再融资。2010 年，欧盟委员会、欧洲理事会和欧洲议会最终达成协议，推动建立一个新的欧洲金融监督体系（European System of Financial Supervision），并于 2011 年正式生效。但是该体系旨在防范风险，而非对已经出现的风险进行补救。

2011 年，欧盟、欧洲央行和国际货币基金组织（"三驾马车"）制订计划和提供资金，以希腊和爱尔兰接受经济重组计划为条件，实施特别救市干预。12 月，时任欧洲央行行长的马里奥·德拉吉（Mario Draghi）启动了一项总规模达 1 万亿欧元的银行再融资计划，即长期再融资操作（Long Term Refinancing Operation，LTRO），其中一部分将被银行用来购买本国政府债券。2011 年年底，另外两个国家由于各自不同的原因也遭遇了困难：西班牙面临巨大的房地产泡沫后遗症；意大利——自 20 世纪 90 年代以来一直维持着很高的公共债务，需要不断为其融资——由于无法继续增加财政预算赤字，无力遏制国内需求的下滑。尽管这两个国家可以避免"三驾马车"的外部干预，

但它们的困境却危及欧元的生存。

此时很显然，由于无力应对欧洲事件所造成的严重通货紧缩，欧洲央行理应受到严重质疑。这为那些深陷困境的国家退出欧元区提供了有力的依据，同样也为投机者用资本押注哪些国家将退出欧元区提供了充分的理由。2012 年后来被证明是挽救欧元最关键的一年。2012 年欧洲稳定机制①（在接下来的 10 月正式生效）的协定在 2 月签订，3 月签订了《欧洲财政协定》②（European Fiscal Compact，于 2013 年 1 月正式生效）。欧洲稳定机制是一个常设机构，其主要职责是为紧急危机事件寻找解决方案。《欧洲财政协定》将关注点放在了公共财政问题上；它规定了各国的赤字和债务的强制性指标，以便在中期重新实现公共财政平衡，同时它还对提升各国生产力的结构改革提出了要求。但是，所有这一切对于市场而言似乎并不够。随后，在2012 年 7 月 26 日伦敦举办的全球投资会议上，德拉吉为了回应英格兰银行行长对欧元的严厉指责，发表了著名的讲话：

我想传达的第一个信息是，欧元要远比今天人们所认为的强大得多……当人们谈论欧元的脆弱以及变得愈发脆弱，甚至可能是欧元危机时，非欧元区国家或领导人常常低估了在欧元上所投入的政治资本的数量。我们会这样看，我并不认为我们是毫无偏见的观察者，我们认为欧元是没有回头路的。如今这并不是一个空头承诺，因为我之前曾确切地谈到我们已经采取，以及即将采取的措施，但是，我还想告诉您另外一个信息。在我们的权力范围内，欧洲央行已经准备好采取一切措施来保护欧元。相信我，这就够了。③

8 月 2 日，德拉吉正式实施了直接货币交易（Outright Monetary Transactions，

---

① 实际上，早在 2010 年就已开始筹划建立相关基金，但预算要少得多。

② 正式名称为《经济货币联盟下的稳定、协调和治理条约》（Treaty on Stability, Coordination and Governance in the Economic and Monetary Union），亦简称为"财政稳定条约"。——译者注

③ Draghi M. Verbatim of the remarks made by Mario Draghi［N/OL］. 2012-07-26［2017-04-01］. www.ecb. europa.eu/press/key/date/2012/html/sp120726.en.html.

OMT）计划，规定欧洲央行可以购买陷入困境的国家的国债，这些国家同意在情况发生好转后回购这些债券。该计划的宣布扭转了人们对于欧元将要失败的预期。问题真正的关键是德国（还有其他几个欧盟国家）一直以来反对购买此类债券，正如它始终反对发行欧盟公共债券一样。因此，德拉吉必须耐心地规避这一点，并采取果断行动，直接货币交易计划最终取得了成功，尽管很显然本质上只是钱的问题。最后推出的一项措施是银行业联盟（Banking Union）。在 2013 年进行了长时间的准备后，银行业联盟于 2014年 11 月正式成立。联盟规定赋予欧洲央行对欧元区 130 家"系统性"银行的直接控制权，而其他银行仍处于各国的监管之下，并且彼此保持一致；与此同时，它还建立了带有附属基金的共同危机解决机制。2015 年 1 月，德拉吉效仿美联储推出了量化宽松（Quantitative Easing，QE）政策，通过注入流动性来应对通货紧缩。至此我们看到，表现越来越积极的欧洲央行已经可以充分地发挥其作用。

此时，欧洲央行不再是没有干预手段的中央银行，正如 1929 年危机之后的美联储一样，但是德拉吉一再澄清，更加积极的货币政策不足以使欧洲摆脱全球危机所带来的困难。实体经济中存在的其他问题必须通过其他政策加以解决。然而，将公共财政依照《欧洲财政协定》纳入欧盟管理并不容易，因为各国政府必须通过减税和增加开支以应对危机。这也是"紧缩"之所以招致严厉批评的最重要的原因。稳健的预算是不可或缺的，但是在危机的情况下，实行稳健的预算似乎是最不明智的选择。欧盟各国直到 2014 年才意识到这一点，然后它们向欧盟提议，要求其在投资方面提供更多的支持，但是直到 2016 年这一问题仍未解决。

17.4 危机背后的原因

到目前为止，导致 2008 年金融危机及其在欧洲的延续，以及欧元危机的直接原因已经很清楚了。作为资本主义的第二次重大危机，反思其更深层的结构性原因，以及它可以告诉我们的有关当下世界的状况显得更加重要。

首先，我们应当注意到分配不平等的加剧。这同样发生在 1929 年危机爆发之前，但是 2008 年危机之后，分配不平等更为显著和普遍（图 11.1 反映了 2011 年美国 1% 的人掌握了 20% 的社会财富[1]），以至于绝大多数人的生活水平已经不再改善。不平等加剧本身就足以解释当下的许多问题，包括消费品的需求增长不足、为扩大产能进行的投资停滞，以及期望高回报（因此愿意承担更高风险）的金融活动的投机资本泛滥。接下来还有另外两个重要影响：其中一个影响是实体经济缺乏投资，阻碍了熊彼特周期[2]中的创新周期。有些人认为，我们已经进入一个相当漫长的停滞阶段[3]，这是因为缺乏足够的创新来维持增长周期，但这并不只是产生创新的过程本身出现了困难，同样也可以是缺乏投资所导致的结果。另一个影响是由于精英阶层从事金融活动，[4]他们反对旨在限制金融活动的监管，因为监管会影响他们的利润。这两个影响形成了一个恶性循环：金融活动的风险越高，产生的动荡就越大，实际投资就越少，后者意味着更多的经济停滞，以及将收入用于投机的更大动机。

其次，我们观察到国际收支的严重失衡，它导致了全球的不稳定和困境。凯恩斯早就考虑过这个问题。在布雷顿森林会议上，凯恩斯提议建立全球清算联盟，以监控和解决国际收支失衡；其目的是避免因有些国家故意长期拖延赤字或对于消除盈余无动于衷所造成的有害影响。正如第 13 章所述，凯恩斯的提议并没有得到采纳。只要金本位制还有效，问题就不会特别严重。随着金本位制的取消，没有了再平衡机制的规定，一些国家积累了大量盈余，而另一些国家却始终存在赤字（例如美国）。那些国际收支盈余的国家要么用这些盈余来为其他赤字国家提供资金，从而造成了有害的结果；要么建立了"主权财富基金"（sovereign wealth funds），购买世界各地的证券和房地产，这再一次让世界变得不稳定。这是国际货币基金组织一直无法解决的问题。

---

① 在欧洲和其他发达经济体中，不平等现象加剧的情况有所减少，但也仍然在发生。在发展中国家，不平等现象通常更为显著。有关该问题的综合讨论，参见 Piketty, *Capital in the Twenty-First Century*。

② 即熊彼特于 1936 年提出的以技术创新为基础研究经济周期运动的理论。熊彼特认为，现实资本主义经济运行中存在着"繁荣""衰退""萧条"和"复苏"四个阶段。——译者注

③ Teulings & Baldwin, *Secular Stagnation*.

④ 各方评论家都在严厉批评当前精英的"寻租"心态，其中包括 Ferguson, *The Great Degeneration*。

最后，导致危机的另一个结构性原因与所谓的"无就业增长"（jobless growth）有关。历史上曾经在农业中发生的事情现在正在工业中上演：通过用机械、计算机程序和机器人取代劳动力，生产力得到了提高，以至于当投资和需求出现复苏时，就业只是略有增长，而从业人员的比例却下降了。发达国家几乎只在服务业中创造新的就业岗位。但是，服务业包括许多不同的活动，它们是以非常不同的生产流程在进行。不妨想一下，一方面铁路运输领域有几家大型企业，另一方面众多的咖啡店和餐厅则是由几个人独立经营的。大部分服务业企业具有一种重要的关系维度，适合家庭或合作社进行管理。拓展能够提供的服务种类是解决"无就业增长"的关键。

更普遍地来讲，还有其他一些更为严重的因素制约了我们的增长模型，例如环境和人口问题，我们在这里只能简单提及。对于环境，人们担忧的不仅有要给不断增长的全球人口生产足够的粮食，还有威胁人类定居的全球变暖和气候变化所造成的影响。从人口的角度来看，发达国家人口下滑和发展中国家人口仍在增长的截然不同的趋势，暗示着存在巨大的动荡和大规模人口外流的潜在危险。这些外流人口主要流向了欧洲，对他们流动的管控逐渐成为国际关系领域最为迫切的问题之一：一方面是移民的人道主义需要；另一方面是对接受国的社会和经济资源，包括福利体系所带来的压力。如何平衡这两者，还有待进一步确定。①

---

① 有关这一主题有大量文献。在这里，我们只能提供一些最基本的参考资料，其中包括 Parsons & Smeeding, *Immigration and the Transformation of Europe*; Collier, *Exodus: How Migration is Changing our World*; Crepaz, *Trust beyond Borders*。

后　记

从中世纪城邦到当今世界经济的发展历程呈现出两个重要特征：创造力和探索精神的提升以及从本地到全球的转变。二者极大地提高了定居人口的流动。从农业社会向工业和第三产业社会的转型很好地体现了这一发展历程。基于自给自足的常规农业下的低产量，以及依附于土地之上的农民的辛勤劳作，使得社会中只有非常有限的一部分人（10%至20%）能够脱离农业生活。随着工商业的发展，更大范围的人口摆脱了成为农民的命运，他们在更具创造力和更加多变的环境中工作，生产力的提高足以产生更多的盈余，不仅提高了人们的生活水平，还为基础设施、文化、艺术、科学和教育提供了资源。

这是一个不可逆的过程，它本身是极其有益的，因为它赞同人类的尊严，为那些曾经被奴役、殖民或文明边缘化的人们提供了充分发展才华的机会。然而直到今天，许多人依然无法享有这种进步。战争、恐怖主义、贫困、腐败压迫着数百万人，这些都应当延缓我们对于所取得的进步的满足感。同时，经济发展机制的其他更为严重的问题，也应当引起我们的关注。

许多发达国家对于研究的投资不足，这预示着一个停滞的未来。模仿或创新都将不再发生，对于创新和创造尤为重要的多样性也因持续推进的全球化和同质化进一步减少。经济发展早期阶段的特征是解决稀缺性和增加数量的需要：越多越好。如今，数量却可以是致命的——肥胖、污染和浪费随处可见。社会当下所需要的是从数量转向质量，减少消费并以不同的方式进行

消费。有关公共品、准公共品和关系型公共品[1]短缺的问题需要得到解决。福特主义的成功给世界带来了大量的私人产品，但是要实现社会的繁荣，需要生产的不仅仅是私人产品。公共基础设施（物质层面和社会层面）、教育和健康，以及工作场所、家庭和更广泛的社会领域中的平等关系，对于公共福祉始终是最基本的。如果将一个人视为与其他材料和资本一样的生产要素，那么我们就被降级至商品的水平。

在发达国家和发展中国家中，处于社会顶层的人群正变得越来越富有，而社会底层群体的生活状况却没有改善，二者之间不断加剧的不平等必须引起我们所有人的关注。旨在缩小这一日益扩大的差距的公共政策要么是不存在的，要么是远远不够的。可以说，造成目前这种不平等状况的最重要的一个因素是世界上有太多的金融资产，既造成了用于实体经济和研究的资本的减少，也导致了短期投资占据主导的局面。我们必须加强对金融的监管，尽管这一目标很难实现。

不断扩大规模的企业对政治的影响力也越来越大，它们的市场力量只能由反垄断法加以限制（目前尚无全球性的反垄断机构）。在未来，当这些大企业能够朝着有利于它们的方向统治世界时，便会对我们构成威胁。随着研究越来越集中在这样的大企业中，这些企业所取得的创新大部分是为了其自身的利益。第三次工业革命所产生的普遍观点——技术可以解决人类的问题——已经阻碍了人们对生活中重要问题的思考。哲学被排除在外，人们曾经投入大量时间和精力致力于使人类更加幸福，如今却将这些精力投入了设计机器人和计算机，并使之从行动上，甚至是思想上超越人类。情感、亲密关系和人际关系，尽管它们还没有被完全取代，但它们之间却加入了人与机器的关系。

最后，我们必须抵制经济学将走向自我终结的诱惑。一直以来，人们都认为"赚钱"可以改善人们的生活，但是数百年来，"赚钱"只是达到其他目

---

[1] 关系型公共品（relational goods）指的是那些只能在群体中生产和消费的非物质产品，在这个群体中，人们通过联系和互动内在地联系在一起。最典型的例子是在体育场内进行足球比赛，在场上比赛的球队可以给体育场内的所有人带来兴奋和愉悦，他们所提供的就是一种关系型公共品。——译者注

的的一种手段。如今，经济学产生了其内生性的终结：消费。这种消费不是为了满足我们的需求或是支持我们的生活目标的消费，而是会引发更多消费的一种永无止境的循环。当下的经济学以利己的功利主义为前提，提出了一个虚拟的人，即"理性经济人"（homo economicus）。"理性经济人"所追求的目标是自我效用的最大化（私人产品的获取），而别无其他。世界上大多数经济模型都包含了这种假设，其结果是人类的道德和其他维度在经济思想中不再占有一席之地，①而个人或公司的利己主义却占尽了上风。尽管并非所有的学者都认同这种经济学范式——例如，人们正在努力恢复其他思维方式，比如"共和经济"和公众幸福感②——但是在主流经济思想和经济政策发生改变之前，人们需要对"理性经济人"所带来的灾难有更多的认识和理解。

最后，我想引用约翰·希克斯的一段话作为本书的结尾，约翰·希克斯于 1972 年获得诺贝尔经济学奖，成为最早获得该奖项的经济学家之一。在他1941 年发表的一篇文章中，他坚持认为经济学家不仅要学习经济学、统计学和商业（管理），还要学历史和政治。他用下面的两段话总结了自己的论点，我认为这些话对于今天仍然非常重要：

> 在经济学领域，过度的专业化更具有灾难性。一个只知数学的数学家可能会过着局促的生活，但他对别人没有任何伤害。一个只知经济的经济学家对他身边的人是一种威胁。经济学研究的不是其本身，而是对社会中人们生活的一个方面的研究。人们很少会单从经济的角度制定解决实际问题的政策。其他因素——政治问题（国内外）、管理问题、广义上的教育问题、道德问题

---

① 所有伟大的经济学家都清楚这一点。例如，凯恩斯设想人们"回归宗教和传统美德的一些最确定无疑的原则——贪婪是一种恶习，勒索高利贷是不轨行为，对金钱的热爱是可憎的，那些真正走在美德和理智道路上的人很少为将来考虑。我们将再次以价值为导向，而非手段，选择善行而非利益。我们应当尊敬那些能教会我们如何正直、善良地度过每一小时和每一天的人……"（Keynes, *Essays in Persuasion*.）

② 参见 Bruni & Zamagni, *Civil Economy*。（"共和经济"（civil economy）是政治经济学家路易吉诺·布鲁尼（Luigino Bruni）和斯特凡诺·扎马尼在借鉴了意大利古典共和主义传统的基础上，所提倡的一种更为人性化的经济——共和经济，将幸福、美德和共同利益与我们更为熟悉的经济目标（市场份额、提高生产率和竞争力等）放在一起。——译者注）

等——也总是需要被考虑在内。如今，如果指望一位经济学家可以假装只从经济的角度给出建议，而让其他专家出来填补与现实的差距，那简直是糟糕透了……①

　　当然不可以是这样，如果一位经济学家想在世界上发挥作用，他应当不仅仅是经济学家……李嘉图时代的经济学家很清楚应该提出什么样的建议：他们的建议有时是错误的，但并不是狭隘的；不仅仅基于经济推理，而且基于社会哲学。未来的经济学家……也会懂得从经济的角度提出什么样的建议，但如果他变得越来越专，就会与社会哲学的背景相脱节，他将会有真正的危险——变成一个用不正当手段谋取利益的商人，满脑子都是摆脱各种问题的妙招，却失去了与最朴素和最根本的美德的联系，哪怕仅仅是经济上的美德，而一个健康的社会必须立足在这些美德之上。现代经济学正在面临马基雅维利主义真实的危险——将各种社会问题作为纯技术问题来对待，而不是作为追求美好生活的不同面向。

---

① Hicks, "Education in Economics", 6–7.

参考文献

Abelshauser, W. "American Aid and West German Economic Recovery: A Macroeconomic Perspective", in C. Meier (ed.), *The Marshall Plan and Germany: West Germany Economic Development Within the Framework of ERP*, pp. 367–411. Oxford: Berg, 1991.

Abelshauser, W. "Germany: Guns, Butter and Economic Miracles". In M. Harrison (ed.), *The Economics of World War II*, pp. 122–76. Cambridge: Cambridge University Press, 2000.

Abramovitz, M. "Catching up, Forging Ahead and Falling Behind". *Journal of Economic History* (1986) 46:2, pp. 385–406.

Acemoglu, D. & J. A. Robinson. *Why Nations Fail*. New York, NY: Crown Business, 2012.

Acemoglu, D., S. Johnson & J. Robinson. "Institutions as the Fundamental Cause of Long-Run Growth". In P. Aghion & S. Durlauf (eds), *Handbook of Economic Growth*, v. 1A, pp. 385–472. Amsterdam: North-Holland, 2005.

Acemoglu, D., S. Johnson & J. Robinson. "The Colonial Origins of Comparative Development: An Empirical Investigation". *American Economic Review* (2001) 91, pp. 1369–401.

Acheson, D. *Present at the Creation: My Years in the State Department*. New York, NY: Norton, 1969.

Albert, M. *Capitalism Against Capitalism*. Hoboken, NJ: Wiley, 1993.

Aldcroft, D. *Education, Training and Economic Performance 1944 to 1990*. London: Routledge, 1992.

Aldcroft, D. H. & S. Morewood. *Economic Change in Eastern Europe Since 1918*. Cheltenham: Elgar, 1995.

Allen, R. C. "Agricultural Marketing and the Possibilities for Industrialization in the Soviet Union in the 1930s". *Explorations in Economic History* (1997) 34:4, pp. 387–410.

Allen, R. C. *The British Industrial Revolution in Global Perspective*. Cambridge: Cambridge University Press, 2009.

Allen, R. C. *Farm to Factory: A Reinterpretation of the Soviet Industrial Revolution*. Princeton, NJ: Princeton University Press, 2003.

Allen, R. C., T. Bengtsson & M. Dribe (eds). *Living Standards in the Past*. Oxford: Oxford University Press, 2005.

Allinson, G. *Japan's Postwar History*. Ithaca, NY: Cornell University Press, 1997.

Amato, G. *Antitrust and the Bounds of Power: The Dilemma of Liberal Democracy in the History of*

the Market. Oxford: Hart, 1997.

Amatori, F. & A. Colli. *Business History: Complexities and Comparisons.* London: Routledge, 2011.

Aoki, M., G. Jackson & H. Miyajima (eds). *Corporate Governance in Japan: Institutional Change and Organizational Diversity.* Oxford: Oxford University Press, 2007.

Aoki, M. & H. Patrick. *The Japanese Main Bank System.* Oxford: Clarendon Press, 1994.

Armitage, D. & S. Subrahmanyam (eds). *The Age of Revolutions in Global Context, 1760–1840.* Basingstoke: Palgrave Macmillan, 2010.

Atkinson, A. B. *The Economic Consequences of Rolling Back the Welfare State.* Cambridge, MA: MIT Press, 1999.

Ayres, R. L. *Banking on the Poor: The World Bank and World Poverty.* Cambridge, MA: Harvard University Press, 1983.

Bacci, M. L. *A Concise History of World Population,* sixth ed. Chichester: Wiley, 2017.

Bacci, M. L. *A Short History of Migrations.* Cambridge: Polity, 2012.

Bacci, M. L. *Population and Nutrition.* Cambridge: Cambridge University Press, 1991.

Baccini, A. & M. Vasta. "Una tecnica ritrovata: interlocking directorates nei rapporti tra banca e industria in Italia (1911–1936)". *Rivista di Storia Economica* (1995), pp. 221–51.

Bairoch, P. *Economics and World History: Myths and Paradoxes.* Chicago, IL: Chicago University Press, 1995.

Balderston, T. *The Origins and Course of the German Economic Crisis, 1923–1932.* Berlin: Haude & Spener, 1993.

Baldwin, R. & C. Wyplosz. *The Economics of European Integration.* New York, NY: McGraw Hill, 2015.

Banerjee, A. & T. Piketty. *Top Indian Incomes, 1922–2000.* London: CEPR, 2002.

Barkai, H. *Nazi Economics: Ideology, Theory and Politics.* Oxford: Berg, 1990.

Baten, J. (ed.). *A History of the Global Economy 1500 to the Present.* Cambridge: Cambridge University Press, 2016.

Battilani, P. & H. Schröter (eds). *The Cooperative Business Movement, 1950 to the Present.* Cambridge: Cambridge University Press, 2012.

Baum, W. C. *Investing in Development: Lessons of World Bank Experience.* New York, NY: Oxford University Press, 1985.

Baumol, W. J., R. R. Nelson & E. N. Wolf. *Convergence and Productivity.* Oxford: Oxford University Press, 1994.

Becattini, G., M. Bellandi & L. De Propis (eds). *A Handbook of Industrial Districts.* Cheltenham: Elgar, 2009.

Belussi, F. & A. Sammarra (eds). *Business Networks in Clusters and Industrial Districts: The Governance of the Global Value Chain.* London: Routledge, 2009.

Bentham, J. *An Introduction to the Principles of Morals and Legislation* [1780]. Oxford: Clarendon Press, 1907.

Berend, I. T. *Central and Eastern Europe, 1944–1993.* Cambridge: Cambridge University Press, 1995.

Berend, I. T. & G. Ranki. *Economic Development in East-Central Europe in the Nineteenth and*

Twentieth Centuries. New York, NY: Columbia University Press, 1974.

Berghahn, V. (ed.). *Quest for Economic Empire: European Strategies of German Big Business in the Twentieth Century*. Providence, RI: Berghahn, 1996.

Bhagwati, J. & A. Panagariya. *Why Growth Matters: How Economic Growth in India Reduced Poverty and the Lessons for Other Development Countries*. Bangalore: Public Affairs Center, 2014.

Bhattacharyya, S. C. *Energy Economics: Concepts, Issues, Markets and Governance*. Heidelberg: Springer, 2011.

Bolt, J. & J. L. van Zanden. *The First Update to the Maddison Project: Re-estimating Growth Before 1820*. Maddison Project Working Paper 4. Groningen: Groningen Growth and Development Centre, University of Groningen.

Booth, A. E., & S. Glynn. "Unemployment in the Interwar Period: A Multiple Problem". *Journal of Contemporary History* (1975) 10:4, pp. 611–36.

Borchardt, K. & A. Ritschl. "Could Brüning Have Done It? A Keynesian Model of Interwar Germany 1925–1938". *European Economic Review* (1992) 36:2–3, pp. 695–701.

Borchardt, K. *Perspectives on Modern German Economic History and Policy*. Cambridge: Cambridge University Press, 1991.

Bordo, M. & B. Eichengreen (eds). *A Retrospective on the Bretton Woods System*. Chicago, IL: Chicago University Press, 1993.

Borzaga, C. & L. Becchetti (eds). *The Economics of Social Responsibility: The World of Social Enterprises*. London: Routledge, 2012.

Borzaga, C. & J. Defourny. *The Emergence of Social Enterprises*. London: Routledge, 2004.

Boyce, R. *The Great Interwar Crisis*. Basingstoke: Palgrave Macmillan, 2009.

Bradley, J., G. Petrakos & J. Traistaru (eds). *Integration, Growth and Cohesion in an Enlarged European Union*. Berlin: Springer, 2010.

Brandes, D. S. *American Welfare Capitalism, 1880–1940*. Chicago, IL: University of Chicago Press, 1976.

Brandt, L., D. Ma & T. G. Rawski. "From Divergence to Convergence: Re-evaluating the History Behind China's Economic Boom". *Journal of Economic Literature* (2014) 52:1, pp. 45–123.

Brandt, L. & T. Rawski. *China's Great Transformation*. Cambridge: Cambridge University Press, 2008.

Broadberry, S. N. "Convergence: What the Historical Record Shows". In B. van Ark & N. Crafts, *Quantitative Aspects of Post-War European Economic Growth*, pp. 327–46. Cambridge: Cambridge University Press, 1996.

Broadberry, S. & N. Crafts. "The Implications of British Macroeconomic Policy in the 1930s for the Long Run Performance". Centre for Economic Policy Research, Discussion Paper 386, 1990.

Broadberry, S. & M. Harrison (eds). *The Economics of World War I*. Cambridge: Cambridge University Press, 2005.

Broadberry, S. & K. H. O'Rourke (eds). *The Cambridge Economic History of Modern Europe Volume 1, 1700–1870*. Cambridge: Cambridge University Press, 2010.

Broadberry, S. & K. H. O'Rourke (eds). *The Cambridge Economic History of Modern Europe Volume 2, 1870 to the Present*. Cambridge: Cambridge University Press, 2010.

Broadberry, S., *et al. British Economic Growth 1270–1870*. Cambridge: Cambridge University Press, 2015.

Broder, A. *Histoire économique de la France au XXe, 1914–1997*. Paris: Ophrys, 1998.

Brosio, G. & C. Marchese. *Il potere di spendere. Economia e storia della spesa pubblica dall'unificazione ad oggi*. Bologna: Il Mulino, 1986.

Brown, D. M. *Setting a Course: American Women in the 1920s*. New York, NY: Twayne, 1987.

Brown W. A. & R. Opie. *American Foreign Assistance*. Washington, DC: Brookings Institution, 1953.

Bruni, L. & S. Zamagni. *Civil Economy*. Oxford: Peter Lang, 2007.

Brunschwig, H. *French Colonialism 1871–1914: Myths and Realities*. New York, NY: Praeger, 1966.

Brynjolfsson, E. & A. McAfee. *The Second Machine Age: Work, Progress and Prosperity in a Time of Brilliant Technologies*. New York, NY: Norton, 2014.

Calomiris, C. W. "The Costs of Rejecting Universal Banking: American Finance in the German Mirror 1870–1914". In N. R. Lamoreaux & D. M. G. Raff (eds), *Coordination and Information, pp. 257–315*. Chicago, IL: Chicago University Press, 1996.

Cameron, R. "A New View of European Industrialisation". *Economic History Review* (1985) 38:1, pp. 1–23.

Cameron, R. & L. Neal. *A Concise Economic History of the World*. Oxford: Oxford University Press, 2002.

Capie, F. *Depression and Protectionism*. London: Routledge, 1983.

Cardini, F. & M. Montesano. *Storia Medioevale*. Florence: Le Monnier, 2006.

Caron, F. *An Economic History of Modern France*. New York, NY: Columbia University Press, 1979.

Carr, E. H. *History of Soviet Russia, Volume IV: Foundations of a Planned Economy*. London: Macmillan, 1980.

Carreras, A. "An Annual Index of Spanish Industrial Output". In N. Sanchez Albornoz (ed.), *The Economic Modernization of Spain, 1830–1930*, pp. 75–89. New York, NY: Columbia University Press, 1987.

Casini, P. *Newton e la coscienza europea*. Bologna: Il Mulino, 1984.

Castronovo, V., *et al. Storia dell'IRI*. Rome: GLF Editori Laterza, 2012–15.

Cesarano, F. *Gli accordi di Bretton Woods. La costruzione di un ordine mondiale internazionale*. Bari: Laterza, 2000.

Chandler, A. *Inventing the Electronic Century*. New York, NY: Free Press, 2001.

Chandler, A. *Scale and Scope: The Dynamics of Industrial Capitalism*. Cambridge, MA: Harvard University Press, 1990.

Chandler, A. *Strategy and Structure*. Eastford, CT: Martino, 2013 [first published 1962].

Chandler, A. *The Visible Hand*. Cambridge, MA: Harvard University Press, 1993 [first published 1977].

Chandler, A., F. Amatori & T. Hikino. *Big Business and the Wealth of Nations*. Cambridge:

Cambridge University Press, 1997.

Chow, G. *Interpreting China's Economy*. Singapore: World Scientific, 2010.

Ciocca, P. *Ricchi per sempre? Una storia economica d'Italia (1796–2005)*. Turin: Bollati-Boringhieri, 2007.

Clark, G., K. O'Rourke, & A. M. Taylor. *Made in America? The New World, the Old and the Industrial Revolution*. NBER Working Paper 14077. Cambridge, MA: National Bureau of Economic Research, 2008.

Clark, G. *The Balance Sheets of Imperialism*. New York, NY: Columbia University Press, 1936.

Clavin, P. *The Failure of Economic Diplomacy: Britain, Germany, France and the US, 1931–1936*. Basingstoke: Palgrave Macmillan, 1996.

Clayton, A. *The British Empire as a Superpower 1919–39*. Athens, GA: University of Georgia Press, 1986.

Coase, R. H. "The Nature of the Firm". *Economica* (1937) 4:16, pp. 386–405.

Cohen, J. "The 1927 Revaluation of the Lira. A Study in Political Economy". *Economic History Review*, (1972) 25, pp. 642–54.

Colli, A. *Dynamics of International Business*. London: Routledge, 2016.

Colli, A. *The History of Family Business, 1850–2000*. Cambridge: Cambridge University Press, 2003.

Collier, P. *Exodus: How Migration is Changing our World*. Oxford: Oxford University Press, 2013.

Comfort, N. *The Slow Death of British Industry: A Sixty-Year Suicide 1952–2012*. London: Biteback, 2012.

Costigliola, F. "The United States and the Reconstruction of Germany in the 1920s". *Business History Review* (1976) 50:4, pp. 477–502.

Cottarelli, C.& M. Guerguil (eds). *Designing a European Fiscal Union*. London: Routledge, 2014.

Crafts, N. "Patterns of Development in Nineteenth Century Europe". *Oxford Economic Papers* (1984) 36, pp. 438–58.

Crafts, N. F. R. "Industrial Revolution in England and France: Some Thoughts on the Question 'Why was England First'". *Economic History Review* (1977) 30:3, pp. 429–41.

Crafts, N. & G. Toniolo (eds). *Economic Growth in Europe Since 1945*. Cambridge: Cambridge University Press, 1996.

Crafts, N. & N. W. C. Woodward (eds). *The British Economy Since 1945*. Oxford: Oxford University Press, 1991.

Crepaz, M. M. L. *Trust Beyond Borders: Immigration, the Welfare State and Identity in Modern Societies*. Ann Arbor, MI: University of Michigan Press, 2008.

Crouch, C. *The Strange Non-Death of Neoliberalism*. Cambridge: Polity, 2011.

Cunha, A., *et al.* (eds). *An Inside View of the CAP Reform Process*. Oxford: Oxford University Press, 2011.

Darwin, J. *Britain and Decolonization: The Retreat from Empire in the Post-War World*. Basingstoke: Macmillan, 1988.

David, P. A. "Clio and the Economics of QWERTY". *American Economic Review* (1985) 75:2, pp. 332–7.

David, P. A. "Path Dependence: A Foundational Concept for Historical Social Science".

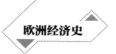
Cliometrica (2007) 1:2.

Davies, R. W., M. Harrison & S. G. Wheatcroft (eds). *The Economic Transformation of the Soviet Union, 1913–1945*. Cambridge: Cambridge University Press, 1994.

Davis, L. E. & R. A. Huttenback. *Mammon and the Pursuit of Empire: The Economics of British Imperialism*. Cambridge: Cambridge University Press, 1988.

De Grauwe, P. *The Economics of the Monetary Union*. Oxford: Oxford University Press, 2014.

De Haan, J., S. Oosterloo & D. Schoenmaker (eds). *Financial Markets and Institutions: A European Perspective*. Cambridge: Cambridge University Press, 2015.

De Vries, J. *The Industrious Revolution: Consumer Behaviour and the Household Economy, 1650 to the Present*. Cambridge: Cambridge University Press, 2008.

Deane, P. & W. A. Cole. *British Economic Growth 1688–1959*. Cambridge: Cambridge University Press, 1962.

Deaton, A. *The Great Escape: Health, Wealth and the Origins of Inequality*. Princeton, NJ: Princeton University Press, 2015.

Dell, E. *The Schuman Plan and the British Abdication of Leadership in Europe*. Oxford: Oxford University Press, 1995.

Deng, K. G. "Development and its Deadlock in Imperial China, 221 bc–1840 ad". *Economic Development and Cultural Change* (2003) 51:2, pp. 479–522.

Di Nolfo, E. & B. Vigezzi (eds). *Power in Europe II: 1945–50*. Berlin: De Gruyter, 1992.

Dimsdale, N. & N. Horsewood. "A Model of the UK Economy in the Interwar Period". *European Economic Review* (1992) 36:2–3, pp. 702–09.

Dore, R. *Stock Market Capitalism: Welfare Capitalism: Japan and Germany versus the Anglo-Saxons*. Oxford: Oxford University Press, 2000.

Dore, R. *Taking Japan Seriously*. Stanford, CA: Stanford University Press, 1987.

Dormois, J. P. *The French Economy in the Twentieth Century*. Cambridge: Cambridge University Press, 2004.

Dormois, J. P. & M. Dintenfass (eds). *The British Industrial Decline*. London: Routledge, 1999.

Dornbusch, R., W. Nölling & R. Layard. *Postwar Economic Reconstruction and Lessons for the East Today*. Cambridge, MA: MIT Press, 1993.

Dowd, D. *The Twisted Dream: Capitalist Development in the US Since 1776*. Cambridge, MA: Winthrop, 1976.

Droz, B. *Histoire de la décolonisation au XX siécle*. Paris: Seuil, 2006.

Drummond, I. M. *Imperial Economic Policy 1917–39*. London: Allen & Unwin, 1974.

Duby, G. *Atlante storico*. Turin: Sei, 1995.

Edgerton, D. *Science, Technology and British Industrial "Decline", 1870–1970*. Cambridge: Cambridge University Press, 1996.

Edwards, J. & S. Ogilvie. "Universal Banks and German Industrialization: A Reappraisal". *Economic History Review* (1996) 49:3, pp. 427–46.

Eichengreen, B. *Essays in the History of International Finance 1919–39*. Cambridge: Cambridge University Press, 1990.

Eichengreen, B. *The European Economy Since 1945: Coordinated Capitalism and Beyond*. Princeton, NJ: Princeton University Press, 2006.

Eichengreen, B. *Globalizing Capital: A History of the International Monetary System*. Princeton, NJ: Princeton University Press, 2008.

Eichengreen, B. *Golden Fetters: The Gold Standard and the Great Depression 1919–1939*. Oxford: Oxford University Press, 1992.

Eichengreen, B. (ed.). *The Gold Standard in Theory and History*. London: Routledge, 1997.

Eichengreen, B. *Hall of Mirrors: The Great Depression, the Great Recession and the Uses and Misuses of History*. Oxford: Oxford University Press, 2015.

Eichengreen, "Institutions and Economic Growth", in N. Crafts & G. Toniolo (eds), *Economic Growth in Europe since 1945*, pp. 38–72. Cambridge: Cambridge University Press, 1996.

Eichengreen, B. "The Origins and Nature of the Great Slump Revisited". *Economic History Review* (1992) 45:2, pp. 213–39.

Eichengreen, B. *Reconstructing Europe's Trade and Payments: The European Payments Union*. Manchester: Manchester University Press, 1993.

Eichengreen, B., *et al. The Korean Economy: From a Miraculous Past to a Sustainable Future*. Cambridge, MA: Harvard University Press, 2015.

Ellwood, D. W. *Rebuilding Europe: Western Europe, America and Postwar Reconstruction*. London: Routledge, 1992.

Engerman, S. & R. E. Gallman (eds). *The Cambridge Economic History of the United States, Volumes 1–3*. Cambridge: Cambridge University Press, 1996–2000.

Engwall, L. & V. Zamagni (eds). *Management Education in Historical Perspective*. Manchester: Manchester University Press, 1998.

Erikson, E. *Between Monopoly and Free Trade: The English East India Company 1600–1757*. Princeton, NJ: Princeton University Press, 2014.

Esping-Andersen, G. *Politics Against Market*. Princeton, NJ: Princeton University Press, 1985.

Estrin S. & P. Holmes. *French Planning in Theory and Practice*. London: Allen & Unwin, 1983.

Fauri, F. *L'integrazione economica europea 1947–2006*. Bologna: Il Mulino, 2006.

Federico, G. & A. Teña. "Was Italy a Protectionist Country?". *European Review of Economic History* (1998) 1, pp. 73–97.

Federico, G. *An Economic History of the Silk Industry 1830–1930*. Cambridge: Cambridge University Press, 2009.

Feinstein, C. H. (ed.). *Banking, Currency and Finance in Europe Between the Wars*. Oxford: Oxford University Press, 1995.

Feinstein, C. H., P. Temin & G. Toniolo. *The European Economies Between the Wars*. Oxford: Oxford University Press, 1997.

Feldman, G. D. *The Great Disorder: Politics, Economics and Society in the German Inflation 1914–1924*. Oxford: Oxford University Press, 1997.

Felice, D. *Oppressione e libertà. Filosofia e anatomia del dispotismo nel pensiero di Montesquieu*. Pisa: ETS, 2000.

Felice, E. *Ascesa e declino: Storia economica d'Italia*. Bologna: Il Mulino, 2015.

Felice, E. *Perché il Sud è rimasto indietro*. Bologna: Il Mulino, 2013.

Felloni, G. *Profilo di storia economica dell'Europa dal medioevo all'età contemporanea*. Turin: Giappichelli, 1997.

Fenoaltea, S. "Le ferrovie e lo sviluppo industriale italiano 1861–1913". In G. Toniolo (ed.), *L'economia italiana 1861–1940*, pp. 69–104. Bari: Laterza, 1978.

Fenoaltea, S. *The Reinterpretation of Italian Economic History: From Unification to the Great War*. Cambridge: Cambridge University Press, 2011.

Ferguson, N. *Empire: The Rise and Demise of the British World Order and the Lessons for Global Power*. New York: Basic Books, 2002.

Ferguson, N. *The Great Degeneration: How Institutions Decay and Economies Die*. London: Penguin, 2013.

Ferguson, N. "The Second World War as an Economic Disaster". In M. J. Oliver & D. Aldcroft (eds), *Economic Disasters of the Twentieth Century*, pp. 83–132. Cheltenham: Elgar, 2007.

Fieldhouse, D. K. *Colonialism 1870–1945*. New York, NY: St Martin's Press, 1981.

Findlay, R. & K. O'Rourke. *Power and Plenty: Trade, War and the World Economy in the Second Millennium*. Princeton, NJ: Princeton University Press, 2007.

Fisher, M. H. *Migration: A World History*. Oxford: Oxford University Press, 2014.

Flandreau, M. & F. Zumer. *The Making of Global Finance*. Paris: OECD, 2004.

Flath, D. *The Japanese Economy*. Oxford: Oxford University Press, 2014.

Fogel, W. & S. L. Engerman. *Time on the Cross: The Economics of the American Negro Slavery*. Boston, MA: Norton, 1974.

Fohlin, C. "Capital Mobilisation and Utilisation in Latecomer Economies: Germany and Italy Compared". *European Review of Economic History* (1999) 3:2, pp. 139–74.

Foreman Peck, J. "A Model of Later Nineteenth Century European Economic Development". *Revista de Historia Economica* (1995) 13: 3, pp. 441–71.

Foreman Peck, J. *History of the World Economy*. New York, NY: Prentice Hall, 1995.

Freeman, C. & F. Louçã. *As Time Goes by: From the Industrial Revolutions to the Information Revolution*. Oxford: Oxford University Press, 2002.

Furubotn, E. & R. Richter. *Institutions and Economic Theory: The Contribution of the New Institutional Economics*. Ann Arbor, MI: University of Michigan Press, 2005.

Galbraith, J. K. *The Great Crash*. New York, NY: Harcourt, 1955.

Galgano, F. *Lex Mercatoria*. Bologna: Il Mulino, 1993.

Gall, L. *The Deutsche Bank 1870–1995*. London: Weidenfeld & Nicolson, 1995.

Gallarotti, G. *The Anatomy of an International Monetary Regime: The Classical Gold Standard 1880–1914*. Oxford: Oxford University Press, 1995.

Garin, E. (ed.). *L'uomo del Rinascimento* (9th ed). Rome: Laterza, 2005.

Garside, W. R. (ed.). *Capitalism in Crisis: International Responses to the Great Depression*. Basingstoke: Macmillan, 1993.

Garvy, G. "Keynes and the Economic Activists of pre-Hitler Germany". *Journal of Political Economy* (1975) 83:2, pp. 391–405.

Gatrell, P. *Government, Industry and Rearmament in Russia, 1900–1914*. Cambridge: Cambridge University Press, 1994.

Gatrell, P. *The Tsarist Economy 1850–1917*. London: Macmillan, 1986.

Genovesi, A. *Lezioni di Commercio o sia d'Economia Civile* [1765]. Milan: Vita e Pensiero, 2013.

Gerschenkron, A. *An Economic Spurt that Failed*. Princeton, NJ: Princeton University Press,

1977.

Gerschenkron, A. *Economic Backwardness in Historical Perspective*. Cambridge, MA: Harvard University Press, 1962.

Gifford, P. & W. R. Louis. *Decolonization and African Independence: The Transfers of Power, 1960–1980*. New Haven, CT: Yale University Press, 1988.

Gillingham, J. *Coal, Steel and the Rebirth of Europe 1945–1955: The Germans and the French from Ruhr Conflict to Economic Community*. Cambridge: Cambridge University Press, 1991.

Gimbel, J. *The Origins of the Marshall Plan*. Stanford, CA: Stanford University Press, 1976.

Goldstein, A. *Il miracolo coreano*. Bologna: Il Mulino, 2013.

Goldstone, J. A. *Why Europe? The Rise of the West in World Economy 1500–1850*. New York，NY: McGraw Hill, 2008.

Goldthwaite, R. A. *The Building of Renaissance Florence: An Economic and Social History*. Baltimore, MD: Johns Hopkins University Press, 1982.

Good, D. F. *The Economic Rise of the Habsburg Empire 1750–1914*. Berkeley, CA: University of California Press, 1984.

Good, D. F. & T. Ma. "The Economic Growth of Central and Eastern Europe in Comparative Perspective, 1870–1989". *European Review of Economic History* (1999) 3:2, pp. 103–37.

Goody, J. *The Eurasian Miracle*. Cambridge: Polity, 2009.

Gourvish, T. R. & N. Tiratsoo (eds). *Missionaries and Managers: America Influences on European Management Education 1945–60*. Manchester: Manchester University Press, 1998.

Graham, A. (ed.). *Government and Economies in the Postwar World: Economic Policies and Comparative Performance 1945–85*. London: Routledge, 1990.

Granovetter, M. "Coase Revisited: Business Groups in the Modern Economy". *Industrial and Corporate Change* (1995) 4:1, pp. 93–130.

Grantham, G. "The French Cliometric Revolution: A Survey of Cliometric Contributions to French Economic History". *European Review of Economic History* (1997) 1: 1:3, pp. 353–405.

Graziosi, A. "Building the First System of State Industry in History: Piatakov's VSNKh and the Crisis of NEP". *Cahiers du monde russe et sovietique* (1991) 32:4, pp. 539–80.

Graziosi, A. *L'Unione Sovietica, 1914–1991*. Bologna: Il Mulino, 2011.

Gregory, P. *Before Command: An Economic History of Russia from Emancipation to the First Five-year Plan*. Princeton, NJ: Princeton University Press, 1994.

Gregory, P. & R. C. Stuart. *Soviet Economic Structure and Performance*. New York, NY: Addison Wesley, 1986.

Grief, A. "The Birth of Impersonal Exchange: The Community Responsibility System and Impartial Justice". *Journal of Economic Perspective* (2006) 20:2, pp. 221–36.

Grief, A. *Institutions and the Path to the Modern Economy: Lessons from Medieval Trade*. Cambridge: Cambridge University Press, 2006.

Grief, A. & M. IyIgun. "Social Organization, Violence and Modern Growth". *American Economic Review Papers and Proceedings* (2013) 103:3, pp. 534–8.

Griffith, R. T. (ed.). *Explorations in OEEC History*. Paris: OECD, 1997.

Hall, J. A. *Powers and Liberties*. Oxford: Oxford University Press, 1985.

Hanson, D. *Limits to Free Trade: Non-Tariff Barriers in the EU, Japan and US*. Cheltenham:

Elgar, 2010.

Hanson, P. "The Economic Development of Russia: Between State Control and Liberalization". Working Paper 32. Rome: ISPI, 2008.

Hargreaves, J. D. *Decolonization in Africa*. Harlow: Longman, 1997.

Harrison, M. *Accounting for War: Soviet Production, Employment and the Defence Burden, 1940–45*. Cambridge: Cambridge University Press, 1996.

Harrison, M. (ed.). *The Economics of World War II: Six Great Powers in International Comparison*. Cambridge: Cambridge University Press, 1998.

Harrison, M. "Resource Mobilization for World War II: The USA, UK, USSR and Germany, 1938–1945". *Economic History Review* (1988) 41:2, pp. 171–92.

Harrison, P. *The Rise and Fall of the Soviet Economy: An Economic History of the USSR from 1945*. Harlow: Longman, 2003.

Hartmann, H. & C. R. Unger (eds). *A World of Populations*. New York, NY: Berghahn, 2014.

Hartwell, M. *The Industrial Revolution and Economic Growth*. London: Methuen, 1971.

Hatton, T. "Unemployment Benefits and the Macroeconomics of the Interwar Labour Market: A Further Analysis". *Oxford Economic Papers* (1983) 35:3, pp. 486–505.

Hatton, T. & J. G. Williamson. *Migration and International Labor Market, 1850–1939*, London: Routledge, 1994.

Hatton, T. J. & J. G.Williamson. "What Drove the Mass Migrations from Europe in the Late Nineteenth Century?". *Population and Development Review* (1994) 20:3, pp. 533–59.

Hayes, P. *Industry and Ideology: I.G. Farben in the Nazi Era*. Cambridge: Cambridge University Press, 1987.

Headrick, D. R. *Power over Peoples: Technology, Environments and Western Imperialism 1400 to the Present*. Princeton, NJ: Princeton University Press, 2010.

Hentschel, V. "Indicators of Real Effective Exchange Rates of Major Trading Nations from 1922 to 1937". *German Yearbook on Business History 1988*. Berlin: Springer, 1990.

Herrigel, G. *Industrial Constructions: The Sources of German Industrial Power*. Cambridge: Cambridge University Press, 1996.

Hicks, J. "Education in Economics". *An Address to the Manchester Statistical Society*. Manchester: Norbury Lockwood, 1941.

Hicks, J. *A Theory of Economic History*. Oxford: Oxford University Press, 1969.

Hilferding, R. *Das Finanzkapital*. Vienna: Wiener Volksbuchhandlung, 1910.

Hogan, M. J. *The Marshall Plan: America, Britain and the Reconstruction of Western Europe*. Cambridge: Cambridge University Press, 1987.

Holtfrerich, C. L. *German Inflation 1914–1923*. Berlin: De Gruyter, 1986.

Horie, S. *The International Monetary Fund: Retrospect and Prospect*. London: Macmillan, 1964.

Horn, J., L. N. Roseband & M. Roe Smith, *Reconceptualizing the Industrial Revolution*. Cambridge MA: MIT Press, 2010.

Houwink ten Cate, J. "Reichsbank President Hjalmar Schacht and the Reparation Payments (1924–1930)". *German Yearbook on Business History 1988*. Berlin: Springer, 1990.

Huang, Y. *Capitalism with Chinese Characteristics*. Cambridge: Cambridge University Press, 2008.

Hubbard, G. & T. Kane. *Balance: The Economics of Great Powers from Ancient Rome to Modern America*. New York, NY: Simon & Schuster, 2013.

Huberman, M. "Labor Movements". In L. Neal & J. G. Williamson (eds), *Cambridge History* of *Capitalism*, pp. 348–83. Cambridge: Cambridge University Press, 2014.

Hudson, P. *The Industrial Revolution 1760–1830*. Oxford: Oxford University Press, 1992.

Hudson, P. (ed.). *Regions and Industries: A Perspective on the Industrial Revolution in Britain*. Cambridge: Cambridge University Press, 1989.

Hughes, J.& L. Cain. *American Economic History* (8th ed). Harlow: Pearson, 2010.

Hutton, G. *We Too Can Prosper: The Promise of Productivity*. London: Allen & Unwin, 1953.

Imai, M. *Kaizen: The Key to Japan's Competitive Success*. New York, NY: McGraw Hill, 1986.

Jalan, B. *The Future of India: Politics, Economics and Governance*. New Delhi: Viking, 2005.

James, H. *The German Slump: Politics and Economics 1924–1936*. Oxford: Clarendon Press, 1986.

Jensen J. & F. Miszlivetz (eds). *Reframing Europe's Future: Challenges and Failures of the European Construction*. London: Routledge, 2014.

Johnson, S. & P. Temin. "The Macroeconomics of NEP". *Economic History Review* (1993) 46:4, pp. 750–67.

Jones, E. L. *Growth Recurring: Economic Change in World History*. Oxford: Oxford University Press, 1988.

Jones, G. *The Evolution of International Business*. Andover: Cengage Learning, 1996.

Jones, G. & J. Zeitlin (eds). *The Oxford Handbook of Business History*. Oxford: Oxford University Press, 2008.

Jones, K. *Reconstructing the World Trade Organization for the Twenty-First Century: An Institutional Approach*. Oxford: Oxford University Press, 2015.

Kaiser, D. *Economic Diplomacy and the Origin of the Second World War*. Princeton, NJ: Princeton University Press, 1980.

Kaiser, M. & E. A. Radice. *The Economic History of Eastern Europe 1919–1975*. Oxford: Oxford University Press, 1985.

Kaplan, J. J. & G. Schleiminger. *The European Payments Union: Financial Diplomacy in the 1950s*. Oxford: Oxford University Press, 1989.

Kelly, M., J. Mokyr & C. O'Grada. "Precocious Albion: A New Interpretation of the British Industrial Revolution". *Annual Review of Economics* (2014) 6, pp. 363–89.

Kemp, T. *The French Economy 1913–1939: The History of a Decline*. London: Prentice Hall, 1972.

Kennedy, P. *The Rise and Fall of the Great Powers*. London: Vintage, 1988.

Kennedy, W. *Industrial Structure, Capital Markets and the Origin of British Economic Decline*. Cambridge: Cambridge University Press, 1987.

Kershaw, I. (ed.). *Weimar: Why Did German Democracy Fail?* London: Weidenfeld & Nicolson, 1990.

Keynes, J. M. *Essays in Persuasion*. New York, NY: Norton, 1963.

Keynes, J. M. *The Economic Consequences of the Peace*. London: Macmillan, 1919.

Keynes, J. M. *The General Theory of Employment, Interest and Money*. London: Macmillan, 1936.

Kindleberger, C. P. *Economic Growth in France and Britain, 1851–1950*. Cambridge, MA: Harvard University Press, 1964.

Kindleberger, C. P. *Europe's Postwar Growth*. Cambridge, MA: Harvard University Press, 1967.

Kindleberger, C. P. *A Financial History of Western Europe*. London: Routledge, 2006.

Kindleberger, C. P. *Manias, Panics and Crashes: A History of Financial Crises* (6th ed). London: Palgrave Macmillan, 2011.

Kindleberger, C. P. *The World in Depression 1929–1939*. Berkeley, CA: University of California Press, 1973.

Kirby, M. W. "Institutional Rigidities and Economic Decline: Reflections on the British Experience". *Economic History Review* (1992) 45:4, pp. 637–60.

Klein, B. H. *Germany's Economic Preparation for War*. Cambridge, MA: Harvard University Press, 1959.

Krober, A. R. *China's Economy: What Everyone Needs to Know*. New York, NY: Oxford University Press, 2016.

Krugman, P. *The Return of Depression Economics and the Crisis of 2008*. New York, NY: Norton, 2009.

Kuisel, R. F. *Capitalism and the State in Modern France*. Cambridge: Cambridge University Press, 1991.

Kuran, T. *The Long Divergence: How Islamic Law Held Back the Middle East*. Princeton, NJ: Princeton University Press, 2011.

Landes, D. *The Unbound Prometheus*. Cambridge: Cambridge University Press, 1969.

Landes, D. "Does it Pay to Be Late?". In J. Batou (ed.), *Between Development and Underdevelopment: The Precocious Attempts at Industrialization of the Periphery 1800–1870*, pp. 43–66. Geneva: Droz, 1991.

Lazonick, W. H. *Business Organization and the Myth of the Market Economy*. Cambridge: Cambridge University Press, 1993.

Leonardi, R. *Cohesion Policy in the EU: The Building of Europe*. London: Palgrave Macmillan, 2005.

Leonardi, R. *Convergence, Cohesion and Integration in the EU*. London: Palgrave Macmillan, 1995.

Lepenies, P. *The Power of a Single Number: A Political History of GDP*. New York, NY: Columbia University Press, 2016.

Levy-Leboyer, M. & F. Bourguignon. *L'économie française au XIX siècle*. Paris: Economica,1985.

Lewis, W. A. "Economic Development with Unlimited Supplies of Labour". *The Manchester School* (1954) 22: 2, pp. 139–91.

Lincoln, J. R. & M. L. Gerlach. *Japan's Network Economy: Structure, Persistence and Change*. Cambridge: Cambridge University Press, 2008.

Locke, R. *The End of the Practical Man: Entrepreneurship and Higher Education in Germany, France and Great Britain, 1880–1940*. Greenwich: JAI Press, 1984.

Lombardo, G. *L'Istituto Mobiliare Italiano*. Bologna: Il Mulino, 1998.

Lopez-Claros A. & V. Perotti. "Does Culture Matter for Growth?". Policy Research Working Paper 7092. Washington, DC: World Bank, 2014.

Low, D. A. *Eclipse of Empire*. Cambridge: Cambridge University Press, 1991.

Lucassen, L. & J. Lucassen. "Quantifying and Qualifying Cross-Cultural Migrations in Europe Since 1500: A Plea for a Broader View". In F. Fauri (ed.), *The History of Migration in Europe: Perspectives from Economics, Politics and Sociology*, pp. 11–38. London: Routledge, 2015.

MacPherson, W. J. *The Economic Development of Japan 1868–1941*. Cambridge: Cambridge University Press, 1994.

Maddison, A. *Monitoring the World Economy, 1820-1992*. Paris: OECD, 1995.

Maddison, *The World Economy, Vols 1 and 2*. Paris: OECD, 2006.

Malanima, P. "When Did England Overtake Italy? Medieval and Early Modern Divergence in Prices and Wages". *European Review of Economic History* (2013) 17:1, pp. 45–70.

Malanima, P. *Economia preindustriale. Mille anni: dal IX al XVIII secolo*. Milan: Bruno Mondadori, 1995.

Malanima, P. *L'economia italiana. Dalla crescita medioevale alla crescita contemporanea*. Bologna: Il Mulino, 2002.

Malanima, P. & V. Zamagni (eds). "Special Issue on 150 Years of the Italian Economy". *Journal of Modern Italian Studies* (2010) 15: 1.

Malode Molina, J. L. & P. Martina Aceña (eds). *The Spanish Financial System: Growth and Development since 1900*. London: Palgrave Macmillan, 2011.

Mandeville, *The Fable of the Bees* [1714]. Oxford: Clarendon Press, 1924.

Manning, P. *Migrations in History*. London: Routledge, 2012.

Martin Aceña, P. "Spain During the Classical Gold Standard Years, 1880–1914". In M. Bordo & F. Capie (eds), *Monetary Regimes in Transition,* pp. 135–72. Cambridge: Cambridge University Press, 1994.

Marx, K. *Capital vol. 1*. [1867].

McCloskey, D. *Bourgeois Dignity: Why Economics Can't Explain the Modern World*. Chicago, IL: Chicago University Press, 2010.

McNeill, W. H. *Greece: American Aid in Action 1947–1956*. New York, NY: Twentieth Century Fund, 1957.

Meier, C. (ed.). *The Marshall Plan and Germany: West German Economic Development Within the Framework of ERP*. Oxford: Berg, 1991.

Meier, C. "The Politics of Productivity: Foundation of American Foreign Policy after World War II". *International Organization* (1977) 31:4, pp. 607–33.

Meier, C. *Recasting Bourgeois Europe: Stabilization in France, Germany and Italy in the Decade after World War I*. Princeton, NJ: Princeton University Press, 2015.

Meier, C. "The Two Postwar Eras and the Conditions for Stability in Twentieth-century Europe". *American Historical Review* (1981) 86:2, pp. 327–52.

Metcalf, B. D. & T. R. Metcalf. *A Concise History of Modern India* (3rd ed). Cambridge. Cambridge University Press, 2012.

Middleton, R. *Towards the Managed Economy: Keynes, the Treasury and the Fiscal Policy Debate of the 1930s*. London: Methuen, 1985.

Mielants, E. H. *The Origins of Capitalism and the Rise of the West*. Philadelphia, PA: Temple University Press, 2007.

Milward, A. *The European Rescue of the Nation State.* London: Routledge, 1992.

Milward, A. *The New Order and the French Economy.* Oxford: Oxford University Press, 1970.

Milward, A. *The Reconstruction of Western Europe 1945–51.* Berkeley, CA: California University Press, 1984.

Milward, A. *War, Economy and Society, 1939–45.* Berkeley, CA: California University Press, 1979.

Minami, R. *The Economic Development of Japan.* Basingstoke: Macmillan, 1994.

Minot, B. "La chûte du premier gouvernement Blum et l'action des commissions des finances 1936–37". *Revue d'economie politique* (1982) 92:1, pp. 35–51.

Minsky, H. *Can "It" Happen Again? Essays on Instability and Finance.* London: Routledge, 2016.

Minsky, H. "The Financial Instability Hypothesis". Working Paper 74. New York, NY: Levy Economics Institute of Bard College, 1992.

Minsky, H. *J. M. Keynes.* New York, NY: Columbia University Press, 1975.

Mitchell, B. R. *European Historical Statistics.* London: Macmillan, 1992.

Mitchell, B. R. *International Historical Statistics: Europe 1750–1988.* New York, NY: Stockton Press, 1992.

Mitchell, B. R. *International Historical Statistics: Africa and Asia.* London: Macmillan, 1982.

Mitchell, B. R. *International Historical Statistics: The Americas and Australasia.* London: Macmillan, 1983.

Mitterauer, M. *Why Europe? The Medieval Origins of its Special Path.* Chicago, IL: University of Chicago Press, 2010.

Moggridge, D. E. *British Monetary Policy 1924–31: The Norman Conquest of $4.86.* Cambridge: Cambridge University Press, 1972.

Moggridge, D. E. *Maynard Keynes: An Economist's Biography.* London: Routledge, 1995.

Mokyr, J. *The Enlightened Economy: An Economic History of Britain 1700–1850.* New Haven, CT: Yale University Press, 2012.

Mokyr, J. *The Lever of Riches.* Oxford: Oxford University Press, 1992.

Molteni, C. & M. G. Pecorari. "I Kinyuu Keiretsu in Giappone: Evoluzione storica, struttura attuale e implicazioni economiche". *Annali di storia d'impresa* (1993) 9, pp. 155–77.

Morikawa, H. *A History of Top Management in Japan: Managerial Enterprises and Family Enterprises.* Oxford: Oxford University Press, 2001.

Morishima, M. *Why Has Japan Succeeded? Western Technology and the Japanese Ethos.* Cambridge: Cambridge University Press, 1984.

Morris, C. T. "How Fast and Why Did Early Capitalism Benefit the Majority?". *Journal of Economic History* (1995) 55:2, pp. 211–26.

Mosconi, F. *The New European Industrial Policy.* London: Routledge, 2015.

Muzzarelli, M. G. *Il denaro e la salvezza. L'invenzione del Monte di Pietà.* Bologna: Il Mulino, 2001.

Neal, L. *A Concise History of International Finance: From Babylon to Bernanke.* Cambridge: Cambridge University Press, 2015.

Neal, L. & J. G. Williamson (eds). *The Cambridge History of Capitalism, 2 vols.* Cambridge: Cambridge University Press, 2014.

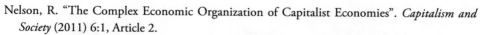

Nelson, R. "The Complex Economic Organization of Capitalist Economies". *Capitalism and Society* (2011) 6:1, Article 2.

North, D. *Understanding the Process of Economic Change.* Princeton, NJ: Princeton University Press, 2005.

Nuñez, C. E. *La fuente de la riqueza: Educacion y desarrollo economico en la España contemporanea.* Madrid: Alianza, 1992.

O'Brien, P. "The Costs and Benefits of British Imperialism 1846–1914". *Past to Present* (1988) 125, pp. 186–92.

O'Brien, P. "Deconstructing the British Industrial Revolution as a Conjuncture and Paradigm for Global Economic History". In J. Horn, L. N. Roseband & M. Roe Smith (eds), *Reconceptualizing the Industrial Revolution,* pp.21–46. Cambridge, MA: MIT Press, 2010.

O'Brien, P. "Do We Have a Typology for the Study of European Industrialization in the Nineteenth Century?". *Journal of European Economic History* (1986) 15:2, pp. 291–333.

O'Brien, P. & C. Keyder. *Economic Growth in Britain and France 1780–1914: Two Paths in the Twentieth Century.* London: Allen & Unwin, 1978.

O'Rourke, J. & G. Williamson. "Around the European Periphery 1870–1913: Globalization, Schooling and Growth". *European Review of Economic History* (1997) 1:2, pp. 153–90.

Obstfeld, M. & A. M. Taylor. *Global Capital Markets: Integration, Crisis and Growth.* Cambridge: Cambridge University Press, 2004.

Offe, C. *Il tunnel: L'Europa dell'est dopo il comunismo.* Rome: Donzelli, 1993.

Offer, A. "The British Empire: A Waste of Money?". *Economic History Review* (1993) 46:2, pp. 215–38.

Oliver, M. J. & D. H. Aldcroft (eds). *Economic Disasters of the Twentieth Century.* Cheltenham: Elgar, 2008.

Olivi, B. *L'Europa difficile.* Bologna: Il Mulino, 1998.

Overy, R. J. *The Interwar Crisis 1919–39* (2nd ed). Harlow: Pearson, 2007.

Overy, *The Nazi Economic Recovery 1932–1938.* Cambridge: Cambridge University Press, 1996.

Overy, R. J. *The Origins of the Second World War.* Harlow: Longman, 1987.

Overy, R. J. *War and Economy in the Third Reich.* Oxford: Oxford University Press, 1994.

Parker, R. A. "Economics, Rearmament and Foreign Policy: The UK Before 1939". *Journal of Contemporary History* (1975) 10:4, pp. 637–47.

Parker, R. E. *Reflections on the Great Depression.* Cheltenham, Elgar, 2002.

Parsons, C. A. & T. M. Smeeding (eds). *Immigration and the Transformation of Europe.* Cambridge: Cambridge University Press, 2006.

Parthasarathi, P. *Why Europe Grew Rich and Asia Did Not: Global Economic Divergence.* Cambridge: Cambridge University Press, 2011.

Patel, K. K. (ed.). *Fertile Ground for Europe? The History of European Integration and the Common Agricultural Policy Since 1945.* Baden Baden: Nomos Verlagsgesellschaft, 2009.

Peden, G. C. "Keynes, the Treasury and Unemployment in the Late 1930s". *Oxford Economic Papers* (1980) 32:1, pp. 1–18.

Perez, C. *Technological Revolutions and Financial Capital: The Dynamics of Bubbles and Golden Ages.* Cheltenham: Elgar, 2003.

Pervillé, G. *De l'Empire à la décolonisation*. Paris: Hachette, 1995.

Petri, R. "Innovazioni tecnologiche tra uso bellico e mercato civile". In V. Zamagni (ed.), *Come perdere la guerra e vincere la pace*. Bologna: Il Mulino, 1997.

Petri, R. *Storia economica d'Italia: Dalla grande guerra al miracolo economico (1918–1963)*. Bologna: Il Mulino, 2002.

Pierenkemper, T. & R. Tilly. *The German Economy During the Nineteenth Century*. Oxford: Berghahn, 2005.

Piffaretti, N. "Reshaping the International Monetary Architecture: Lessons from Keynes' Plan". Policy Paper 5034. Washington, DC: World Bank, 2009.

Piketty, T. *Capital in the Twenty-First Century*. Cambridge, MA: Harvard University Press, 2014.

Piketty, T. & E. Saez. "Income Inequality in the USA, 1913–1998". *Quarterly Journal of Economics* (2003) 118, pp. 1–39.

Pollard, S. *British Prime and British Decline*. London: Arnold, 1990.

Pollard, S. "Capital Exports, 1870–1914: Harmful or Beneficial?". *Economic History Review* (1985) 38:4, pp. 489–514.

Pollard, S. (ed.). *The Gold Standard and Employment Policies Between the Wars*. London: Methuen, 1970.

Pollard, S. *Peaceful Conquest*. Oxford: Oxford University Press, 1981.

Pollard, S. *The Wasting of the British Economy: British Economic Policy 1945 to the Present*. London: Routledge, 1982.

Pomeranz, K. *The Great Divergence: Europe, China and the Making of the Modern World Economy*. Princeton, NJ: Princeton University Press, 2000.

Poni, C. "Espansione e declino di una grande industria: Le filature di seta a Bologna tra XVII e XVIII secolo", in *Problemi d'acque a Bologna in età moderna*. Bologna: Istituto per la Storia di Bologna, 1983.

Prados de la Escosura, L. "Long Run Economic Growth in Spain Since 1800: An International Perspective". In A. Szirmai, B. van Ark & D. Pilat (eds), *Explaining Economic Growth: Essays in Honor of Angus Maddison*. Amsterdam: North-Holland, 1993.

Prados de la Escosura, L. "Capitalism and Human Welfare". In L. Neal & J. G. Williamson (eds), *The Cambridge History of Capitalism, Vol 2,* pp. 501–29. Cambridge: Cambridge University Press, 2014.

Prados de la Escosura, L. *De imperio a nacion: Crecimiento y atraso economico en España (1780–1930)*. Madrid: Alianza, 1988.

Prados de la Escosura, L. *El progréso economico de la España*. Madrid: Fundacion BBVA, 2003.

Prados de la Escosura, L. "Gerschenkron Revisited: European Patterns of Development in Historical Perspective". Working Paper 05–79 (10). Madrid: Economic History Department, University Carlos III, 2005.

Preda, D. "The Schuman Plan: The First Step to European Unity and the First Antitrust Law". *European Union Review* (2002) 7:2, pp. 61–78.

Price, R. *An Economic History of Modern France, 1730–1914*. London: Macmillan, 1981.

Ranieri, R. "Il Piano Marshall e la ricostruzione della siderurgia a ciclo integrale". *Studi Storici* (1996) 37:1, pp. 415–90.

Redmond, J. "An Indicator of the Effective Exchange Rate of the Pound in the 1930s". *Economic History Review* (1980) 33:1, pp. 83–91.

Redmond, J. "The Gold Standard Between the Wars". In S. N. Broadberry & N. F. R. Crafts (eds), *Britain in the International Economy*, pp. 346–68. Cambridge: Cambridge University Press, 1992.

Reinhard, W. *A Short History of Colonialism*. Manchester: Manchester University Press, 2011.

Reszat, B. *European Financial Systems in the Global Economy*. Chichester: Wiley, 2005.

Rieber, A. R. *Merchants and Entrepreneurs in Imperial Russia*. Chapel Hill, NC: University of North Carolina Press, 1982.

Riesser, J. *The German Banks and their Concentration*. Washington, DC: Government Printing Office, 1911.

Ristuccia, C. "1935 Sanctions Against Italy: Would Coal and Oil Have Made the Difference?". *European Review of Economic History* (2000) 4:1, pp. 85–110.

Ritschl, A. "Reparation Transfers, the Borchardt Hypothesis and the Great Depression in Germany, 1929–32: A Guided Tour for Hard-Headed Keynesians". *European Review of Economic History* (1998) 2:1, pp. 49–72.

Ritter, G. A. *Storia dello stato sociale*. Bari: Laterza, 1996.

Rodrik, D. & A. Subramanian. "From 'Hindu Growth' to Productivity Surge: The Mystery of the Indian Growth Transition". Working Paper 0477. Washington, DC: International Monetary Fund, 2004.

Roe, M. J. *Strong Managers Weak Owners: The Political Root of American Corporate Finance*. Princeton, NJ: Princeton: University Press, 1994.

Romano, L. & F. Traù. "Il ruolo delle istituzioni nello sviluppo manifatturiero del mondo emergente. Tre 'modelli' di intervento pubblico negli anni successivi al secondo dopoguerra". *Rivista di Storia Economica* (2014) 30: pp. 121–60.

Roselli, A. *Money and Trade Wars in Interwar Europe*. London: Palgrave Macmillan, 2014.

Rosenberg, N. & L. B. Birdzell. *How the West Grew Rich*. New York, NY: Basic Books, 1987.

Rosenthal, J. L. & R. B. Wong. *Before and Beyond Divergence: The Politics of Economic Change in China and Europe*. Cambridge, MA: Harvard University Press, 2011.

Rostow, W. W. *The Stages of Economic Growth*. Cambridge: Cambridge University Press, 1960.

Rowland, B. M. (ed.). *Balance of Power or Hegemony? The Interwar Monetary System*. New York, NY: New York University Press, 1976.

Rowland, B. M. *Commercial Conflict and Foreign Policy: A Study in Anglo-American Relations 1932–38*. New York, NY: Garland, 1987.

Rubinstein, W. D. *Capitalism, Culture and Economic Decline in Britain, 1750–1990*. London: Routledge, 1993.

Rudolph, R. L. *Banking and Industrialization in Austria–Hungary*. Cambridge: Cambridge University Press, 1976.

Sabel, C. F. & J. Zeitlin. *World of Possibilities: Flexibility and Mass Production in Western Industries*. Cambridge: Cambridge University Press, 1997.

Sanborn, J. A. *Imperial Apocalypse: The Great War and the Destruction of the Russian Empire*. Oxford: Oxford University Press, 2014.

Sanderson, M. *The Universities and British Industry 1850–1970*. London: Routledge, 1972.

Sauvy, A. *Histoire économique de la France entre les deux guerres*. Paris: Economica, 1965.

Schubert, A. *The Credit-Anstalt Crisis of 1931*. Cambridge: Cambridge University Press, 1991.

Schuker, S. *American "Reparations" to Germany*. Princeton, NJ: Princeton University Press, 1988.

Schulze, M. S. "Origins of Catch up Failure: Comparative Productivity Growth in the Hapsburg Empire, 1870–1910". *European Review of Economic History* (2007) 11:2, pp. 189–218.

Schulze, M. S. "Patterns of Growth and Stagnation in late Nineteenth-Century Habsburg Economy". *European Review of Economic History* (2000) 4:1, pp. 311–40.

Schulze, M. S. *Western Europe: Economic and Social Change Since 1945*. Harlow: Longman, 1999.

Schumpeter, J. A. *The Theory of Economic Development*. Piscataway, NJ: Transaction, 2008 [first published in German 1911; first English edn 1934].

Schweitzer, A. "Plans and Markets: Nazi Style". *Kyklos* (1977) 30:1, pp. 88–115.

Scranton, P. *Endless Novelty: Production and American Industrialization 1865–1925*. Princeton, NJ: Princeton University Press, 1997.

Scranton, P. & P. Fridenson. *Reimagining Business History*. Baltimore, MD: Johns Hopkins University Press, 2013.

Sen, A. *The Argumentative Indian: Writings on Indian History, Culture and Identity*. London: Penguin, 2005.

Sheldrake, J. & P. D. Webb. *State and Market: Aspects of Modern European Development*. Aldershot: Dartmouth, 1993.

Sherer, D. R. *Industry, State and Society in Stalin's Russia 1926–34*. Ithaca, NY: Cornell University Press, 1996.

Sherman, M. *Short History of Financial Deregulation in the United States*. London: Centre for Economic Policy Research, 2009.

Shucksmith, M., K. J. Thomson & D. Roberts (eds). *The CAP and the Regions: The Territorial Impact of the Common Agricultural Policy*. Wallingford: Centre for Agriculture and Biosciences International, 2005.

Silei, G. "Dalle assicurazioni sociali alla *Social Security*: Politiche sociali in Europa e negli Stati Uniti fra le due guerre (1919–1939)". In V. Zamagni (ed.), *Povertà e innovazioni istituzionali in Italia dal Medioevo ad oggi*, pp. 751–74. Bologna: Il Mulino, 2000.

Sinn, H. W. *The Euro Trap: On Bursting Bubbles, Budgets and Beliefs*. Oxford: Oxford University Press, 2014.

Skidelsky, R. *John Maynard Keynes 1883–1946: Economist, Philosopher, Statesman*. London: Macmillan, 2003.

Sklar, M. J. *The Corporate Reconstruction of American Capitalism, 1890–1916*. Cambridge: Cambridge University Press, 1988.

Stein, R. S. & J. Powers. *The Energy Problem*. Singapore: World Scientific, 2011.

Stiefel, D. "The Reconstruction of the Credit-Anstalt". In A. Teichova & P. Cottrell (eds), *International Business in Central Europe, 1918–1939*, pp. 415–30. Leicester: Leicester University Press, 1983.

Stiglitz, J. E. *The Economic Role of the State*. Oxford: Blackwell, 1989.

Stögbauer, C. "The Radicalisation of the German Electorate: Swinging to the Right and the Left in the Twilight of the Weimar Republic". *European Review of Economic History* (2001) 5:2, pp. 251–80.

Stögbauer, C. & K. J. Komlos. "Averting the Nazi Seizure of Power: A Counterfactual Thought Experiment". *European Review of Economic History* (2004) 8:2, pp. 173–99.

Sutton, A. C. *Western Technology and Soviet Economic Development 1917 to 1930*. Stanford, CA: Hoover Institution, 1968.

Sutton, A. C. *Western Technology and Soviet Economic Development 1930 to 1945*. Stanford, CA: Hoover Institution, 1971.

Sutton, A. C. *Western Technology and Soviet Economic Development 1945 to 1965*. Stanford, CA: Hoover Institution, 1973.

Swinnen, J. F. M. (ed.) *The Political Economy of the 2014–2020 CAP.* Brussels: Centre for European Policy Studies, 2015.

Sylla, R. & G. Toniolo (eds). *Patterns of Industrialization in Nineteenth-Century Europe*. London: Routledge, 1991.

Taylor, A. M. & J. G. Williamson. "Convergence in the Age of Mass Migration". *European Review of Economic History* (1997) 1:1, pp. 27–63.

Taylor, F. *The Downfall of Money: Germany's Hyperinflation and the Destruction of the Middle Class*. London: Bloomsbury, 2014.

Teichova, A. (ed.) *Central Europe in the Twentieth Century*. London: Scolar, 1997.

Temin, P. "The Beginning of the Depression in Germany". *Economic History Review* (1971) 24:2, pp. 240–8.

Temin, P. "The German Crisis of 1931: Evidence and Tradition". *Cliometrica* (2008) 2:1, pp. 5–17.

Temin, P. *Lessons from the Great Depression*. Cambridge, MA: MIT Press, 1991.

Temin, P. "Soviet and Nazi Economic Planning in the 1930s". *Economic History Review* (1991) 44:4, pp. 573–93.

Temin, P. & D. Vines. *The Leaderless Economy: Why the World System Fell Apart and How to Fix it*. Princeton, NJ: Princeton University Press, 2013.

Teña, A. "Proteccion y competitividad en España e Italia, 1890–1960". In L. Prados de la Escosura & V. Zamagni (eds), *El desarrollo economico en la Europa del sur: España e Italia en perspectiva historica*, pp. 321–58. Madrid: Alianza, 1992.

Teulings, C. & R. Baldwin (eds). *Secular Stagnation: Facts, Causes and Cures*. London: Centre for Economic Policy Research, 2014.

Tew, B. *Evolution of the International Monetary System*. London: Routledge, 1988.

Thygesen, N., K. Velupillai & S. Zambelli (eds). *Business Cycles: Theories, Evidence and Analysis*. London: Macmillan, 1991.

Tilly, R. "German Economic History and Cliometrics: A Selective Survey of Recent Tendencies". *European Review of Economic History* (2001) 5:2, pp. 151–87.

Todeschini, G. *Franciscan Wealth*. St. Bonaventure, NY: Franciscan Institute, 2009.

Tomlinson, J. *Democratic Socialism and Economic Policy: The Attlee Years*. Cambridge: Cambridge University Press, 1997.

Tone, A. *The Business of Benevolence: Industrial Paternalism in Progressive America.* Ithaca, NY: Cornell University Press, 1997.

Toninelli, P. A. (eds). *Lo sviluppo economico moderno dalla rivoluzione industriale alla crisi energetica (1750–1973).* Venice: Marsilio, 1997.

Toninelli, P. A. (ed.). *The Rise and Fall of State-Owned Enterprises in the Western World.* Cambridge: Cambridge University Press, 2000.

Toniolo, G. *An Economic History of Liberal Italy, 1850–1918.* London: Routledge, 2014.

Toniolo, G. *L'economia dell'Italia fascista.* Bari: Laterza, 1980.

Toniolo, G. (ed.). *Oxford Handbook of the Italian Economy Since Unification.* Oxford: Oxford University Press, 2013.

Tortella, G. "Patterns of Economic Retardation and Recovery in South-Western Europe in the Nineteenth and Twentieth Centuries". *Economic History Review* (1994) 47: 1, pp. 1–21.

Tortella, G. *The Development of Modern Spain.* Cambridge, MA: Harvard University Press, 2000.

Turner, H. A. *German Big Business and the Rise of Hitler.* Oxford: Oxford University Press, 1985.

Turner, J. D. *Reconstruction in Post-war Germany: British Occupation Policy and the Western Zones, 1945–55.* Oxford: Oxford University Press, 1989.

Urwin, D. W. *The Community of Europe: A History of European Integration since 1945.* Harlow: Longman, 1991.

Vague, R. *The Next Economic Disaster: Why it's Coming and How to Avoid it.* Philadephia, PA: University of Pennsylvania Press, 2014.

Van Ark, B., M. O'Mahoney & M. P. Timmer. "The Productivity Gap Between Europe and the United States: Trends and Causes". *Journal of Economic Perspectives* (2008) 22:1, pp. 25–44.

Van der Wee, H. & J. Blomme. *An Economic Development of Belgium since 1870.* Cheltenham: Elgar, 1997.

Van Dormael, A. *Bretton Woods: Birth of a Monetary System.* New York, NY: Holmes & Meier, 1978.

Van Duijn, J. *The Long Wave in Economic Life.* London: Routledge, 1983.

Van Riel, A. & A. Schram. "Weimar Economic Decline, Nazi Economic Recovery and the Stabilization of Political Dictatorship". *Journal of Economic History* (1993) 53:1, pp. 71–105.

Voigtländer, N. & H. J. Voth, "How the West Invented Fertility Restriction". *American Economic Review,* (2013) 103: 6, pp. 2227–64.

Von Helten, J. J. & Y. Cassis (eds). *Capitalism in a Mature Economy: Financial Institutions, Capital Exports and British Industry, 1870–1939.* Aldershot: Ashgate, 1990.

Von Krüdener, J. (ed.). *Economic Crisis and Political Collapse: The Weimar Republic.* Oxford: Oxford University Press, 1990.

Wakatobe, M. *Japan's Great Stagnation and Abenomics.* London: Palgrave Macmillan, 2015.

Wallerstein, I. *The Modern World System, Volume III.* Berkeley, CA: University of California Press, 2011.

Weder, M. *Some Observations on the Great Depression in Germany.* Discussion Paper 3716. Washington, DC: Center for Economic and Policy Research, 2003.

Werth, N. *Storia dell'Unione Sovietica. dall'impero russo alla Comunità degli Stati Indipendenti, 1900–1991.* Bologna: Il Mulino, 1993 [originally published in French].

Wexler, I. *The Marshall Plan Revisited: The European Recovery Program in Economic Perspective.* Westport, CT: Greenwood, 1983.

White, E. N. *Crashes and Panics: The Lessons from History.* Homewood, IL: Irwin, 1990.

Wicker, E. *The Banking Panics of the Great Depression.* Cambridge: Cambridge University Press, 1996.

Wiener, M. J. *English Culture and the Decline of the Industrial Spirit.* Cambridge: Cambridge University Press, 2004.

Williams, D. "London and the 1931 Financial Crisis". *Economic History Review* (1963) 15:3, pp. 513–28.

Williamson, O. *The Economic Institutions of Capitalism: Firms, Markets, Relational Contracting.* New York, NY: Free Press, 1985.

Wixforth, H. & D. Ziegler. "*Bankenmacht*: Universal Banking and German Industry in Historical Perspective". In Y. Cassis, G. D. Feldman & O. Olsson (eds), *The Evolution of Financial Institutions and Markets in Twentieth-Century Europe,* pp. 249–72. Aldershot: Scolar, 1995.

Wozniak Boyle, J. *Conditional Leadership: The EU Commission and European Regional Policy.* Lanham, MD: Lexington, 2006.

Wrigley, E. A. *Energy and the English Industrial Revolution.* Cambridge: Cambridge University Press, 2010.

Wyplosz, C. "EMU: Why and How It Might Happen". *Journal of Economic Perspectives* (1997) 11: 4, pp. 3–21.

Yueh, L. *China's Growth: The Making of an Economic Superpower.* Oxford: Oxford University Press, 2013.

Zaleski, E. *Stalinist Planning for Economic Growth, 1933–1952.* Chapel Hill, NC: University of North Carolina Press, 1980.

Zamagni, S. "The Lesson and Warning of a Crisis Foretold: A Political Economy Approach". *International Review of Economics* (2009) 56:3, pp. 315–34.

Zamagni, S. *Mercato.* Turin: Rosenberg & Sellier, 2014.

Zamagni, S. & V. Zamagni. *Cooperative Enterprise: Facing the Challenge of Globalization.* Cheltenham: Elgar, 2010.

Zamagni, V. (ed.). *Come perdere la guerra e vincere la pace.* Bologna: Il Mulino, 1997.

Zamagni, V. (ed.). *Finance and the Enterprise.* London: Academic Press, 1992.

Zamagni, V. "Ferrovie e integrazione del mercato nazionale nell'Italia post-unitaria". In *Studi in onore di Gino Barbieri,* pp. 1635–1649. Salerno: IPEM, 1983.

Zamagni, V. "Funzioni e strumenti del welfare state in prospettiva storica". In D. Da Empoli & G. Muraro (eds), *Verso un nuovo stato sociale,* pp. 3–15. Milan: Angeli, 1997.

Zamagni, V. "L'economia sociale di mercato nella storia". In V. Zamagni, A. Quadrio Cuzio & M Vitale (eds), *Economia sociale di mercato e umanesimo d'impresa.* Milan: Inaz, 2012.

Zamagni, V. "Un'analisi macroeconomica degli effetti della guerra". In V. Zamagni (ed.), *Come perdere la guerra e vincere la pace,* pp. 13–54. Bologna: Il Mulino, 1997.

Zamagni, V. *An Economic History of Italy 1860–1990.* Oxford: Clarendon Press, 1993.

Zamagni, V. *Finmeccanica. Competenze che vengono da lontano.* Bologna: Il Mulino, 2009.

Zamagni, V. "Institutional Innovations and Economic Growth in Europe in the Post-world War II Era". In A. Bonoldi & A. Leonardi (eds), *Recovery and Development in the European Periphery (1945–1960)*, pp. 17–27. Bologna: Il Mulino, 2009.

Zamagni, V. & P. Porta (eds). *Economia*, Appendix VIII of the Italian Encyclopedia Treccani devoted to Italian Economic Thinking. Roma: Istituto dell'Enciclopedia Italiana, 2012.

Zan L., F. Rossi & S. Zambon. *Il "discorso del maneggio": Pratiche gestionali e contabili all'Arsenale di Venezia, 1580–1643*. Bologna: Il Mulino, 2006.

Zarnowitz, V. *Business Cycles: Theory, History, Indicators and Forecasting*. Chicago, IL: Chicago University Press, 1992.

Zeitlin, J. & G. Herrigel (eds). *Americanization and its Limits: Reworking US Technology and Management in Postwar Europe and Japan*. Oxford: Oxford University Press, 1999.

英文索引

请扫描二维码阅读英文索引